Pesanan

Salib

Pesanan
Salib

Dr. Jaerock Lee

URIM
BOOKS

Pesanan Salib oleh Dr. Jaerock Lee
Diterbitkan oleh Urim Books (Wakil: Kyung-tae Noh)
73, Yeouidaebang-ro 22-gil, Dongjak-gu, Seoul, Korea
www.urimbooks.com

Melainkan dinyatakan, semua petikan Injil adalah daripada Alkitab BM,
hakcipta © 2001 oleh The Bible Society of Malaysia. Diguna dengan
keizinan.

Hak Cipta Terpelihara © 2014 oleh Dr. Jaerock Lee
ISBN: 978-89-7557-829-8 03230
Hak Cipta Penterjemahan © 2013 oleh Dr. Esther K. Chung. Digunakan
dengan kebenaran

Dahulunya diterbitkan dalam bahasa Korea oleh Urim Books pada tahun
2002.

Pertama Diterbitkan Pada Oktober 2013
Edisi Kedua februari 2014

Disunting oleh Dr. Geumsun Vin
Direkabentuk oleh Biro Editorial Urim Books
Untuk maklumat lanjut, hubungi urimbook@hotmail.com

Prakata

Diharapkan anda dapat memahami hati Tuhan dan rancangan besar-Nya dalam kasih dan menjadikan ia asas untuk iman anda.

Pesanan Salib telah membimbing ramai orang ke jalan penyelamatan sejak tahun 1986 dan telah menunjukkan kerja-kerja Roh Kudus yang tidak terbilang melalui banyak perjumpaan besar-besaran antarabangsa. Akhirnya, Tuhan Bapa memberkati saya sehingga saya dapat menerbitkan buku ini. Saya memberi segala kesyukuran dan kemuliaan kepada Dia.

Ramai orang berkata mereka percaya kepada Tuhan Pencipta dan mengenali kasih Anak-Nya Yesus Kristus, tetapi masih tidak mampu menyebarkan Injil dengan keyakinan. Hakikatnya, tidak ramai orang Kristian memahami hati dan rencana Tuhan. Tambahan pula, sesetengah orang Kristian telah terpisah dengan Tuhan kerana mereka tidak menerima jawapan yang jelas kepada banyak persoalan yang timbul di dalam Alkitab dan juga tidak memahami rencana penuh misteri kasih Tuhan.

Sebagai contoh, apakah jawapan anda kepada tiga soalan yang berikut: "Mengapa Tuhan meletakkan pokok pengetahuan baik dan jahat dan membiarkan manusia makan buah dari pokok itu?", "Mengapa Tuhan masih menciptakan neraka walaupun Dia telah mengorbankan Anak-Nya untuk menyelamatkan mereka yang berdosa?", dan "Mengapa Yesus satu-satunya Penyelamat?"

Saya tidak mampu memahami rencana Tuhan yang mendalam tentang kejadian dan rencana-Nya yang tersembunyi di dalam salib dalam tahun-tahun awal kehidupan Kristian saya. Setelah saya ditauliahkan sebagai seorang pastor, saya mula bertanya kepada diri sendiri, "Bagaimana saya mampu memimpin ramai orang kepada jalan penyelamatan dan memuliakan Tuhan?" Saya menyedari bahawa saya harus memahami semua perkataan dalam Alkitab termasuk petikan yang susah difahami melalui interpretasi Tuhan dan menyebarkannya ke seluruh dunia. Saya berpuasa sebanyak mana yang mampu dan berdoa untuk hal ini. Tujuh tahun berlalu sebelum Tuhan mula memberikan pemahaman-pemahaman itu kepada saya.

Pada tahun 1985, sewaktu saya sedang berdoa dengan bersungguh-sungguh, saya dipenuhi oleh Roh Kudus. Dia mula menjelaskan rencana rahsia Tuhan yang tersembunyi. Ia adalah "Pesanan Salib." Saya berkhutbah pesanan ini dalam setiap kebaktian pagi Ahad selama 21 minggu. Pita-pita rakaman "Pesanan Salib" ini telah memberi kesan kepada ramai orang tempatan dan di luar negara. Di mana-mana sahaja "Pesanan Salib" dikhutbahkan, Roh Kudus bekerja seperti api yang bernyala-nyala. Ramai orang telah bertaubat daripada dosa mereka dan telah disembuhkan daripada penyakit-penyakit mereka. Mereka membuang keraguan tentang rencana Tuhan dan mendapat iman yang sebenar serta kehidupan abadi. Sebelum itu, mereka tidak mengenali Tuhan dan kasih-Nya yang mendalam dengan tepat. Mereka mula memahami rancangan Tuhan, menemui-Nya, dan mempunyai harapan kehidupan abadi melalui pesanan ini.

Sekiranya kita memahami dengan jelas mengapa Tuhan meletakkan pokok pengetahuan baik dan jahat di dalam Taman Syurgawi, anda mampu memahami rencana-Nya untuk pemupukan manusia dan mengasihi Tuhan dengan lebih bersungguh-sungguh. Tambahan pula, dengan mengetahui tujuan sebenar kehidupan anda, anda dapat berjuang menentang dosa-dosa anda sehingga ke tahap menumpahkan darah, berusaha yang terbaik untuk menyerupai hati Tuhan Yesus Kristus, dan menjadi setia kepada Tuhan sehingga titik kematian.

Pesanan Salib akan menunjukkan rencana rahsia Tuhan yang tersembunyi di dalam salib dan menolong anda menyediakan asas yang kukuh bagi kehidupan Kristian yang baik dan benar. Oleh itu, sesiapa yang membaca buku ini akan dapat memahami rencana dan kasih Tuhan yang mendalam, mempunyai iman yang benar, dan menjalani kehidupan Kristian yang menyenangkan mata Tuhan.

Saya mengucapkan ribuan terima kasih kepada Pengarah, Dr. Geumsun Vin, dan para kakitangan Biro Penerbitan Urim Books yang telah berusaha bersungguh-sungguh untuk menjayakan penerbitan buku ini.

Semoga tidak terkira banyaknya orang memahami rencana Tuhan yang mendalam, menemui Tuhan yang penuh kasih, dan diselamatkan sebagai anak-anak Tuhan yang sebenar—semua ini saya doakan dalam nama Tuhan Yesus Kristus!

Jaerock Lee

Pengenalan

Pesanan Salib **adalah kebijaksanaan dan kuasa Tuhan, dan satu pesanan yang mesti dihayati oleh semua orang Kristian di seluruh dunia!**

Saya memberi segala ucapan terima kasih dan kemuliaan kepada Tuhan Bapa yang telah memimpin kami untuk menerbitkan Pesanan Salib. Ramai ahli gereja Manmin di seluruh dunia telah menanti-nantikan penerbitan buku ini. Buku ini memberikan jawapan-jawapan yang jelas kepada banyak soalan yang difikirkan oleh ramai orang Kristian: 'Bagaimana rupa Tuhan Pencipta sebelum kejadian?', 'Mengapa Tuhan menjadikan manusia dan membiarkannya hidup di bumi ini?', 'Mengapa Tuhan meletakkan pokok pengetahuan baik dan jahat di dalam Taman Eden?', 'Mengapa Tuhan menghantar Anak-Nya yang tunggal sebagai korban penebusan?', 'Mengapa Tuhan merancang rencana penyelamatan melalui salib kayu?' dan banyak lagi soalan lain.

Buku ini mengandungi mesej-mesej rohaniah yang disampaikan oleh Dr. Jaerock Lee dan menyedarkan anda supaya dapat mengetahui dan memahami kasih Tuhan yang mendalam, luas, dan besar.

Bab 1, "Tuhan Pencipta dan Alkitab," memperkenalkan Tuhan kepada anda dan bagaimana Dia bekerja dalam kalangan kamu. Melalui bab ini anda akan menjumpai bukti tentang Tuhan yang hidup dan menyedari kebenaran Alkitab dalam konteks sejarah manusia.

Bab 2, "Tuhan Menciptakan dan Memupuk Manusia," membuktikan bahawa Tuhan mencipta segala-gala yang ada di alam semesta dan menjadikan manusia menurut imej-Nya. Selain itu, bab ini juga mengajar anda maksud sebenar kehidupan manusia dan tujuan Tuhan mengangkat manusia sebagai anak-anak rohani-Nya yang benar.

Bab 3, "Pokok Pengetahuan Baik dan Jahat," menyediakan jawapan kepada soalan-soalan asas untuk semua orang Kristian. Mengapa Tuhan meletakkan pokok pengetahuan baik dan jahat? Bab ini menerangkan sebab-sebabnya secara terperinci dan membantu anda memahami kasih mendalam Tuhan dan rencana misteri Tuhan yang memupuk manusia di bumi.

Bab 4, "Rahsia Tersembunyi Sebelum Permulaan Waktu," menerangkan hubungan antara hukum penebusan tanah dan hukum rohani tentang penyelamatan manusia (Imamat 25). Ia juga menerangkan bahawa setiap manusia akan menuju jalan kematian disebabkan dosa-dosa mereka tetapi Tuhan telah menyediakan jalan yang menakjubkan bagi penyelamatan mereka sebelum bermulanya waktu. Akhir sekali, ia mengajar mengapa Tuhan telah menyembunyikan jalan penyelamatan manusia sehingga ke saat yang ditentukan-Nya dan bagaimana Yesus layak bagi syarat-syarat hukum penebusan tanah.

Bab 5, "Mengapa Yesus Satu-satunya Penyelamat Kita?" menerangkan bagaimana Tuhan merancang penyelamatan manusia yang tersembunyi sejak sebelum permulaan zaman telah disempurnakan melalui Yesus, sebab Dia disalibkan, berkat dan hak anak-anak Tuhan, maksud nama "Yesus Kristus," sebab Tuhan tidak memberikan Yesus nama lain selain daripada Yesus Kristus di bawah syurga di mana manusia mesti diselamatkan, dan lain-lain lagi. Anda akan merasai kasih Tuhan yang tiada hadnya sekiranya anda memahami implikasi rohani kedalaman mesej yang disampaikan dalam bab ini.

Bab 6, "Rencana Salib," menerangkan kepada anda secara mendalam maksud sebenar penderitaan Yesus. Mengapa Yesus dilahirkan di dalam kandang haiwan dan diletakkan di dalam palungan jika Dia benar-benar Anak Tuhan? Mengapa Dia miskin sepanjang hidup-Nya? Mengapa Dia disebat di seluruh tubuh-Nya, dimahkotakan dengan duri, dan dipaku pada kaki dan tangan-Nya? Mengapa Dia menderita kesakitan sehingga ke tahap Dia mengalirkan semua darah dan air-Nya. Bab ini menyediakan jawapan-jawapan tepat kepada persoalan seumpama ini dan menolong anda memahami implikasi rohani penderitaan-Nya. Kesemua jenis penyakit dan kesakitan dan juga masalah-masalah seperti kemiskinan, perbalahan keluarga, kesukaran perniagaan, dan lain-lain lagi akan diselesaikan melalui pemahaman dan iman dalam maksud rohani penderitaan Yesus. Bab ini membantu anda mengenali kasih Tuhan yang mendalam, menghapuskan segala bentuk kejahatan dan menjadi sebahagian daripada sifat ketuhanan.

Bab 7, "Tujuh Perkataan Terakhir Yesus Di Atas Salib", menerangkan implikasi rohani tujuh perkataan terakhir Yesus di atas salib sejurus sebelum Dia meninggal dunia. Melalui tujuh perkataan terakhir itu, Dia memenuhi tugas-Nya seperti dipertanggungjawabkan oleh Tuhan Bapa-Nya. Bab ini menekankan bahawa anda perlu memahami kasih besar Yesus bagi umat manusia, menunggu Kedatangan Kedua-Nya, dan berusaha untuk kebaikan sehingga ke akhir dalam harapan untuk kebangkitan.

Bab 8, "Iman yang Benar dan Kehidupan Abadi," memberitahu anda bahawa kita menjadi satu dengan Yesus

Kristus Pengantin Lelaki kita hanya dengan iman yang benar. Alkitab memberi amaran tentang sesetengah orang yang mengatakan bahawa mereka percaya kepada Yesus Kristus Penyelamat tetapi tidak dapat diselamatkan ketika Pengadilan pada hari kiamat. Alkitab bukan sahaja menitikberatkan menerima Yesus Kristus tetapi juga kepada memakan daging Anak Manusia dan meminum darah-Nya untuk mencapai keselamatan yang abadi. Anda dapat memiliki iman yang benar yang akan membawa anda ke arah penyelamatan apabila anda memakan daging dan meminum darah-Nya. Bab ini juga mengajar anda sifat iman yang benar, dan bagaimana anda boleh mendapatkannya, serta apa yang anda perlu lakukan untuk mencapai penyelamatan yang menyeluruh.

Bab 9, "Dilahirkan Daripada Air dan Roh," pertama sekali menyebut dialog antara Yesus dengan Nikodemus. Dialog ini memberi kesimpulan tentang *Pesanan Salib*. Hati anda mesti diperbaharui secara berterusan melalui air dan Roh Kudus sehingga Yesus Kristus datang kembali dan anda mesti memelihara keseluruhan roh, jiwa dan tubuh dalam keadaan tidak tercela semasa Kedatangan Kedua Tuhan Yesus Kristus, waktu Tuhan akan menerima anda sebagai pengantin-Nya yang cantik.

Bab 10, "Apakah Itu Bidaah" mendalami sifat bidaah serta membincangkan pemahaman negatif dan salah yang dipunyai oleh ramai orang Kristian tentang hal ini. Pada hari ini, ramai orang salah tanggap atau menyalahkan pekerjaan besar Tuhan sebagai bidaah atau salah kerana mereka tidak mengetahui takrif bidaah berdasarkan Alkitab. Bab ini memberi amaran kepada anda supaya anda tidak menyalahkan atau mengutuk kerja-kerja Roh Kudus sebagai bidaah dan menerangkan bidaah, bagaimana anda dapat membezakan antara yang benar dengan yang salah, serta beberapa mazhab bidaah. Akhir sekali, bab ini memberi penekanan bahawa anda harus berjaga-jaga dan berdoa secara berterusan dan tinggal dalam kebenaran supaya anda tidak tergoda oleh roh kepalsuan dan godaan.

Rasul Paulus pernah berkata tentang pesanan salib, iaitu kebijaksanaan Tuhan, dalam 1 Korintus 1:18, *"Bagi orang yang menuju kebinasaan, berita tentang kematian Kristus pada kayu salib itu tidak bererti apa-apa. Tetapi bagi kita yang diselamatkan oleh Tuhan, berita itu menunjukkan kekuasaan Tuhan."* Sesiapa sahaja boleh mempunyai iman yang benar, bertemu Tuhan yang hidup dan menikmati kehidupan Kristian dengan sepenuhnya apabila dia memahami rahsia yang tersembunyi di dalam salib dan menyedari rencana yang mendalam kasih Tuhan kepada umat manusia.

Pesanan Salib merupakan ajaran asas bagi kehidupan anda. Oleh itu, saya berdoa dalam nama Tuhan agar anda akan membina asas bagi kehidupan Kristian anda dan mencapai penyelamatan keseluruhan serta kehidupan abadi

Geumsun Vin
Pengarah Biro Suntingan

Isi Kandungan

Bab 1

Tuhan Maha Pencipta Dan Alkitab

- Tuhan Ialah Pencipta
- Aku Adalah Aku
- Tuhan Adalah Maha Mengetahui
  Dan Maha Berkuasa
- Tuhan Ialah Pengarang Alkitab
- Setiap Perkataan Di Dalam Alkitab
  Adalah Benar

"Pada mulanya Tuhan menciptakan langit dan bumi."
Kejadian 1:1

Tuhan Ialah Pencipta

Pada hari ini, terdapat banyak buku yang telah dikarang di dunia ini, tetapi hanya Alkitab mampu memberikan kita jawapan yang jelas dan terperinci kepada soalan-soalan tentang asal dan penciptaan alam semesta, dan titik permulaan dan penghujung umat manusia.

Alkitab memberikan jawapan yang jelas kepada persoalan asal alam semesta dan kehidupan. Kejadian 1:1 berkata, *"Pada mulanya Tuhan menciptakan langit dan bumi."* dan Ibrani 11:3 menyatakan, "Kerana beriman, kita mengerti bahawa alam ini diciptakan oleh firman Tuhan, maka apa yang dapat dilihat dijadikan daripada apa yang tidak dapat dilihat."

Bukan segala-galanya yang kelihatan diciptakan daripada sesuatu yang telah pun wujud. Ia diciptakan daripada "kekosongan" dengan firman Tuhan.

Manusia boleh menciptakan sesuatu daripada sesuatu yang lain yang telah wujud, biasanya, mengubah atau menggabungkan bahan-bahan yang telah wujud demi menciptakan sesuatu tetapi tidak mampu menciptakan sesuatu daripada kekosongan.

Tidak dapat dibayangkan bahawa manusia boleh menciptakan organisma hidup. Walaupun manusia telah membangunkan teknologi saintifik untuk menghasilkan kecerdasan buatan (*artificial intelligence* (A.I.)), komputer atau pengklonan biri-biri, manusia tidak mampu mencipta sekalipun hanya ameba daripada kekosongan.

Jadi, manusia hanya menggunakan organisma hidup daripada ciptaan Tuhan, dan menggabungkannya dalam pelbagai cara. Anda mesti menyedari bahawa ia tidak lebih daripada itu.

Oleh itu, anda hanya harus mengetahui bahawa hanya Tuhan mampu untuk menciptakan sesuatu daripada kekosongan. Hanya Tuhan Maha Pencipta menciptakan alam semesta dengan firman-Nya dan Dia mengawal seluruh alam semesta, sejarah dunia, hidup dan mati, serta berkat dan kutukan umat manusia.

Bukti-bukti Yang Membuatkan Anda Percayai Bahawa Tuhan ialah Maha Pencipta

Segala-galanya – sebuah rumah, sebuah meja, ataupun paku – direka oleh seseorang. Jadi tidak dapat dinafikan bahawa alam semesta yang luas ini juga direka. Harus ada pencipta yang mencipta dan mengawalnya. Inilah Tuhan Maha Pencipta yang berulang kali disebut dalam Alkitab.

Apabila anda melihat di sekeliling anda, terdapat banyak bukti penciptaan. Sebagai contoh yang mudah, bilangan besar manusia di muka bumi. Tidak kira bangsa, umur, jantina, kedudukan sosial, dan sebagainya, setiap manusia mempunyai dua mata, dua telinga, satu hidung dengan dua lubang hidung, dan satu mulut.

Walaupun setiap haiwan mempunyai sedikit perbezaan

berdasarkan spesiesnya, namun semuanya mempunyai struktur wajah yang sama. Sebagai contoh, seekor gajah mempunyai hidung panjang (belalai) tetapi berada di pertengahan muka, pada bahagian atas mulutnya. Ia tidak terletak di bahagian atas mata, atau di bahagian bawah mulut, ataupun di bahagian atas kepala. Setiap gajah mempunyai dua lubang hidung, dua mata, dua telinga, dan satu mulut. Setiap jenis burung di udara, setiap jenis ikan yang berenang di dalam lautan atau sungai, mempunyai struktur yang sama.

Bukan sahaja semua haiwan mempunyai struktur muka yang sama, tetapi setiap haiwan mempunyai struktur sistem pencernaan dan pembiakan yang serupa. Dengan cara yang sama, setiap haiwan memakan makanan dengan mulutnya dan apa-apa sahaja yang memasuki mulut masuk ke dalam perut dan akhirnya keluar daripada badan sebagai bahan sisa. Setiap mamalia mengawan dengan pasangan daripada jantina lain dan melahirkan anak.

Apabila anda meneliti faktor-faktor jelas ini, anda tidak mungkin mampu menyimpulkan semuanya sebagai suatu kebetulan ataupun sebagai bukti evolusi yang ditentukan oleh "kemandirian yang paling kuat." Semua ini tidak mampu dijelaskan oleh teori evolusi.

Oleh itu, hakikat bahawa manusia dan haiwan mempunyai struktur organik yang sama adalah cukup sebagai bukti bahawa segala-galanya direka dan diciptakan oleh Tuhan yang Maha Pencipta. Andai kata Tuhan bukannya Tuhan Yang Satu tetapi satu antara banyak tuhan, sudah tentu semua makhluk yang wujud akan mempunyai bilangan organ, struktur badan serta kedudukan yang berbeza-beza.

Selain itu, apabila anda memerhati alam semula jadi dan alam semesta dengan lebih teliti, anda akan menjumpai bukti-bukti kejadian di mana-mana sahaja. Bukankah menakjubkan apabila menyedari bahawa setiap benda di dalam sistem suria seperti pergerakan dan putaran bumi berlaku tanpa sebarang ralat walaupun yang terkecil!

Lihat pada jam di tangan anda. Di dalamnya terdapat pelbagai bahagian yang terperinci. Ia tidak akan berfungsi sekiranya bahagian yang paling kecil tiada. Oleh itu, alam semesta direka untuk berfungsi di bawah rencana Tuhan.

Sebagai contoh, manusia atau mana-mana makhluk lain tidak mungkin wujud tanpa bulan yang berputar mengelilingi bumi. Bulan tidak boleh terletak lebih dekat ataupun lebih jauh daripada jaraknya kini dari bumi. Tuhan meletakkan bulan pada jarak yang paling sesuai untuk membolehkan manusia hidup di atas muka bumi.

Disebabkan kedudukan bulan sekarang, tarikan gravitinya menjadi punca air laut pasang dan surut. Air pasang dan surut ini menyebabkan lautan digoncangkan dan dibersihkan. Seperti semua perkara yang lain, semua perkara di dalam alam semesta diciptakan oleh Tuhan untuk bergerak dengan tepat berdasarkan rencana Tuhan.

Kenapa Sesetengah Orang Tidak Mempercayai Tuhan Maha Pencipta?

Sesetengah orang percaya kepada Tuhan Maha Pencipta dan menjalani kehidupan mereka berdasarkan Firman-Nya. Mengapa orang yang boleh berfikir dan berusaha mencari penjelasan melalui bidang sains, tidak mempercayai kewujudan Tuhan?

Sekiranya anda sejak kanak-kanak telah mempelajari daripada orang Kristian yang beriman bahawa Tuhan adalah hidup dan maha pencipta, adalah tidak sukar untuk anda percaya kepada Tuhan Pencipta.

Namun, pada hari ini, ramai di antara anda telah dipengaruhi oleh aliran teori evolusi semenjak zaman remaja anda, dan ada begitu banyak "pengetahuan" yang tidak semestinya benar. Anda juga bergaul dengan mereka yang tidak percaya kepada Tuhan atau meragui kewujudan-Nya.

Setelah lama tinggal di dalam persekitaran seperti itu, sekiranya anda pergi ke gereja dan mendengar Firman Tuhan, anda sering dalam keraguan dan konflik dan tidak dapat percaya kepada Tuhan Pencipta kerana pengetahuan anda yang sebelumnya bercanggahan dengan apa yang dipelajari di gereja.

Selagi anda tidak mengikis semua pemikiran dan pengetahuan duniawi, walaupun anda kerap menghadiri gereja, anda tidak mungkin mempunyai iman rohani – iman yang dijana oleh Tuhan – yang jauh daripada sebarang keraguan

Anda tidak dapat percaya kepada Kerajaan Syurgawi atau neraka tanpa iman rohani. Anda akan menganggap dunia nyata sebagai dunia tunggal, dan meneruskan kehidupan anda seperti biasa.

Berapa kali anda telah melihat teori-teori yang telah diiktiraf dan diterima pada suatu ketika, ditolak dan digantikan oleh teori yang lain pada suatu ketika yang lain? Walaupun tidak berlaku sebegitu, namun adalah benar bahawa teori-teori konvensional dan tanggapan telah dikaji semula secara berterusan atau ditokok tambah dengan fakta-fakta baru yang dijumpai kemudian.

Dengan berlalunya waktu, dan berkembangnya bidang sains, manusia menemui penjelasan dan teori-teori yang lebih baik walaupun ia tidak sempurna. Saya tidak mendakwa bahawa kajian yang dilakukan oleh ramai ahli sains ini adalah salah.

Masih terdapat banyak perkara yang terdapat di dunia yang tidak boleh dijelaskan oleh kemampuan manusia, jadi kita kena menerima hakikat dan fakta ini.

Sebagai contoh, apabila ia berkenaan dengan alam semesta, anda tidak pernah sampai ke penghujung lagi satu alam semesta dari bumi mahupun pernah kembali ke zaman purba. Walau bagaimanapun, manusia berusaha menjelaskan tentang alam semesta dengan mengemukakan pelbagai teori dan hipotesis.

Sebelum manusia sampai di bulan, kita beranggapan bahawa, "Kemungkinan terdapat organisma-organisma yang hidup di sana ataupun wujud di tempat lain di dalam sistem suria ini yang di luar daripada bumi." Namun begitu, setelah manusia berjaya sampai ke bulan, diumumkan bahawa "Tiada organisma hidup di atas bulan." Kini, para ahli sains berkata, "Berkemungkinan terdapat organisma hidup di atas Marikh" atau "Terdapat kesan-

kesan air di atas Planet Merah."

Walaupun anda melakukan kajian untuk suatu jangka waktu yang lama dan meningkatkan ilmu pengetahuan anda, sekiranya anda tidak mengetahui kehendak, rencana dan kuasa Tuhan Maha Pencipta, anda akan berhadapan dengan had atau batasan keupayaan manusia.

Oleh itu, Roma 1:20 berkata bahawa *"Sejak Tuhan menciptakan dunia, sifat-sifat Tuhan yang tidak kelihatan, baik kuasa-Nya yang kekal mahupun keadaan-Nya sebagai Tuhan, dapat difahami oleh manusia melalui segala yang sudah diciptakan-Nya. Oleh itu manusia sama sekali tidak mempunyai dalih untuk membela diri."*

Sesiapa yang membuka hatinya dan bertafakur dapat merasai kuasa Tuhan dan sifat-sifat ketuhanan-Nya melalui ciptaan-Nya seperti matahari, bulan, bintang-bintang – objek-objek yang melaluinya Tuhan membenarkan anda mengenali kewujudan-Nya dan mempercayai-Nya.

Aku Adalah Aku

Mendengar tentang Tuhan Maha Pencipta, ramai orang berfikir, "Bagaimanakah Dia mula-mula wujud?", "Dari mana Dia datang?" atau "Dalam rupa bentuk apa Dia wujud?"

Pemikiran dan pengetahuan manusia tidak dapat menjangkaui batas-batas tertentu, yang menentukan bahawa seharusnya sentiasa wujud permulaan dan penghujung semua makhluk. Oleh itu, kita mengharapkan jawapan yang jelas kepada soalan-soalan seperti itu. Walau bagaimanapun, Tuhan wujud di luar pemahaman manusia, jadi Dia adalah yang "Dulu," "Kini," dan yang "Akan Datang."

Keluaran 3 menggambarkan adegan di mana Tuhan memerintahkan Musa untuk membawa bangsa Israel ke tanah Kanaan. Musa kemudian bertanyakan kepada Tuhan bagaimana dia harus menjawab kaum Israel apabila mereka menyoalnya tentang nama Tuhan.

Pada saat ini, Tuhan berfirman kepada Musa, *"AKU ADALAH AKU,"* dan memerintah beliau untuk berkata kepada kaum Israel, *"yang menyebut diri-Nya AKU sudah mengutus saya kepada kamu"* (Keluaran 3:14).

"AKU" adalah ungkapan yang Tuhan menggunakan untuk merujuk kepada diri-Nya secara peribadi, dan membawa maksud bahawa Dia tidak dilahirkan oleh sesiapa, atau menciptakan Dia, tetapi Dia adalah kejadian sempurna, Maha Pencipta Sendiri.

Tuhan Adalah Cahaya Bersuara Pada Permulaan

Yohanes 1:1 menyatakan, *"Sebelum dunia ini diciptakan, Firman sudah ada. Firman itu bersama-sama Tuhan, dan Firman itu sama dengan Tuhan."* Dengan cara ini, Tuhan yang merupakan Firman pada permulaan wujud sendiri dalam kesempurnaan dan tidak diciptakan. Bagaimana dan di mana Dia wujud?

Tuhan adalah Roh, jadi Dia boleh wujud dalam bentuk Firman dalam dimensi keempat, iaitu alam roh, dan bukannya dalam dimensi ketiga yang nyata. Tuhan tidak wujud dalam sebarang bentuk tetapi wujud sebagai cahaya indah yang suci dan suara yang jelas, dan Dia memerintah seluruh alam semesta.

Jadi, 1 Yohanes 1:5 berkata, *"Inilah berita yang telah kami dengar daripada Anak-Nya dan yang kami isytiharkan kepada kamu: Tuhan itu cahaya, dan pada-Nya tidak ada kegelapan sama sekali."* Ia membawa maksud rohaniah dan mempunyai ekspresi tentang sifat Tuhan yang merupakan cahaya pada permulaan.

Pada permulaan, Tuhan wujud sebagai cahaya dengan suara di dalamnya. Suara-Nya suci, manis, lembut, dan meliputi seluruh alam semesta. Mereka yang telah mendengar suara Tuhan sendiri mudah memahami hal ini.

Tuhan Bersendiri Sebelum Permulaan Waktu

Tuhan Maha Pencipta telah pun wujud sebelum permulaan waktu, merancang menciptakan anak rohani-Nya yang sebenar dan melakukan demikian. Oleh itu, sekiranya anda memahami Tuhan AKU, anda harus melupuskan semua cara pemikiran anda, teori-teori, stereotaip dan harus lebih menerima kerja-kerja kejadian yang telah disediakan oleh Tuhan.

Tidak seperti ciptaan Tuhan, ciptaan-ciptaan manusia terbatas dan mempunyai kelemahan. Dengan terus majunya tamadun dan pengetahuan manusia, barangan yang lebih berkualiti dihasilkan namun masih mempunyai banyak kelemahan.

Ada yang membuat berhala daripada emas, perak, gangsa dan

besi dan memanggilnya tuhan serta sujud dan berdoa meminta rahmat daripadanya. Mereka hanya kayu, besi, atau imej-imej batu yang tidak boleh bernafas, bercakap, ataupun berkelip mata (Habakuk 2:18-19).

Walaupun mengaku diri bijak, manusia sebenarnya tidak dapat membezakan antara kebenaran dan kepalsuan, tetapi membuat beberapa imej dan memanggil imej-imej itu sebagai tuhan yang disembah oleh mereka (Roma 1:22-25). Tidakkah hal ini bodoh dan memalukan?

Oleh itu, sekiranya manusia telah sekian lama menyembah tuhan-tuhan yang sia-sia oleh kerana mereka jahil tentang kewujudan Tuhan, mereka harus bertaubat sepenuhnya, sembah Tuhan AKU dan menunaikan tanggungjawab mereka sebagai anak-Nya.

Tuhan Adalah Maha Mengetahui Dan Maha Berkuasa

Tuhan Maha Pencipta yang menciptakan seluruh alam semesta merupakan makhluk sempurna yang telah wujud sebelum permulaan waktu, dan Dia maha mengetahui dan maha berkuasa. Alkitab mencatatkan pelbagai keajaiban dan mukjizat yang tidak mampu dilakukan dengan kuasa dan pengetahuan manusia.

Kerja-kerja keajaiban Tuhan yang maha mengetahui dan maha berkuasa adalah yang sama kelmarin dan hari ini dan berlaku semasa zaman Perjanjian Baru serta zaman Perjanjian

Lama melalui ramai lelaki beriman kepada Tuhan yang mempunyai kuasa-Nya.

Hal ini adalah sama seperti dikatakan oleh Yesus dalam Yohanes 4:48, *"Jika kamu semua tidak melihat mukjizat dan perkara yang luar biasa, kamu tidak percaya"* manusia tidak akan percaya selagi mereka tidak melihat keajaiban-keajaiban Tuhan yang Maha Berkuasa.

Tuhan Menunjukkan Keajaiban dan Tanda-tanda Menakjubkan

Keluaran mencatatkan secara terperinci bahawa Tuhan Maha Mengetahui dan Maha Berkuasa melakukan pelbagai keajaiban dan tanda-tanda yang menakjubkan melalui Nabi Musa apabila Dia membawa kaum Israel keluar dari Mesir ke Tanah Kanaan.

Sebagai contoh, apabila Tuhan mengutuskan Nabi Musa kepada Firaun, Raja Mesir, Dia mengenakan Sepuluh Tulah ke atas Firaun dan negaranya, membolehkan kaum Israel berjalan di atas tanah kering dengan membelah Laut Merah dan menghanyutkan tentera Mesir yang ketakutan ke dalam ombak yang melonjak.

Walau selepas Keluaran, air keluar daripada batu setelah dihentak Nabi Musa dengan tongkatnya, air pahit berubah menjadi air manis, dan manna turun dari syurga supaya berjuta-juta orang dapat hidup tanpa kerisauan tentang sumber makanan.

Kemudian di dalam Perjanjian Lama, kita mendapati Tuhan mengupayakan Elia meramalkan tiga setengah tahun kemarau, hujan turun semula hasil daripada doanya, dan menghidupkan semula orang mati.

Dalam Perjanjian Baru, kita dapat melihat bahawa Yesus, Anak Tuhan, menghidupkan Lazarus yang telah mati selama empat hari, membuka mata mereka yang buta, dan menyembuhkan mereka yang dilanda pelbagai penyakit, kecacatan dan dirasuki roh jahat. Dia berjalan di atas air dan dan menenangkan angin dan ombak.

Tuhan melakukan keajaiban-keajaiban yang luar biasa melalui Paulus, bahkan orang membawa sapu tangan atau kain yang telah menyentuh Paulus dan meletakkannya atas orang-orang sakit, maka penyakit mereka disembuhkan dan roh-roh jahat meninggalkan mereka (Kisah Para Rasul 19:11-12). Banyak tanda dimiliki oleh Petrus yang merupakan salah seorang pengikut terbaik Yesus. Orang ramai membawa orang yang sakit dan membaringkan mereka di tepi jalanan supaya sekurang-kurangnya bayang Petrus kena pada mereka apabila dia berlalu.

Selain itu, Tuhan melakukan keajaiban dan memperlihatkan tanda-tanda kepada Stefanus dan Filipus dalam Alkitab, dan Dia terus menunjukkan tanda-tanda-Nya melalui gereja kita sehingga ke hari ini.

Tuhan Ialah Pengarang Alkitab

Tuhan adalah Roh, jadi Dia tidak kelihatan dengan mata kasar namun sering menunjukkan diri-Nya dengan pelbagai cara. Tuhan secara umumnya mendedahkan diri-Nya melalui alam semula jadi terutama sekali melalui pengakuan-pengakuan mereka yang telah disembuhkan dan mereka yang telah menerima jawapan daripada-Nya. Tuhan juga mendedahkan diri-Nya secara terperinci di dalam Alkitab.

Oleh itu, melalui Alkitab, anda dapat mengenali Tuhan Maha Esa yang benar, menemui Dia dan mencapai penyelamatan dan kehidupan abadi dengan menyedari kerja-kerja Tuhan. Selain itu, anda dapat menjalani kehidupan yang abadi dan memberi kemuliaan kepada Tuhan dengan memahami hati Tuhan dan menyedari cara kita mengasihi-Nya dan dikasihi oleh-Nya (2 Timotius 3:15-17).

Alkitab Ialah Firman Tuhan

2 Petrus 1:21 berkata bahawa *"Hal itu demikian kerana tidak ada nubuat yang disampaikan oleh para nabi, berasal daripada kehendak manusia. Tetapi Roh Tuhan menguasai orang semasa mereka menyampaikan perkhabaran yang datang daripada Tuhan"* dan 2 Timotius 3:16 juga berkata *"Semua yang tertulis di dalam Alkitab diilhami oleh Tuhan"* Hal ini bermaksud Alkitab bermula daripada Kejadian sehingga Wahyu merupakan Firman Tuhan yang telah ditulis hanya dengan kehendak Tuhan.

Oleh itu, terdapat banyak ungkapan seperti "Tuhan berfirman," "yang MAHA KUASA berfirman," "Tuhan MAHA KUASA berfirman." Hal ini membuktikan bahawa Alkitab merupakan Firman Tuhan dan bukan daripada manusia.

Alkitab mempunyai enam puluh enam buku yang terdiri daripada tiga puluh sembilan buku Perjanjian Lama dan dua puluh tujuh buku Perjanjian Baru. Bilangan penulis dianggarkan seramai 34 orang. Tempoh penulisan Alkitab bermula pada 1500 Sebelum Masihi hingga 100 Masihi untuk kira-kira 1,600 tahun. Yang menakjubkan ialah walaupun ramai penulis terlibat, Alkitab adalah koheren secara keseluruhan daripada permulaan sehingga ke akhir, dan setiap ayat bertepatan dengan ayat-ayat lain.

Jadi Yesaya 34:16 berkata, *"Carilah di dalam kitab TUHAN dan bacalah. Tiada satu pun daripada semua makhluk itu akan hilang atau tanpa pasangan. Tuhan telah menetapkannya, dan Dia sendiri akan mengumpulkan semua makhluk itu."*

Kejadian-kejadian seperti itu boleh berlaku kerana pengarang Alkitab ialah Tuhan, dan Roh Kudus telah menguasai hati para penulis yang mengumpulkan Firman-Nya itu. Anda harus ingat bahawa penulis Alkitab merupakan penulis suruhan yang hanya mencatatkan Firman Tuhan, dan pengarang asal Alkitab ialah Tuhan.

Mari kita lihat satu contoh. Andai kata terdapat seseorang ibu tua yang tinggal di kawasan desa. Dia mengirim sepucuk surat kepada anak lelaki bongsunya yang tinggal di bandar. Dia buta huruf, jadi dia memperincikan mesej yang hendak disampaikan kepada anak lelaki sulungnya. Apabila anak lelaki bongsu yang tinggal di bandar menerima surat, sudah tentu dia fikir bahawa ibunya yang mengirim surat tersebut dan bukan abangnya, walaupun sebenarnya abangnya yang menulis surat tersebut. Hal ini adalah sama dengan Alkitab.

Surat Cinta Tuhan yang Dipenuhi Janji dan Berkat

Alkitab ditulis oleh hamba-hamba Tuhan di bawah pengaruh Roh Kudus untuk mendedahkan Diri-Nya sendiri. Anda mesti percaya bahawa ia merupakan Firman Tuhan yang mendedahkan Diri-Nya.

Firman Tuhan tersebut merupakan roh dan kehidupan (Yohanes 6:63), jadi sesiapa yang mendengar dan percaya ia akan mendapat kehidupan abadi dengan jiwanya menerima hidup berkelimpahan. Sesiapa yang mempercayai Firman Tuhan akan menikmati kehidupan yang penuh kemakmuran dan menjadi manusia sempurna bagi Tuhan dengan mencontohi Yesus Kristus.

Tuhan turun ke bumi dalam bentuk manusia untuk menunjukkan Diri-Nya kepada manusia, dan badan itu ialah Yesus. Filipi, salah seorang pengikut Yesus, jahil tentang hal ini dan meminta supaya Yesus menunjukkan Tuhan kepadanya. Dia gagal menyedari bahawa Yesus merupakan jelmaan Tuhan, seolah-olah memenuhi peribahasa, "Petunjuk tidak bersinar pada tapaknya."

Yohanes 14:8 dan ayat-ayat berikutnya merupakan perbualan antara Filipi dengan Yesus:

Filipus berkata kepada Yesus, "Ya Tuhan, tunjukkanlah Bapa kepada kami, supaya kami puas." Tetapi Yesus menjawab, "Sudah lama Aku bersama-

sama kamu semua, dan kamu belum mengenal Aku juga,
Filipus? Orang yang sudah melihat Aku, sudah melihat
Bapa. Mengapa kamu berkata, 'Tunjukkanlah Bapa
kepada kami? Filipus, tidakkah kamu percaya bahawa
Aku bersatu dengan Bapa, dan Bapa bersatu dengan
Aku? Apa yang Aku katakan kepada kamu semua, tidak
datang daripada Aku sendiri. Bapa, yang tetap bersatu
dengan Aku melakukan semua itu" (Yohanes 14:8-10).

Walaupun Yesus menunjukkan bukti-bukti yang kukuh
bahawa Dia dan Tuhan adalah satu dengan melakukan pelbagai
mukjizat yang tidak mungkin dapat dilakukan melainkan
dengan kuasa Tuhan, Filipus masih meminta Yesus
menunjukkan siapa dia Bapa. Yesus berkata kepadanya supaya
mempercayai ajaran-Nya dengan bukti-bukti mukjizat itu
sendiri.

Tuhan datang ke dunia ini dalam bentuk manusia untuk
menunjukkan diri-Nya dan Tuhan perintahkan Alkitab ditulis
kerana lazimnya mustahil untuk manusia melihat-Nya dengan
mata kasar.

Oleh itu, anda akan mendapat berkat dan jawapan yang
dijanjikan oleh Tuhan dalam Alkitab apabila anda mempunyai
persahabatan yang berharga dengan Tuhan yang hidup melalui
Alkitab, tahu kehendak dan rencana-Nya, dan mematuhi
Firman-Nya.

Setiap Perkataan
Di Dalam Alkitab Adalah Benar

Rekod-rekod sejarah membolehkan kita mendapatkan pengetahuan tentang manusia dan kejadian-kejadian pada waktu tertentu pada masa silam. Sejarah merupakan suatu rakaman perubahan pada era-era tertentu dan membolehkan anda mengetahui secara terperinci tentang perkara, manusia, atau keadaan hidup pada waktu itu.

Sejarah manusia telah membuktikan bahawa Alkitab itu adalah benar. Anda mendapati bahawa Alkitab adalah penuh sejarah dan bersifat realistik, terutama sekali apabila anda memerhati dengan teliti kejadian-kejadian, manusia, lokasi, atau budaya yang tercatat di dalam Alkitab.

Oleh kerana Perjanjian Lama telah diwasiatkan turun temurun dengan fakta-fakta bersifat objektif seperti cebisan-cebisan penting yang telah terjadi kepada individu, masyarakat, atau kumpulan tertentu daripada zaman Adam dan Hawa, negara Israel masih menganggap Perjanjian Lama suci dan juga sebagai dokumen sejarah dan warisan negara mereka sehingga hari ini. Bahkan ramai ahli sejarah mengakui Alkitab sebagai suatu sumber maklumat yang boleh dipercayai.

Sejarah Membuktikan Kebenaran Alkitab

Pertama sekali, berdasarkan kepada Alkitab, saya ingin berkongsi sejarah negara Israel dengan anda dan membuktikan bahawa Firman Tuhan di dalam Alkitab adalah benar.

Adam iaitu nenek moyang manusia berdosa terhadap Tuhan, jadi keturunannya semua manusia selepas itu telah menuju jalan dosa dan telah hidup tanpa mengetahui Tuhan, Pencipta mereka. Kemudian, Tuhan telah memilih satu bangsa dengan tujuan mendedahkan kehendak dan rencana-Nya melalui bangsa itu.

Mula-mula sekali, Tuhan memanggil Abraham yang mempunyai "hati yang terbaik" dan menyucikan dia, dan kemudian menjadikannya sebagai bapa iman. Abraham merupakan bapa kepada Ishak, Ishak bapa kepada Yakub, dan Tuhan memanggil Yakub "Israel" dan mendirikan dua belas puak daripada dua belas orang anak lelakinya.

Sewaktu Yakub masih hidup, Tuhan membawanya ke Mesir dan membolehkannya mendirikan sebuah negara dengan menambahkan zuriatnya dan akhirnya memimpin mereka ke tanah Kanaan.

Tuhan memberi hukum kepada Musa sewaktu dia berada di padang gurun, mengajar orang Israel untuk menjalani kehidupan berdasarkan Firman-Nya, dan memimpin mereka hanya berdasarkan Firman-Nya itu.

Setelah mereka telah dipimpin ke tanah Kanaan, mereka menikmati kemakmuran hanya apabila mereka mematuhi Perintah itu. Apabila Israel mula menyembah berhala dan melakukan kejahatan, kuasanya sebagai sebuah negara berkurangan dan mula diserang oleh kuasa-kuasa asing. Orang-orang Israel dipenjarakan atau dijadikan sebagai hamba. Apabila mereka bertaubat, negara mereka dipulihkan. Kitaran kejadian tersebut berulang kali berlaku.

Oleh itu, Tuhan menunjukkan semua umat manusia melalui sejarah Israel bahawa Dia adalah hidup dan Dia menguasai segala-galanya hanya dengan Firman-Nya.

Anda juga boleh melihat bahawa ramalan-ramalan di dalam Alkitab telah menjadi kenyataan dan ada yang masih berlaku. Sebagai contoh, dalam Lukas 19:43-44, Yesus telah merujuk kepada kejatuhan Yerusalem, dengan berkata:

> *Masanya akan tiba apabila musuh mengelilingimu dengan sekatan. Mereka akan mengepung dan mengasak kamu dari segala arah. Mereka akan memusnahkan kamu dan semua pendudukmu. Tidak seketul batu pun akan tertinggal pada tempatnya, kerana kamu tidak tahu masanya Tuhan datang menyelamatkan kamu!*

Di dalam ayat-ayat ini, Yesus memberitahu bagaimana bandar Yerusalem akan hancur oleh sebab kejahatan mereka yang kian meningkat. Ramalan tersebut menjadi kenyataan pada tahun 70 Masihi, apabila Jeneral Titus daripada Empayar Roma mengarahkan askar-askarnya membina benteng terhadap Yerusalem, mengelilinginya, dan membunuh ramai orang di dalam lingkungan tembok. Kejadian itu berlaku hanya empat puluh tahun selepas ramalan Yesus.

Yesus berkata di dalam Matius 24:32, *"Biarlah pokok ara memberikan pelajaran kepada kamu. Apabila dahan-dahannya hijau, lembut, dan mula bertunas, kamu tahu bahawa musim panas sudah dekat."* Pokok ara di sini melambangkan bangsa Israel, dan perumpamaan ini mengajar bahawa Israel akan bebas apabila Kedatangan Kedua Yesus telah hampir. Akhir sekali, sejarah membuktikan bahawa Firman Tuhan ini menjadi kenyataan apabila Israel yang telah tumpas pada tahun 70 Masihi secara ajaib ditubuhkan semula pada 14 Mei 1948 – 1900 tahun selepas ia dimusnahkan.

Ramalan Perjanjian Lama dan Penggenapannya di dalam Perjanjian Baru

Saya bersaksi bahawa Firman Tuhan di dalam Alkitab adalah benar dengan mengkaji bagaimana ramalan di dalam Perjanjian Lama telah menjadi kenyataan pada zaman Perjanjian Baru.

Hukum Perjanjian Lama bukannya cara sempurna untuk "memperoleh anak-anak Tuhan yang benar." Ia hanya sekadar bayangan kehendak Tuhan. Oleh kerana itu Tuhan telah menjanjikan Kedatangan Mesias (Penyelamat) melalui Perjanjian Lama. Apabila tiba waktunya, Dia menghantar Yesus ke dunia sebagai menunaikan janji-Nya.

Sudah terbukti bahawa Yesus telah berada di bumi lebih kurang 2,000 tahun yang lalu. Sejarah Barat terbahagi kepada dua kumpulan mengikut kelahiran Yesus. "B.C." bererti Before Christ, ataupun Sebelum Masihi merujuk kepada sejarah sebelum kelahiran Yesus, manakala "A.D." bererti Anno Domini yang membawa maksud "dalam tahun Tuhan kita." Sejarah sendiri membuktikan kelahiran Yesus.

Mari kita terlebih dahulu melihat Kejadian 3:15:

Engkau dan perempuan itu akan saling membenci; keturunannya dan keturunanmu akan sentiasa bermusuhan. Keturunannya akan meremukkan kepalamu dan engkau akan mematuk tumit mereka.

Ayat itu meramalkan bahawa Penyelamat kita, sebagai keturunan daripada wanita, akan datang untuk memusnahkan kuasa kematian. "Perempuan" di dalam ayat ini merujuk kepada Israel. Sebenarnya, Yesus turun ke bumi sebagai anak Yusuf yang berasal daripada puak Yehuda dari Israel (Lukas 1:26-32).

Yesaya 7:14 berkata, *"Sekarang, TUHAN sendiri akan memberi tanda kepadamu: Seorang gadis yang mengandung akan melahirkan seorang putera yang dinamakannya Imanuel."*

Ayat ini membawa implikasi bahawa Anak Tuhan akan dihantar untuk menebus dosa-dosa umat manusia dengan dikandung oleh Roh Kudus. Sesungguhnya, Yesus dilahirkan oleh anak dara Maria melalui Roh Kudus (Matius 1:18-25).

Yesus telah diramalkan dilahirkan di rantau Betlehem, seperti Mikha 5:1 berkata:

Hai Betlehem Efrata, engkaulah salah satu kota yang terkecil di Yehuda, tetapi daripadamu Aku akan memberi Israel seorang penguasa; asal-usul nenek moyangnya bermula dari zaman purba.

Menepati Firman-Nya, Yesus telah dilahirkan di Betlehem, Yehuda sewaktu pemerintahan Raja Herod. Sejarah juga mengesahkan hal ini.

Pembunuhan kejam banyak bayi oleh Raja Herod sewaktu kelahiran Yesus (Yeremia 31:15; Matius 2:16), Kemasukan Yesus ke Yerusalem (Zakharia 9:9; Matius 21:1-11), dan kenaikan Yesus ke syurga (Mazmur 16:10; Kisah Para Rasul 1:9) telah diramalkan dan masing-masing menjadi kenyataan.

Sebagai tambahan, pengkhianatan Yudas Iskariot, yang telah mengikuti Yesus selama tiga tahun (Mazmur 41:9) dan pengkhianatannya terhadap Yesus didorong oleh bayaran tiga puluh keping wang perak (Zakharia 11:12) telah pun diramalkan dan terjadi.

Oleh itu anda boleh mempercayai bahawa Alkitab itu adalah benar dan sememangnya merupakan Firman Tuhan, terutama sekali apabila anda melihat bahawa kesemua ramalan di dalam Perjanjian Lama telah ditepati dan terjadi.

Ramalan-ramalan Alkitab yang Belum Lagi Terjadi

Tuhan menjadikan Yesus Kristus Penyelamat kita dengan menepati kesemua ramalan Perjanjian Lama sewaktu zaman Perjanjian Baru. Setiap ramalan berkaitan Yesus, hala tuju sejarah Israel, dan sejarah umat manusia telah ditepati atau terjadi tanpa sebarang ralat. Pengamatan sejarah dunia membawa kita kepada kesimpulan bahawa kesemua ramalan di dalam Alkitab telah terjadi dan masih akan terjadi.

Para rasul di dalam Perjanjian Lama dan Perjanjian Baru meramalkan kemasyhuran dan kejatuhan sebuah kuasa dunia, pemusnahan dan pembinaan semula Yerusalem, dan hal-hal masa depan berkaitan orang kenamaan. Banyak ramalan di dalam Alkitab telah ditepati dan sedang ditepati, dan manusia masih belum lagi melihat Kedatangan Kedua Yesus, Pengangkatan, Kerajaan Milenium, dan Pengadilan Takhta Putih Agung. Tuhan kita sedang menyediakan tempat anda sepertimana yang telah dijanjikan-Nya (Yohanes 14:2), dan Dia akan membawa anda ke sebuah tempat yang abadi.

Dunia kita kini mengalami kebuluran, gempa bumi, cuaca yang luar biasa, dan pelbagai malapetaka berskala besar. Anda tidak harus menganggap semua perkara ini sebagai kebetulan sebaliknya menyedari bahawa Kedatangan Yesus Kali Kedua semakin dekat (Matius 24:3-14). Anda harus mencapai penyelamatan sepenuhnya dengan tetap berjaga dan menghias diri anda sebagai pengantin.

Bab 2

Tuhan Menciptakan
dan Memupuk Manusia

- Tuhan Mencipta Manusia
- Mengapa Tuhan Memupuk Manusia
- Tuhan Mengasingkan Gandum
  daripada Sekam

Demikianlah Tuhan menciptakan manusia dan menjadikan mereka seperti diri-Nya sendiri. Dia menciptakan mereka lelaki dan perempuan. Kemudian Dia memberkati mereka dan berfirman, "Hendaklah kamu mempunyai anak cucu yang banyak, supaya keturunan kamu menduduki seluruh muka bumi dan menguasainya. Hendaklah kamu menguasai semua ikan, burung, dan, dan binatang liar."

Kejadian 1:27-28

Sekurang-kurangnya sekali dalam hidup anda, anda mungkin tertanya pada diri anda soalan-soalan asas seperti asal usul, destinasi, matlamat, dan maksud kehidupan ini. Kemudian anda berusaha mendapatkan jawapan-jawapannya. Ramai orang mencuba pelbagai cara untuk menyelesaikan masalah-masalah ini tetapi meninggal dunia tanpa mendapatkan sebarang jawapan yang asli.

Para cendekiawan terkenal sedunia seperti Confucius, Buddha, atau Socrates telah berusaha mendapatkan jawapan-jawapan asas ini. Confucius memberi tumpuan kepada soal-soal moral, yang menekankan bahawa kebaikan sempurna dianggap suatu etika yang ideal, dan mempunyai ramai pengikut. Buddha melakukan penebusan dosa untuk jangka waktu yang lama supaya dileraikan daripada kewujudan duniawi. Socrates mengejar kebenaran dengan caranya tersendiri dan mencari pengetahuan yang sebenar.

Walau bagaimanapun, tidak seorang pun antara mereka yang dapat mencari penyelesaian asas dan tetap, mencapai kebenaran yang tulen ataupun mendapat hidup yang kekal. Hal itu adalah kerana kebenaran yang tersembunyi sebelum penciptaan dunia merupakan sesuatu yang bersifat rohani dan tidak zahir serta tidak dapat dilihat. Anda tidak dapat menemui jawapan jelas tentang kehidupan sehingga anda memahami rencana Tuhan

Maha Pencipta dan juga tentang pemupukan manusia.

Tuhan Mencipta Manusia

Pembentukan misteri organ-organ dan sel-sel serta tisu-tisu di dalam badan manusia tidak dapat dibayangkan. Tuhan yang mencipta manusia dengan cara ini ingin mempunyai anak-anak yang benar yang dengan mereka Dia dapat berkongsi kasih-Nya dengan mereka untuk selama-lamanya. Untuk tujuan ini, Tuhan telah menjadikan manusia di dalam imej-Nya dan memupuk manusia dan menyediakan syurga.

Jadi, bagaimanakah Tuhan menciptakan segala-galanya di dalam alam semesta dan juga membentukkan manusia?

Penciptaan Enam Hari Tuhan

Kejadian 1 menerangkan dengan jelas bagaimana Tuhan telah menciptakan syurga dan bumi dalam masa enam hari. Berfirmanlah Tuhan: *"Jadilah terang,"* Lalu terang itu jadi (Kejadian 1:3). Berfirmanlah Tuhan: *"Hendaklah air yang ada di bawah langit mengalir ke satu tempat agar tanah kelihatan."* Dan jadilah demikian (Kejadian 1:9). Dan seterusnya.

Seperti tertulis dalam Ibrani 11:3, *"Kerana beriman, kita mengerti bahawa alam ini diciptakan oleh firman Tuhan, maka apa yang dapat dilihat dijadikan daripada apa yang tidak dapat dilihat,"* Tuhan menciptakan seluruh alam semesta hanya dengan Firman-Nya.

Tuhan menciptakan terang pada hari pertama, dan menciptakan langit pada hari kedua. Pada hari ketiga, Dia membiarkan air di bawah langit berkumpul pada satu tempat dan menamakan tanah yang kering itu "darat" dan air yang terkumpul itu "laut". Dia membiarkan tanah mengeluarkan tumbuh-tumbuhan: tumbuhan yang menghasilkan biji-bijian dan pokok yang menghasilkan buah dengan biji di dalamnya. Pada hari keempat, Dia mencipta matahari, bulan dan bintang-bintang di cakerawala, dan membiarkan matahari menguasai siang dan bulan menguasai malam. Pada hari kelima, Dia mencipta makhluk-makhluk laut dan semua benda hidup dan bergerak di dalam air, mengikut jenisnya, dan setiap burung bersayap mengikut jenisnya. Pada hari keenam, Dia menciptakan ternakan, makhluk yang bergerak di permukaan tanah, dan haiwan liar, setiap satu mengikut jenisnya.

Manusia Dicipta dalam Imej Tuhan

Tuhan Pencipta selama enam hari telah menyediakan persekitaran yang manusia dapat hidup, kemudian menciptakan manusia dalam imej-Nya. Dia memberkati lelaki itu sebagai ketua semua makhluk, dan memberitahunya untuk menundukkan dan memerintah ke atas mereka.

Demikianlah Tuhan menciptakan manusia dan menjadikan mereka seperti diri-Nya sendiri. Dia menciptakan mereka lelaki dan perempuan. Kemudian

Dia memberkati mereka dan berfirman, "Hendaklah kamu mempunyai anak cucu yang banyak, supaya keturunan kamu menduduki seluruh muka bumi dan menguasainya. Hendaklah kamu menguasai semua ikan, burung, dan, dan binatang liar" (Kejadian 1:27-28).

Maka, bagaimanakah Tuhan membentukkan manusia?

Kemudian TUHAN mengambil sedikit tanah dan membentuk manusia, lalu menghembuskan nafas yang memberi hidup ke dalam lubang hidungnya; maka hiduplah manusia itu (Kejadian 2:7).

Dalam ayat ini, tanah merujuk kepada tanah liat. Seorang tukang tembikar yang mahir, dengan menggunakan tanah liat yang berkualiti, menghasilkan porselin seladon atau porselin putih dengan nilai wang yang tinggi. Sebaliknya, beberapa tukang tembikar lain membuat tembikar biasa, jubin bumbung, atau bata.

Nilai sesuatu barang tembikar itu bergantung kepada siapa tukangnya, betapa tinggi kemahiran tukang tersebut, jenis tanah liat yang digunakan, dan jenis barang tembikar yang dihasilkan. Seperti Tuhan Pencipta yang Maha Kuasa telah membentuk manusia dalam imej-Nya, betapa indah ciptaan-Nya itu?

Setelah membentuk manusia dari tanah dalam imej-Nya, Tuhan menghembuskan nafas kehidupan ke dalam hidungnya, nafas yang memberi tenaga hidup. Kemudian manusia menjadi roh yang hidup. Nafas kehidupan merupakan kekuatan, kuasa, tenaga, dan roh Tuhan.

Tuhan Menghembuskan Nafas Kehidupan ke dalam Manusia

Apabila anda berfikir tentang proses nyalaan lampu pendarfluor, lebih mudah untuk anda memahami proses yang terlibat dalam menciptakan manusia sebagai roh hidup. Sekiranya anda ingin membuatkan sebuah lampu pendarfluor bersinar, anda mula-mula harus menyediakan mentol yang dibuat dengan baik kemudian disambungkan kepada suis. Namun begitu, ia tidak akan bernyala sehingga anda membuka suis tersebut.

Set televisyen di rumah anda juga berfungsi dengan cara yang sama. Anda tidak dapat melihat apa-apa pada skrin sehingga anda tidak membuka suisnya, tetapi sekali dibuka, anda dapat mendengar dan melihat pelbagai bunyi dan imej. Anda boleh menghasilkan imej visual pada skrin hanya dengan membuka suis televisyen. Namun begitu, di bahagian belakang televisyen itu, terdapat gabungan bahagian-bahagian yang rumit.

Begitu juga Tuhan bukan hanya mencipta bentuk tubuh manusia, tetapi juga organ-organ dalaman dan tulang di dalamnya daripada tanah. Dia mencipta urat-urat yang mengalirkan darah dan juga sistem saraf yang dapat menjalankan fungsinya dengan sempurna.

Kuasa Tuhan dapat menukarkan tanah kepada kulit yang lembut jika atau apabila Dia menghendakinya. Sama seperti membenarkan pengaliran arus elektrik, Dia menghembus nafas kehidupan ke dalam manusia. Kemudian darah dalam tubuhnya mula mengalir dengan serta merta, dan dia dapat bernafas dan bergerak.

Sebagai tambahan, oleh sebab Tuhan menciptakan unit-unit ingatan di dalam sel otak manusia, manusia memasukkan dan mengingati apa yang didengari dan dirasai di dalam sel-sel otak. Apa yang dimasukkan dan diingati menjadi pengetahuan, dan pengetahuan itu dihasilkan semula sebagai fikiran. Apabila anda menggunakan pengetahuan tersimpan ini dalam kehidupan, anda menyebutnya kebijaksanaan.

Manusia, walaupun hanya makhluk, telah menambahkan kebijaksanaan dan pengetahuan mereka, dan mengembangkan tamadun saintifik yang canggih. Kini, mereka menerokai alam semesta dan menciptakan komputer dan memasukkan maklumat yang besar di dalamnya ataupun merujuk semula maklumat tersebut dan dapat banyak manfaat daripada komputer sama seperti Tuhan mencipta unit-unit memori di dalam sel otak. Mereka telah begitu maju sehinggakan telah mampu mencipta komputer-komputer Kepintaran Buatan (*artificial intelligence* [A.I]) yang dapat mengecam huruf atau suara manusia dan dapat berkomunikasi dengan yang lain. Mereka akan bertambah maju dengan berlalunya masa.

Tentunya lebih mudah untuk Tuhan Pencipta yang Maha Kuasa yang mencipta manusia daripada tanah dan menghembuskan nafas kehidupan untuk memberikan nyawa. Begitu mudah untuk Tuhan yang mampu mencipta sesuatu daripada kekosongan, namun ia begitu menakjubkan dan susah dibayangkan oleh akal manusia (Mazmur 139:13-14).

Mengapa Tuhan Memupuk Manusia

Yesus mengajar kita rencana Tuhan melalui pelbagai perumpamaan. Disebabkan alam roh tidak dapat difahami dengan pengetahuan manusia, Dia menggunakan objek-objek duniawi dalam perumpamaan supaya anda lebih mudah memahami.

Kebanyakan perumpamaan berkaitan dengan pemupukan. Sebagai contoh, terdapat perumpamaan penyemai (Matius 13:3-23; Markus 4:3-20; Lukas 8:4-15), perumpamaan biji sawi (Matius 13:31-32; Markus 4:30-32; Lukas 13:18-19), perumpamaan lalang di ladang (Matius 13:24-30, 36-43), perumpamaan ladang anggur (Matius 20:1-16), dan perumpamaan penyewa-penyewa (Matius 21:33-41; Markus 12:1-9; Lukas 20:9-16).

Perumpamaan-perumpamaan ini menunjukkan kepada kita bahawa, seperti para petani boleh meratakan tanah, menyemai benih, menggemburkan tanaman dan menuai hasil, Tuhan membentuk dan memupuk manusia di atas bumi dan akan mengasingkan gandum daripada sekam.

Tuhan Ingin Berkongsi Kasih Sejati dengan Anak-anak-Nya

Tuhan bukan hanya mempunyai sifat ketuhanan tetapi juga

kemanusiaan. Ketuhanan adalah kuasa Tuhan Pencipta yang Maha Mengetahui dan Maha Kuasa, dan kemanusiaan adalah minda manusia. Oleh itu, Tuhan mencipta dan berkuasa ke atas alam semesta, sejarah manusia dan kehidupan. Tuhan juga merasai kegembiraan, kemarahan, kesedihan dan keseronokan, dan ingin berkongsi kasih dengan anak-anak-Nya.

Alkitab telah menunjukkan kepada kita pelbagai keadaan di mana Tuhan mempunyai keperibadian seperti manusia; Tuhan bersukacita dan memberkati manusia apabila mereka yang dicipta dalam imej Tuhan, melakukan perkara yang betul, tetapi Dia meratap dan mengeluh dalam kemurkaan apabila mereka melakukan dosa. Tuhan mempunyai keinginan untuk berkomunikasi dengan anak-anak-Nya dan memberikan mereka perkara-perkara yang baik dinyatakan dalam Firman Tuhan.

Sekiranya Tuhan hanya mempunyai sifat-sifat ketuhanan, Dia tidak perlu berehat selepas hari keenam penciptaan alam semesta, dan Dia tidak akan teringin untuk mempunyai persekutuan dengan kita dengan berkata, "berdoalah sentiasa" (1 Tesalonika 5:17), dan *"Berserulah kepada-Ku, maka Aku akan memberitahu engkau hal-hal yang indah dan mengagumkan, yang belum engkau ketahui"* (Yeremia 33:3).

Kadang-kadang anda ingin bersendirian, tetapi lebih gembira pada saat-saat kita mempunyai seorang kawan yang sama minat dengan kita yang boleh berkongsi kasih dengan anda. Begitu juga, Tuhan mencipta manusia di dalam imej-Nya kerana Dia ingin bertukar-tukar kasih dengan seseorang. Dia memupuk roh manusia di dunia ini kerana Dia ingin anak-anak yang sejati yang dapat memahami hati-Nya dan mengasihi-Nya dengan seluruh hati mereka.

Tuhan Mahu Anak-anak Yang Patuh Secara Pilihan Mereka Sendiri

Ada yang mungkin tertanya-tanya mengapa Tuhan terus mencipta manusia dan memupuk mereka sedangkan terdapat begitu ramai malaikat yang taat serta angkatan syurgawi di syurga. Namun begitu, kebanyakan malaikat tidak mempunyai sifat-sifat manusia yang paling penting untuk berkongsi kasih. Dengan erti kata lain, mereka tidak mempunyai kebebasan diri untuk memilih.Mereka menurut perintah dengan taat seperti robot, tetapi mereka tidak dapat merasakan kegembiraan, kesedihan, kutukan, atau berseronok sama seperti manusia. Oleh itu, mereka tidak dapat berkongsi kasih Tuhan dengan sepenuh hati mereka.

Sebagai contoh, andai kata anda mempunyai dua orang anak. Salah seorang anak tu menuruti semua perintah anda tanpa menunjukkan sebarang emosi, pendapat atau kasih seperti sebuah robot yang telah diprogramkan dengan baik. Manakala seseorang lagi kadang-kala menyakitkan hati anda, tetapi segera menyesali perbuatannya itu, dan berpaut kepada anda dengan manis serta meluahkan isi hatinya dengan pelbagai cara. Jadi, yang mana satu antara mereka akan lebih anda sayangi? Semestinya anak yang kedua tadi.

Bayangkan anda mempunyai sebuah robot yang memasak, membersihkan rumah serta berkhidmat untuk anda. Walau bagaimanapun, anda tidak akan lebih menyayangi robot tersebut berbanding dengan anak-anak anda. Tidak kira betapa rajin robot tersebut bekerja dan betapa besar bantuannya, ia tidak mampu mengambil tempat anak-anak anda.

Begitu juga, Tuhan lebih suka manusia yang dengan sukarela bergembira dalam mentaati-Nya dengan akal dan emosi mereka berbanding dengan malaikat-malaikat dan angkatan syurgawi, yang bertindak seperti robot yang telah diprogramkan menjadi taat. Tuhan telah memberikan manusia kehendak bebas serta Firman-Nya. Kemudian Dia mengajar manusia untuk membezakan yang baik dengan yang jahat dan serta jalan mencapai penyelamatan ataupun kematian. Dia menunggu penuh kesabaran sehingga mereka menjadi anak-Nya yang sebenar-benarnya.

Pemupukan Manusia oleh Tuhan dengan Penuh Kasih Keibuan

Tertulis dalam Kejadian 6:5-6 bahawa *"TUHAN nampak betapa jahatnya manusia di bumi; fikiran mereka sentiasa dipenuhi kejahatan. Oleh itu TUHAN menyesal kerana sudah menjadikan manusia dan menempatkan mereka di bumi. TUHAN begitu kecewa."*

Adakah ini bermaksud Tuhan tidak menyedari hakikat ini apabila Dia menciptakan manusia? Sudah tentu Dia menyedari hakikat ini. Tuhan maha mengetahui dan maha berkuasa jadi Dia tahu segala-galanya baik sebelum permulaan waktu lagi. Walau bagaimanapun, Dia menciptakan manusia dan memupuk mereka.

Sekiranya anda bergelar ibu bapa, mungkin anda lebih mudah memahami keadaan ini. Betapa mencabarnya melahirkan anak dan membesarkan mereka! Ketika seseorang wanita hamil, pelbagai jenis kesakitan seperti rasa mual dialaminya selama sembilan bulan. Sewaktu bersalin, kesakitan yang besar mengiringi ibu tersebut. Demi memberi makanan, pakaian dan didikan kepada anak-anak, ibu bapa melakukan usaha yang besar dan bekerja keras siang dan malam. Apabila anak lewat pulang ke rumah, ibu bapa berasa risau tentang keselamatan mereka. Apabila mereka jatuh sakit, ibu bapa mereka lebih merasakan kesakitan berbanding dengan anak-anak.

Mengapa ibu bapa masih membesarkan anak mereka walaupun begitu banyak kesakitan dan usaha keras? Sebabnya ialah ibu bapa ingin objek-objek untuk berkongsi kasih sayang mereka, iaitu seseorang yang boleh merasai kasih sayang ibu bapa mereka serta menyayangi ibu bapa mereka itu dengan seluruh hati mereka. Bagi ibu bapa, kesakitan-kesakitan seperti itu pun memberi kebahagiaan. Tambahan lagi, sekiranya anak-anak amat menyerupai ibu bapa mereka, betapa cantiknya mereka! Sudah pasti, bukan semua anak taat dan berjasa kepada ibu bapa mereka. Sesetengah anak menyayangi dan menghormati ibu bapa mereka, tetapi ada juga yang menyebabkan mereka bersedih.

Begitu juga, walaupun mengetahui semua kesakitan dan cabaran membesarkan anak, ibu bapa tidak menganggapnya sebagai suatu penderitaan. Sebaliknya, mereka berusaha keras, dengan harapan bahawa anak mereka itu akan membesar dengan baik dan menjadi punca kebahagiaan mereka. Dengan cara yang sama, Tuhan mengetahui bahawa manusia akan menderhaka, menjadi perosak, menyakiti hati, tetapi Dia juga mengetahui bahawa akan ada juga anak-anak yang sebenar yang akan menyayangi-Nya. Oleh itu, Tuhan telah menciptakan manusia dan telah dengan rela memupuk mereka.

Tuhan Ingin Dimuliakan Oleh Anak-anak-Nya yang Benar

Tuhan sedang memupuk roh manusia di atas muka bumi ini bukan hanya untuk memperolehi anak-anak yang benar, tetapi juga untuk dimuliakan oleh mereka. Tuhan boleh mendapatkan sanjungan dan kemuliaan daripada para malaikat dan angkatan syurgawi sebanyak mana yang boleh. Akan tetapi, apa yang benar-benar diingini-Nya, adalah supaya dimuliakan oleh anak-anak yang benar yang telah dipupuk-Nya dengan seluruh hati mereka.

Tuhan berfirman dalam Yesaya 43:7 bahawa *"Merekalah umat-Ku, Aku telah menciptakan mereka untuk memuliakan Aku,"* dan mengarahkan anda dalam 1 Korintus 10:31, *"Apa sahaja yang kamu lakukan, sama ada makan ataupun minum, lakukanlah semuanya untuk memuliakan Tuhan."*

Tuhan ialah Pencipta, Kasih dan Keadilan. Dia mengurniakan satu-satunya Anak-Nya untuk menyelamatkan kita, dan menyediakan syurga serta kehidupan abadi. Dia terlebih layak untuk diagungkan. Selain itu, Dia ingin memuliakan mereka yang mengagungkan Dia.

Oleh itu, anda harus menjadi anak sebenar Tuhan yang dapat berkongsi kasih sayang dengan Dia selama-lamanya dengan memahami mengapa Tuhan ingin dimuliakan melalui anak-anak-Nya yang telah dipupuk secara rohani.

Tuhan Mengasingkan Gandum daripada Sekam

Petani mengusahakan tanah kerana mereka ingin menuai tanaman dengan banyaknya. Tuhan juga memupuk roh manusia di bumi untuk mendapatkan anak-anak yang sebenar yang bukan sahaja mencintai dan memuliakanNya dari hati mereka tetapi juga berkongsi kasih dengan-Nya di syurga untuk selama-lamanya.

Selalu ada kedua-dua gandum dan sekam dalam tuaian, jadi petani mengasingkan gandum dari sekam, mengumpul gandum ke dalam jelapang mereka, dan membakar sekam dengan api. Dengan cara yang serupa, Tuhan akan mengasingkan gandum daripada sekam pada akhir pemupukan roh-roh manusia.

Tangan-Nya memegang nyiru untuk menampi. Dia akan mengumpulkan gandum yang bersih di dalam jelapang, tetapi Dia akan membakar sekam di dalam api yang tidak dapat padam (Matius 3:12).

Oleh itu, anda mesti percaya dengan tegas bahawa Tuhan memupuk roh manusia di bumi, dan dalam masa-Nya, Dia akan mengumpulkan gandum – anak-anak yang benar – ke syurga bagi kehidupan kekal, tetapi membakar sekam dengan api neraka yang tidak terpadamkan.

Kemudian, marilah kita meneliti dengan lebih terperinci manusia jenis apa yang masing-masing digelar gandum dan sekam dalam pandangan Tuhan, dan tempat jenis apa syurga dan neraka.

Gandum dan Sekam

Gandum secara simboliknya merujuk kepada mereka yang telah menerima Yesus Kristus, berjalan dalam jalan kebenaran, dan berkongsi kasih dengan Tuhan. Mereka ini merupakan anak-anak cahaya yang menjumpai semula imej Tuhan yang telah sekian lama hilang, dan mentaati segala suruhan Tuhan.

Sebaliknya pula, sekam mewakili mereka yang tidak menerima Yesus Kristus, atau mereka yang mengaku percaya tetapi tidak hidup berdasarkan Firman Tuhan, dan hanya melayani nafsu jahat mereka.

1 Timotius 2:4 menggambarkan Tuhan kita sebagai Dia yang *"mahu semua orang diselamatkan serta mengetahui ajaran benar tentang penyelamatan."* Hal ini bermaksud, Tuhan menghendaki semua manusia menjadi gandum dan memasuki kerajaan syurgawi. Tuhan sedang berusaha menyedarkan anda tentang hal ini dengan pelbagai cara dan memimpin anda ke jalan penyelamatan. Namun itu, sesetengah orang melanggar kehendak dan rencana Tuhan mengikut kehendak bebas mereka. Mereka ini tidak ubah seperti binatang buas di mata Tuhan

kerana mereka telah kehilangan nilai-nilai kemanusiaan.

Para petani membakar sekam dalam api ataupun menggunakannya sebagai baja kerana sekiranya gandum dan sekam disimpan bersama di dalam jelapang, gandum akan mereput. Oleh itu, Tuhan tidak akan membenarkan sekam memasuki kerajaan syurgawi yang menjadi tempat gandum akan ditempatkan. Tidak seperti haiwan, manusia mempunyai roh yang kekal kerana Tuhan telah menghembuskan masuk nafas kehidupan pada saat diciptakan oleh-Nya. Jadi Tuhan tidak dapat memusnahkan sekam, ataupun membiarkan mereka wujud tanpa sebarang tujuan.

Memang tidak dapat dinafikan lagi bahawa Tuhan akan mengumpulkan gandum di syurga dan membiarkan mereka menikmati kebahagiaan abadi, dan membakar sekam di dalam api neraka yang tidak terpadamkan selama-lamanya. Oleh itu, anda harus sentiasa mengingati hakikat ini supaya tidak tercampak ke dalam api neraka.

Keindahan Syurga dan Kengerian Neraka

Di satu sisi, syurga terlalu indah untuk dibandingkan dengan apa-apa sahaja yang wujud di bumi. Sebagai contoh, bunga-bunga di dunia ini kembang dan layu tidak lama kemudian, tetapi bunga-bunga di syurga tidak pernah layu mahupun gugur kerana segala-galanya di syurga kekal selama-lamanya. Jalan-jalan di syurga dibuat daripada emas tulen yang jernih seperti kaca, Sungai Kehidupan bersinar seperti kristal mengalir dan rumah-rumah diperbuat daripada pelbagai jenis batu permata yang indah. Kecantikan segala-gala kandungan syurga tidak dapat dihuraikan dengan kata-kata (Sila rujuk kepada *Syurga I & II*).

Di sisi yang satu lagi, neraka ialah tempat di mana ulat tidak mati, dan api tidak pernah padam. Setiap orang akan dimurnikan dengan api (Markus 9:48-49). Lagipun, terdapat lautan belerang yang bernyala di neraka yang kepanasannya adalah tujuh kali ganda lebih panas berbanding tasik berapi (Wahyu 20:10, 15). Mereka yang tidak terselamat terpaksa hidup di dalam lautan berapi yang tidak pernah padam atau lautan belerang yang bernyala untuk selama-lamanya. Betapa ngeri dan menakutkan jika terpaksa tinggal di situ buat selama-lamanya (sila rujuk kepada Neraka)!

Oleh itu, Yesus berfirman di dalam Markus 9:43 berbunyi *"Jika tanganmu menyebabkan kamu berdosa, potonglah tangan itu! Lebih baik kamu hidup tanpa sebelah tangan daripada kamu dengan kedua-dua belah tangan masuk ke dalam neraka, ke dalam api yang kekal."*

Kenapa Tuhan yang penuh kasih menciptakan neraka yang dahsyat dan syurga yang begitu indah? Sekiranya manusia jahat dibenarkan masuk dan tinggal di tempat yang dihuni oleh manusia yang baik dan dikasihi Tuhan, ini akan menyakitkan manusia yang baik dan syurga akan dicemari oleh kejahatan. Pendek kata, Tuhan menjadikan neraka kerana Dia mengasihi manusia dan ingin menyediakan hanya yang terbaik kepada anak-anak-Nya.

Pengadilan Takhta Putih Agung

Sama seperti seseorang petani menyemai benih dan menuai hasil tahun demi tahun, Tuhan telah memupuk roh manusia semenjak Adam dihalau keluar dari Taman Eden dan akan terus melakukan demikian sehingga Yesus datang semula.

Tuhan telah menunjukkan kehendak-Nya kepada nenek moyang iman seperti Nuh, Ibrahim, Musa, Yahya, Petrus, dan nabi Paulus. Hari ini, Dia berterusan memupuk roh manusia melalui para pastor dan pekerja-Nya. Akan tetapi, sama seperti setipa permulaan ada pengakhiran, pemupukan roh manusia tidak akan berterusan selama-lamanya.

2 Petrus 3:8 menggesa kita, *"janganlah lupa akan satu perkara ini, hai sahabat-sahabat yang aku kasihi! Di sisi Tuhan, satu hari tidak ada bezanya dengan seribu tahun."* Sama seperti Tuhan telah berehat pada hari yang ketujuh selepas hari yang keenam menciptakan alam semesta, Kedatangan Yesus dan Milenium Baru, tempoh Sabat akan datang selepas 6000 tahun sejak ketidaktaatan Adam. Selepas itu, melalui Pengadilan Takhta Putih Agung, Tuhan akan membenarkan gandum memasuki syurga dan sekam dibuang ke dalam api neraka.

Oleh itu, saya berdoa dalam nama Yesus Kristus anda dapat memahami rencana Tuhan dan kasih-Nya dalam terus memupuk manusia, menjalani kehidupan penuh berkat, dan memuliakan Tuhan dengan penuh harapan untuk memasuki syurga.

Bab 3

Pokok Pengetahuan Baik Dan Jahat

- Adam dan Hawa dalam Taman Eden
- Adam Derhaka Atas Keinginannya Sendiri
- Balasan Dosa Adalah Kematian
- Mengapa Tuhan Meletakkan Pokok
  Pengetahuan Baik dan Jahat
  di dalam Taman Eden

Kemudian TUHAN menempatkan manusia itu di Taman Eden untuk mengusahakan serta memelihara taman itu. Tuhan berfirman kepada manusia itu, "Engkau boleh makan buah-buahan daripada semua pokok di taman ini, kecuali buah daripada pokok yang memberi pengetahuan tentang yang baik dan yang jahat. Engkau tidak boleh makan buah pokok itu; jika engkau memakannya, engkau pasti mati pada hari itu juga."

Kejadian 2:15-17

Orang yang tidak mengenali kasih besar Tuhan Pencipta dan rencana-Nya yang mendalam dalam memupuk anak-anak-Nya mungkin bertanya, "Mengapa Tuhan menempatkan pokok pengetahuan baik dan jahat di dalam Taman Eden?" "Mengapa Dia membenarkan manusia pertama mengambil jalan ke arah kemusnahan?" Mereka berpendapat bahawa sekiranya Tuhan tidak meletakkan pokok pengetahuan baik dan jahat, manusia sudah tentu tidak akan mati dan menikmati kehidupan yang gembira selama-lamanya di Taman Eden.

Ada juga yang berkata "Tuhan kemungkinan tidak mengetahui lebih awal bahawa Adam akan memakan buah daripada pokok pengetahuan baik dan jahat" kerana mereka tidak percaya bahawa Tuhan maha mengetahui dan maha kuasa. Adakah Tuhan meletakkan pokok tersebut di dalam Taman Eden dengan pengetahuan cetek tentang hal akan datang tanpa mengetahui bahawa Adam bakal derhaka kepada-Nya. Ataupun adakah Tuhan sengaja meletakkan pokok tersebut di situ dan membawa manusia ke jalan kematian? Sudah tentu tidak!

Mengapa Tuhan meletakkan pokok pengetahuan baik dan jahat di tengah-tengah Taman Eden? Mengapa Adam tidak mentaati suruhan Tuhan dan jatuh ke jalan kematian?

Adam dan Hawa di dalam Taman Eden

Tuhan membentukkan manusia daripada tanah dan menghembuskan nafas kehidupan ke dalam lubang hidungnya, dan manusia itu menjadi makhluk hidup (Kejadian 2:7). Makhluk hidup merupakan makhluk rohani yang tidak mempunyai sebarang bentuk pengetahuan apabila mula-mula diciptakan. Mari kita lihat satu contoh yang mudah. Seorang bayi yang baru lahir tidak mempunyai kebijaksanaan ataupun pengetahuan. Bayi itu mempunyai sistem ingatan di dalam otaknya, tetapi tidak pernah melihat, mendengar, ataupun diajar apa-apa pun. Jadi bayi itu hanya boleh bertindak berdasarkan naluri.

Dengan cara yang sama, Adam tidak mempunyai sebarang kebijaksanaan rohani atau pengetahuan ketika dia mula-mula menjadi makhluk hidup.

Adam Mempelajari Pengetahuan Kehidupan Daripada Tuhan

Tuhan mewujudkan sebuah taman di bahagian timur, di Eden dan meletakkan Adam di situ. Tuhan menurunkan pengetahuan kehidupan kepada Adam secara langsung, berjalan dengan Adam di situ supaya Dia dapat mengajar Adam mengawal dan menguruskan Taman Eden.

Kejadian 2:19 berbunyi, *"Oleh itu Tuhan mengambil sedikit tanah dan membentuk semua jenis binatang dan burung. Kemudian Tuhan membawa semuanya kepada manusia itu untuk mengetahui nama yang akan diberikannya kepada binatang dan burung. Demikianlah caranya tiap-tiap binatang dan burung mendapat nama."* Adam telah dilengkapi pengetahuan kehidupan yang cukup untuk berkuasa ke atas segala benda.

Selain itu, bagi Tuhan adalah tidak baik bagi Adam untuk bersendirian. Oleh itu, Tuhan menyebabkan dia tidur dengan nyenyak untuk mencipta pembantu yang sesuai untuknya. Tuhan mengambil salah satu tulang rusuk lelaki dan menutup tempat itu dengan daging ketika lelaki itu tidur. Kemudian Dia mencipta wanita daripada rusuk yang telah diambil-Nya daripada lelaki itu, dan membawa dia kepada lelaki itu. Tuhan menyatukan lelaki itu dengan isterinya, dan mereka menjadi sedaging (Kejadian 2:20-22).

Kejadian ini tidak berpunca daripada Adam sendiri berasa sunyi tetapi oleh kerana Tuhan telah bersendirian sekian lama sebelum permulaan waktu, maka Dia lebih memahami perasaan sunyi itu. Kasih dan berkat besar Tuhan telah mendorong Dia menciptakan pembantu untuk Adam, dan oleh sebab Dia lebih awal mengetahui keadaan Adam, telah memberkati lelaki dan wanita itu menambahkan zuriat, berkembang dan memenuhkan bumi.

Kehidupan Lama Adam di dalam Taman Eden

Berapa lama Adam dan isteri dia Hawa tinggal di dalam Taman Eden? Alkitab tidak menerangkan perkara ini dengan terperinci, tetapi anda harus tahu bahawa mereka hidup di situ lebih lama daripada yang difikirkan oleh kebanyakan orang.

Alkitab menceritakan semua fakta ini dalam beberapa ayat sahaja. Oleh itu, ramai orang berfikiran bahawa Adam memakan buah terlarang itu dan terus jatuh ke jalan kemusnahan sejurus selepas Tuhan menempatkan dia di dalam Taman Eden. Ada yang bertanya, "Alkitab mendakwa bahawa sejarah manusia bermula enam ribu tahun dahulu, jadi bagaimana anda boleh menerangkan pelbagai fosil berumur lebih daripada beberapa ratus ribu tahun?"

Sejarah pemupukan manusia di dalam Alkitab lebih kurang 6,000 tahun, bermula pada ketika Adam dan Hawa dihalau dari Taman Eden. Ini tidak termasuk jangka panjang yang dihabiskan oleh mereka dengan tinggal di dalam Taman Eden. Dengan peredaran waktu, pelbagai perubahan geografi dan geologi seperti perubahan kerak bumi dan banyak kitaran pembiakan dan kepupusan telah yang telah berlaku di atas bumi ini. Seperti dibincangkan dalam Bab 1, banyak fosil menjadi bukti hakikat ini.

Sama seperti Tuhan telah memberkati Adam dan isterinya dalam Kejadian 1:28, lelaki pertama Adam, sebelum dikutuk, telah berjalan bersama-sama Tuhan dan menghasilkan zuriat untuk sekian lama dan telah memenuhkan Taman Eden. Sebagai penguasa ke atas segala-galanya yang telah diciptakan, Adam telah menakluk dan menguruskan bumi termasuk Taman Eden.

Adam Ingkar Atas Kehendaknya Sendiri

Tuhan memberikan Adam dan Hawa kehendak bebas dan membenarkan mereka menikmati kelimpahan dan sukacita di dalam Taman Eden. Namun begitu, terdapat suatu perkara yang dilarang oleh Tuhan. Tuhan memerintahkan mereka supaya tidak makan daripada pokok pengetahuan baik dan jahat.

Sekiranya Adam memahami hati dalam Tuhan dan benar-benar mengasihi-Nya, dia tidak akan memakan buah terlarang itu kerana dia tahu perintah Tuhan. Walau bagaimana pun, dia tidak mentaati perintah Tuhan kerana dia tidak benar-benar mengasihi Tuhan.

Tuhan meletakkan pokok pengetahuan baik dan jahat di dalam Taman Eden dan menetapkan hukum yang ketat antara Tuhan dan manusia. Dia membenarkan manusia memilih mentaati ataupun tidak larangan tersebut di atas keinginannya sendiri. Hal ini kerana Dia menghendaki anak-anak yang sebenar yang akan mentaati dan mengasihi-Nya dengan seluruh hati mereka.

Adam Mengabaikan Firman Tuhan

Dalam Alkitab, Tuhan sering menjanjikan berkat-Nya kepada mereka yang menuruti dan melaksanakan segala Firman-Nya (Ulangan 15:4-6, 28:1-14). Namun begitu, siapa yang mentaati semua perintah-Nya? Alkitab sendiri mengaku bahawa tidak ramai orang di dunia ini yang mampu mentaati semua perintah Tuhan.

Tentu Tuhan telah mengajar manusia pertama Adam bahawa dia akan menikmati berkat dan kehidupan abadi selagi dia taat kepada Tuhan, tetapi akan mendapat kematian kekal sekiranya dia menderhakai Tuhan. Tuhan memberikan amaran kepada mereka supaya tidak makan daripada pokok pengetahuan baik dan jahat.

Namun begitu, Adam dan Hawa mengabaikan perintah Tuhan itu, dan memakan buah larangan tersebut. Iblis berusaha merosakkan rancangan Tuhan untuk mengumpul anak-anak rohani dan benar sejak mula lagi. Akhirnya, Iblis berjaya menggoda mereka sehingga memakan buah tersebut melalui ular yang lebih licik berbanding haiwan-haiwan liar yang lain (Kejadian 3:1). Adam dan Hawa melanggar perintah Tuhan. Jadi, bagaimana Adam sanggup melanggar perintah Tuhan walaupun dia merupakan roh hidup yang hanya diajar dengan kebenaran oleh Tuhan.

Dalam Kejadian 2:15, kita mendapati bahawa Tuhan membiarkan Adam menguruskan dan menjaga Taman Eden. Adam mendapat kuasa dan autoriti daripada Tuhan untuk berkuasa ke atasnya dan melindunginya. Tuhan menugaskan dia menjaga supaya Iblis dan roh jahat tidak menceroboh masuk. Namun demikian, Iblis berjaya mengawal ular tersebut dan menggunakannya untuk menggoda Adam dan Hawa. Bagaimana ini mungkin terjadi?

Secara ringkas, Iblis merupakan roh jahat yang mempunyai autoriti ke atas kerajaan angkasa. Iblis tidak mempunyai bentuk. Dalam Efesus 2:2, Iblis dirujuk sebagai putera yang berkuasa di angkasa, roh yang berkuasa ke atas orang yang tidak taat kepada

Tuhan.

Oleh sebab Iblis adalah seperti gelombang radio yang terbang melalui udara, Iblis dapat mengawal ular di Taman Eden untuk menggoda Adam dan Hawa. Kejadian 1 menunjukkan ungkapan khas yang berulang. Pada akhir setiap hari penciptaan, Alkitab mengulangi, "Tuhan berpuas hati melihat hal itu." Ungkapan ini tidak ditulis pada hari kedua apabila langit itu dibuat.

Sekali lagi, Efesus 2:2 bercakap tentang suatu ketika *"Pada masa itu hidup kamu mengikut cara hidup yang jahat daripada orang di dunia ini. Kamu mentaati penguasa roh-roh jahat di angkasa, iaitu roh yang sekarang menguasai orang yang tidak taat kepada Tuhan."* Tuhan telah mengetahui dengan lebih awal bahawa roh-roh jahat akan berkuasa di kerajaan angkasa.

Hawa Terjatuh ke dalam Godaan Ular Itu

Ular itu hanya salah satu daripada haiwan daratan. Bagaimana ia berjaya menggoda Hawa untuk melanggar perintah Tuhan?

Di dalam Taman Eden, manusia dapat berkomunikasi dengan semua benda hidup seperti bunga-bunga, pokok-pokok, burung, haiwan dan lain-lain. Hawa juga mampu berkomunikasi dengan ular itu. Pada asalnya, ular-ular disukai oleh manusia dan berbaik-baik dengan mereka tidak seperti zaman sekarang. Mereka licin, bersih, panjang, bulat dan bijaksana sehingga disukai oleh Hawa. Mereka sangat mengenali Hawa dan menggembirakannya. Hal ini sama seperti anjing yang disayangi oleh para pemilik mereka kerana mereka lebih pintar dan lebih patuh berbanding dengan haiwan lain.

Namun begitu, ramai orang berkata, "Ular teruk, berbisa dan menjijikkan." Mereka secara naluri membenci ular kerana ular itulah yang menggoda manusia pertama Adam dan isterinya sehingga melanggar perintah Tuhan dan membawa mereka ke jalan kematian.

Untuk memahami sifat ular, anda mesti tahu ciri-ciri tanah asal. Setiap jenis tanah mempunyai bahan dan kandungan dengan kadaran yang berbeza. Berdasarkan kepada elemen yang ditambah kepada tanah itu, tanah itu mungkin bertambah baik atau buruk. Apabila Tuhan menciptakan pelbagai haiwan daratan dan pelbagai burung di udara, Dia memilih tanah yang sesuai bagi setiap haiwan (Kejadian 2:19).

Tuhan mula-mulanya tidak menjadikan ular itu licik. Ia diciptakan supaya bijaksana dan disayangi oleh manusia. Namun begitu, ular itu menjadi licik setelah ia dimasuki oleh sifat kejahatan. Sekiranya ular itu tidak menerima suara Iblis dan hanya melakukan kehendak Tuhan, ia akan menjadi seekor haiwan yang baik dan bijaksana. Oleh sebab ia mendengar dan mematuhi suara Iblis, bagaimanapun, ular menjadi haiwan yang licik dan menggoda Hawa sehingga jatuh ke jalan kematian.

Disebabkan Hawa Mengubah Firman Tuhan

Ular itu mengetahui apa yang diberitahu Tuhan kepada Adam: *"Engkau boleh makan buah-buahan daripada semua pokok di taman ini, kecuali buah daripada pokok yang memberi pengetahuan tentang yang baik dan yang jahat. Engkau tidak boleh makan buah pokok itu; jika engkau memakannya, engkau pasti mati pada hari itu juga."* (Kejadian 2:16-17). Jadi ular itu dengan licik bertanya kepada Hawa, *"Benarkah Tuhan melarang kamu makan buah daripada sebarang pokok di taman ini?"* (Kejadian 3:1)

Bagaimanakah Hawa menjawab ular itu?

> *"Kami boleh makan buah daripada setiap pokok di taman ini, "jawab perempuan itu, kecuali buah pokok yang ada di tengah-tengah taman. Tuhan melarang kami makan buah pokok itu ataupun menyentuhnya; jika kami berbuat demikian, kami akan mati"* (Kejadian 3:2-3).

Tuhan telah memberikan Adam amaran yang jelas: *"Engkau tidak boleh makan buah pokok itu; jika engkau memakannya, engkau pasti mati pada hari itu juga"* (Kejadian 2:17). Tuhan telah menegaskan bahawa mereka akan mati jika mereka memakan buah daripada pokok itu. Namun begitu, jawapan Hawa tidak begitu jelas. Dia hanya menjawab secara samar-samar, "Anda akan mati." Dia menyingkirkan perkataan "pasti." Dengan erti kata lain, dia bermaksud, "Jika kamu memakan buah terlarang, anda mungkin atau tidak mungkin mati."

Dia tidak memahat perintah Tuhan dalam hatinya dan sedikit meragui Firman Tuhan. Setelah ular itu mendengar jawapan Hawa yang samar-samar itu, ia pun terus menggoda dia dengan lebih kuat. Ia juga memesongkan perintah Tuhan. Ular itu berkata kepada wanita itu, "Itu tidak benar; kamu tidak akan mati." Ia mula memutar belit perintah Tuhan dan terus menggoda wanita itu: *"Tuhan berfirman demikian kerana Dia tahu bahawa jika kamu makan buah itu, fikiran kamu akan terbuka; kamu akan menjadi seperti Tuhan dan mengetahui apa yang baik dan apa yang jahat"* (Kejadian 3:5). Ia terus menggoda Hawa, merangsang sifat ingin tahu Hawa dengan lebih kuat.

Hawa Ingkar Atas Kehendaknya Sendiri

Setelah Iblis membangkitkan nafsu berdosa di dalam wanita itu melalui pemikirannya yang tidak benar, pokok itu kelihatan berlainan daripada apa yang dilihatnya sebelum itu Kejadian 3:6 menyatakan, *"Perempuan itu nampak bahawa pokok itu cantik dan buahnya enak dimakan. Dia berfikir betapa baiknya jika dia menjadi bijaksana. Oleh itu dia memetik buah pokok itu dan memakannya. Dia juga memberikan buah pokok itu kepada suaminya, dan suaminya pun makan buah itu."*

Dia sepatutnya menolak godaan ular itu secara terus dan nekad. Keinginan manusia yang penuh berdosa, nafsu di dalam matanya, dan kebanggaan hidup, telah menyelubungi dirinya dan mendesak dia melakukan dosa keingkaran.

Ada juga yang bertanya, "Bukankah Adam dan Hawa memakan buah daripada pokok pengetahuan baik dan jahat itu disebabkan mereka sebagai manusia telah pun mempunyai 'sifat berdosa' di dalam diri mereka?" Mereka tidak mempunyai sifat berdosa hanya kebaikan di dalam diri mereka sebelum mereka mengingkari Tuhan. Mereka mempunyai kebebasan memilih sama ada mereka memilih untuk tidak makan atau makan buah terlarang itu dengan mengingkari perintah Tuhan.

Dengan berlalunya masa, mereka mengabaikan perintah Tuhan. Iblis menggoda mereka melalui ular itu dan mereka terperdaya dengan godaan tersebut. Dengan cara ini, dosa datang kepada mereka dan mereka melanggari hukum yang telah ditetapkan oleh Tuhan.

Hal ini serupa dengan kelakuan jahat oleh kanak-kanak. Walaupun seorang kanak-kanak jahat dari segi percakapan dan kelakuannya, tidak semestinya dia sebegitu jahat sejak dilahirkan. Pada mulanya, dia meniru kata-kata kesat atau maki hamun kanak-kanak lain tanpa mengetahui maksudnya. Ataupun dia mungkin meniru aksi kanak-kanak lain yang memukul kanak-kanak lain dan seronok memukul kanak-kanak lain dan melihat mereka menangis. Jadi dia pun kerap memukul orang lain dan kejahatan dilahirkan dan berkembang dalam dirinya.

Dengan cara yang sama, Adam tidak mempunyai sifat berdosa pada peringkat awal lagi. Apabila dia mengingkari perintah Tuhan dan makan buah daripada pokok itu atas kehendaknya sendiri, sifat berdosa dilahirkan dan kejahatan bertapak dalam dirinya.

Balasan Dosa Adalah Kematian

Seperti kata Tuhan kepada Adam, *"Engkau tidak boleh makan buah pokok itu; jika engkau memakannya, engkau pasti mati pada hari itu juga,"* Adam dan Hawa pasti mati setelah makan buah dari pokok tersebut. Tertulis di dalam Yakobus 1:15, "Apabila dia menuruti keinginannya yang jahat itu, maka lahirlah dosa; dan dosa yang berterusan akan mengakibatkan kematian."

Roma 6:23 mengajar anda hukum alam roh tentang akibat berdosa, *"Kematian adalah upah dosa."* Marilah kita melihat bagaimana kematian datang kepada Adam dan Hawa akibat keingkaran mereka.

Kematian Roh Mereka

Tuhan telah berfirman dengan jelas kepada Adam, *"Engkau tidak boleh makan buah pokok itu; jika engkau memakannya, engkau pasti mati pada hari itu juga"* (Kejadian 2:17). Namun begitu, mereka tidak mati dengan serta-merta setelah mereka mengingkari perintah Tuhan. Mereka hidup sangat lama dan melahirkan ramai lagi anak. Jadi, apa makna "kematian" di dalam amaran Tuhan kepada Adam?

Dia tidak memaksudkan kematian jasad mereka tetapi kematian roh mereka. Manusia diciptakan dengan roh yang boleh berkomunikasi dengan Tuhan, jiwa yang merupakan hamba roh mereka, dan tubuh yang menjadi tempat tinggal jiwa dan roh mereka. 1 Tesalonika 5:23 memberitahu bahawa manusia terdiri daripada roh, jiwa dan jasad. Apabila Adam dan Hawa mengingkari perintah Tuhan, roh mereka, penguasa bagi seseorang manusia, telah mati.

Tuhan tidak bercela dan tercemar, dan merupakan Maha Suci yang berada di dalam cahaya yang tidak dapat dihampiri, oleh itu, mereka yang berdosa tidak dapat bersama dengan-Nya. Adam mampu berkomunikasi dengan Tuhan sewaktu rohnya masih hidup, tetapi dia tidak lagi mampu berkomunikasi dengan Tuhan setelah rohnya mati akibat dosa.

Permulaan Kehidupan Penuh Kesakitan

Taman Eden merupakan tempat yang begitu indah dengan pelbagai kelimpahan tanpa perasaan risau ataupun cemas, dan Adam dan Hawa dapat hidup di sana untuk selama-lamanya dengan memakan daripada pokok kehidupan. Tetapi mereka dihalau keluar dari Taman Eden setelah mereka melakukan dosa. Sejak waktu itu, masalah dan kesusahan mereka bermula.

Wanita itu mula menghadapi lebih banyak kesakitan sewaktu beranak. Dia mula timbul keinginan terhadap suaminya dan suaminya pula mula berkuasa ke atas dia. Hanya setelah lelaki itu mengusahakan tanah yang telah dikutuk dengan bekerja keras seumur hidupnya, barulah tanah itu dapat menghasilkan makanan yang cukup (Kejadian 3:16-17).

Tuhan memberitahu Adam dalam Kejadian 3:18-19, *"Tanah akan menghasilkan semak dan duri; tumbuh-tumbuhan liar akan menjadi makananmu. Engkau akan bekerja keras dan berpeluh-peluh untuk membuat tanah ini menghasilkan sesuatu, sampai engkau kembali ke tanah kerana engkau dibentuk daripada tanah. Engkau dijadikan daripada tanah, dan engkau akan kembali ke tanah."* Melalui ayat-ayat ini, Tuhan menjelaskan bahawa manusia akan kembali menjadi segenggam tanah.

Oleh kerana Adam, nenek moyang seluruh umat manusia, melakukan dosa keingkaran dan rohnya mati, semua anak cucunya dilahirkan dalam keadaan berdosa dan berada di atas jalan kematian.

Roma 5:12 merekodkan warisan Adam yang berkekalan: *"Dosa masuk ke dalam dunia melalui satu orang, dan dosa orang itu membawa kematian. Akibatnya maut menjangkiti segenap umat manusia, kerana semua orang berdosa."*

Semua Manusia Dilahirkan dengan Dosa Asal

Tuhan membolehkan manusia berkembang dan menambahkan zuriat melalui benih kehidupan yang dikurniakan oleh-Nya kepada mereka sewaktu mereka diciptakan. Manusia dalam kandungan wujud daripada percantuman satu sperma dan satu ovum yang telah diberikan oleh Tuhan kepada setiap lelaki dan wanita sebagai benih kehidupan. Disebabkan sperma atau ovum itu mempunyai ciri-ciri setiap ibu bapa, bayi yang dalam kandungan hasil daripada percantuman sperma dan telur mempunyai ciri-ciri seperti, paras rupa, sifat, cita rasa, perwatakan, tabiat, kegemaran, postur berjalan yang serupa dengan ibu bapanya, dan lain-lain lagi.

Dengan cara itu, sifat berdosa telah diwariskan kepada

anaknya setelah moyang manusia Adam melakukan dosa. Ia dipanggil "dosa asal." Semua manusia dilahirkan dengan dosa asal ini. Jadi secara langsung semua manusia dilahirkan dalam keadaan berdosa.

Sesetengah orang yang tidak percaya mengadu, "Mengapa atau bagaimana di bumi saya dianggap berdosa? Saya tidak melakukan dosa." Ada lain yang bertanya, "Bagaimana dosa Adam dapat diwariskan kepada saya?"

Marilah melihat contoh seorang kanak-kanak. Seorang ibu yang menyusu mempunyai seorang bayi yang belum cukup umur setahun. Dia menyusu bayi lain di hadapan anaknya sendiri. Kemungkinan besar bayi dia sendiri itu akan berasa kecewa dan cuba menolak bayi lain itu. Sekiranya ibu bayi itu tidak berhenti menyusui bayi yang lain, atau bayi itu tidak berhenti menyusu pada dadanya, mungkin bayi kandung wanita itu akan menolak atau memukul ibu atau bayi lain tersebut. Jika ibu itu masih terus menyusui bayi yang satu lagi, anaknya sendiri mungkin akan menangis.

Walaupun tiada sesiapa pun yang mengajar bayi itu sifat cemburu, benci, tamak, atau memukul, sifat-sifat jahat itu telah pun wujud dalam hatinya sejak dilahirkan. Hakikat ini menunjukkan bahawa manusia dilahirkan dengan dosa asal itu yang diwarisi daripada ibu bapa mereka.

Berapakah jumlah dosa yang dilakukan oleh setiap orang itu dengan sendirinya sepanjang hidup mereka? Anda harus faham bahawa bukan sahaja tindakan-tindakan yang berdosa tetapi setiap pemikiran jahat juga dianggap dosa di mata Tuhan yang sendiri merupakan cahaya. Tuhan mengesan dan mengawasi kejahatan yang lahir di dalam hati seperti, benci, tamak, menghina dan banyak lagi.

Oleh itu, Alkitab mengingatkan kita bahawa tiada seorang pun yang akan di dianggap suci di mata Tuhan dengan hanya mentaati hukum-hukum Tuhan, dan semua manusia gagal memperolehi kemuliaan Tuhan kerana mereka telah berdosa (Roma 3:20, 23).

Bukan Sahaja Manusia, Tetapi Semua Benda Turut Dikutuk

Apabila Adam yang berkuasa ke atas segala benda, berdosa dan dikutuk, tanah dan ternakan, serta semua haiwan daratan dan burung di udara turut sama dikutuk. Bermula saat dikutuk, serangga-serangga yang beracun dan memudaratkan seperti lalat dan nyamuk yang menyebarkan pelbagai penyakit mula wujud.

Tanah mula menghasilkan rumput dan duri dan manusia hanya boleh menuai hasil tanah untuk makanan dengan melalui kerja keras yang menyakitkan. Manusia terpaksa menitiskan air mata, mengalami kesakitan, penyakit, kematian dan lain-lain kerana mereka telah dikutuk di bumi ini.

Oleh itu, Roma 8:20-22 berkata, *"Alam semesta sudah dibiarkan menjadi sia-sia, bukan kerana kehendak sendiri, tetapi kerana Tuhan menetapkannya demikian. Meskipun demikian ada juga harapan bahawa pada suatu hari alam semesta akan dibebaskan daripada kuasa yang menghancurkannya, lalu menikmati kebebasan dan kemuliaan dengan anak-anak Tuhan. Kita tahu bahawa sehingga saat ini alam semesta merintih kesakitan seperti kesakitan yang dialami wanita yang bersalin."*

Jadi, bagaimana ular itu dikutuk? Dalam Kejadian 3:14, Tuhan berkata kepada ular licik itu yang telah menggoda manusia sehingga berdosa, *"Terkutuklah engkau kerana perbuatan itu; antara semua binatang, hanya engkau yang harus menanggung kutukan ini. Mulai sekarang engkau akan menjalar dan makan debu seumur hidupmu."* Ular, bagaimanapun tidak memakan debu tetapi haiwan hidup seperti burung, katak, tikus dan serangga. Tuhan berfirman dengan jelas, *"Mulai sekarang engkau akan menjalar dan makan debu seumur hidupmu."* Bagaimanakah harus kita menterjemahkan ayat ini?

"Debu" dalam ayat ini menggambarkan "manusia yang telah diciptakan daripada tanah" (Kejadian 2:7), dan "ular" merujuk kepada musuh kita iaitu Iblis dan roh jahat (Wahyu 20:2). "Mulai sekarang engkau akan menjalar dengan perutmu, dan makan debu seumur hidupmu." melambangkan Iblis dan roh jahat memusnahkan manusia yang tidak menjalani hidup berdasarkan Firman Tuhan tetapi hidup dalam kegelapan.

Anak-anak Tuhan turut mengalami dugaan dan kesusahan yang disebabkan oleh Iblis dan roh jahat sekiranya mereka melakukan kejahatan dan berdosa terhadap Tuhan. Hari ini, Iblis dan roh jahat sedang berkeliaran seperti singa mencari mangsa (1 Petrus 5:8). Jika mereka menjumpai seseorang, mereka akan menghambakan orang itu dengan kutukan dosa dan mengheret orang itu ke jalan kemusnahan. Jika dapat, mereka cuba untuk menggoda sekalipun anak-anak Tuhan.

Iblis dan roh jahat menggoda mereka yang berkata, "Saya percaya kepada Tuhan," tetapi tidak yakin dengan Firman Tuhan, dan mereka dipimpin ke jalan kematian. Biasanya, Iblis dan roh jahat berusaha menggoda anda melalui orang yang paling akrab dengan anda, seperti pasangan anda, kawan-kawan dan saudara mara – cara mereka menggoda Hawa melalui ular, yang merupakan salah satu haiwan yang digemarinya.

Sebagai contoh, mungkin pasangan atau kawan anda akan bertanya kepada anda, "Tidak cukupkah kalau kamu hanya menghadiri servis gereja Pagi Ahad? Perlukah kamu juga menghadiri servis petang Hari Ahad juga?" atau "Adakah kamu sering mencuba untuk berkumpul setiap hari?" "Tuhan melihat dan mengetahui setiap yang terbuku paling dalam di hati anda kerana Dia maha mengetahui dan maha berkuasa. Perlukah anda lantang suara sewaktu berdoa?"

Tuhan memerintahkan anda untuk mengingati hari Sabat dan mengekalkan kesuciannya (Keluaran 20:8), cubalah berhimpun kerana Tuhan (Ibrani 10:25), dan berdoalah dengan suara lantang (Yeremia 33:3). Iblis tidak mampu menggoda atau membawa ke jalan dosa orang yang hidup berlandaskan Firman Tuhan sepenuhnya (Matius 7:24-25).

Seperti tertulis dalam Efesus 6:11, *"Pakailah seluruh perlengkapan senjata daripada Tuhan, supaya kamu dapat mempertahankan diri daripada muslihat Iblis yang jahat,"* anda mesti melengkapkan diri dengan Firman Kebenaran Tuhan dan dengan berani mengusir musuh kita Iblis dan roh jahat dengan iman.

Mengapa Tuhan Meletakkan Pokok Pengetahuan Baik dan Jahat?

Tuhan meletakkan pokok pengetahuan baik dan jahat di dalam Taman Eden bukan untuk mendorong manusia ke arah kemusnahan tetapi untuk memberi mereka kebahagiaan sebenar. Tanpa memahami rancangan sebenar Tuhan, ramai orang salah faham tentang kasih dan keadilan Tuhan dan ada yang langsung tidak mempercayai Tuhan. Mereka menjalani kehidupan yang hambar tanpa menjumpai matlamat kehidupan mereka yang sebenar.

Jadi, mengapa Tuhan meletakkan pokok pengetahuan baik dan jahat di dalam Taman Eden dan mengapa ia membawa anda berkat yang besar?

Adam dan Hawa Tidak Mengenal Kebahagiaan Sebenar

Taman Eden sangat indah dan kaya dengan limpah kurniaan Tuhan yang tidak mampu anda bayangkan. Tuhan menjadikan pelbagai jenis pokok tumbuh daripada tanah. Tanaman itu menyenangkan mata dan baik dijadikan makanan. Di pertengahan taman itu terletaknya pokok kehidupan dan pokok pengetahuan baik dan jahat (Kejadian 2:9).

Jadi, mengapa pula Tuhan meletakkan pokok pengetahuan baik dan jahat di pertengahan Taman itu bersebelahan dengan pokok kehidupan supaya ia akan ternampak dengan jelas? Tuhan tidak pernah ingin manusia dibawa ke atas jalan kemusnahan dengan godaan memakan daripada pokok tersebut. Ini adalah rencana Tuhan supaya kita dapat memahami kerelatifan antara pokok pengetahuan baik dan jahat dan menjadi anak rohani sebenar Tuhan yang dapat merasai hati-Nya.

Apabila manusia mengalami tangisan, kesedihan, kemiskinan, atau penyakit, mereka berfikiran bahawa Adam dan Hawa tentunya hanya bergembira di dalam Taman Eden kerana mereka tidak pernah mengalami kesakitan seperti tangisan, kesedihan, kemiskinan, atau penyakit di dunia ini. Walau bagaimanapun, manusia yang tinggal di dalam Taman Eden tidak mengenali erti kebahagiaan atau kasih yang sebenarnya kerana mereka tidak mengalami kerelatifan tersebut.

Mari kita lihat satu contoh. Terdapat dua orang budak lelaki. Seorang dilahirkan dalam keadaan penuh kemiskinan, manakala seorang lagi dibesarkan dalam keadaan penuh kelimpahan dan menikmatinya. Sekiranya anda memberikan mereka sejenis permainan yang sangat mahal harganya sebagai hadiah, apakah jenis tindak balas yang masing-masing akan dipamerkan oleh mereka?

Pada satu sisi, budak lelaki yang membesar dalam kekayaan mungkin tidak begitu berterima kasih kerana dia tidak mengerti nilai permainan tersebut. Pada sisi yang lain, budak lelaki yang membesar dalam kemiskinan akan sangat berterima kasih dan menganggap permainan tersebut sebagai sangat berharga.

Kebahagiaan yang Sebenar Timbul daripada Kerelatifan

Dalam cara yang sama, mereka yang mengalami perkara-perkara relatif seperti kebebasan dan kelimpahan mengerti dan menikmati kebahagiaan sebenar atau kebebasan sebenar. Tidak seperti Taman Eden, terdapat banyak perkara relatif di dunia ini. Jika anda ingin mengenali dan menikmati nilai sebenar apa sahaja, anda mesti mengalami perkara-perkara relatif. Anda tidak dapat menyedari nilainya yang sebenar selagi anda tidak mengalami aspek-aspeknya yang bertentangan.

Sebagai contoh, jika anda ingin mengenali kebahagiaan sebenar, anda harus mengalami kesedihan terlebih dahulu. Jika anda ingin mengerti nilai kasih sayang sebenar, anda harus mengalami kebencian terlebih dahulu. Anda tidak akan menyedari nilai kesihatan anda sepenuhnya sehingga anda mengalami kesakitan disebabkan penyakit atau kesihatan yang merosot.Anda tidak akan menyedari nilai sebenar kehidupan abadi dan tidak akan bersyukur kepada Tuhan Bapa yang telah menyediakan syurga sehingga anda memahami bahawa kematian dan neraka adalah pasti.

Lelaki pertama Adam telah menikmati apa-apa sahaja yang ingin dimakannya dan mempunyai autoriti untuk menguruskan semua benda di dalam Taman Eden. Dia memperolehi semua nikmat itu tanpa harus bekerja keras atau bersusah payah. Untuk sebab itu, dia tidak menonjolkan rasa syukur kepada Tuhan untuk semua itu ataupun mengakui berkat dan kasih Tuhan dalam hatinya.

Kemudian, Adam melanggari perintah Tuhan dengan memakan buah tersebut. Dia merupakan roh yang hidup, tetapi setelah berdosa, rohnya mati dan dia menjadi manusia zahir. Dia dan isteri dia dihalau keluar dari Taman Eden dan mereka datang hidup di bumi. Dia mula mengalami perkara-perkara yang belum pernah dialaminya di dalam Taman Eden: air mata, kesedihan, penyakit, kesakitan, malapetaka, kematian dan lain-lain. Akhir sekali, dia mula mengalami kesemua perkara yang bertentangan dengan kebahagiaan di Taman Eden.

Dalam proses seperti itu, Adam dan Hawa dapat memahami dan merasai kebahagiaan dan kesedihan dan betapa berharga kebebasan dan kelimpahan yang telah dikurniakan oleh Tuhan kepada mereka di dalam Taman Eden.

Kehidupan anda menjadi tidak bermakna sekiranya anda hidup abadi tanpa mengerti kebahagiaan dan kesedihan. Walaupun anda mengalami kesukaran sekarang, hidup anda akan lebih bernilai dan lebih bermakna jika anda dapat merasai kebahagiaan yang sebenar kemudian

Sebagai contoh, walaupun ibu bapa menjangka bahawa anak mereka akan mengalami kesusahan sewaktu belajar, mereka masih membenarkan anak-anak mereka pergi ke sekolah. Sekiranya mereka menyayangi anak mereka, mereka bersedia membantu anak-anak belajar dengan rajin atau mengalami banyak perkara yang baik. Hal ini sama dengan hati Tuhan Bapa yang menghantar manusia ke dunia ini dan memupuk mereka sebagai anak-anak-Nya yang sebenar melalui pelbagai jenis pengalaman.

Untuk sebab yang sama itu, Tuhan telah meletakkan pokok

pengetahuan baik dan jahat di dalam Taman Eden dan tidak menghalang Adam dan Hawa daripada memakan daripadanya atas keinginan mereka itu sendiri. Dia merancang segala-galanya supaya manusia mengalami semua perkara seperti kegembiraan, kemarahan dan keseronokan di dunia ini dan menjadi anak-anak-Nya yang sebenar-benarnya melalui pemupukan manusia.

Melalui pengalaman-pengalaman yang menyakitkan, mereka dapat memahami nilai dan maksud sebenar perkara-perkara itu satu demi satu dalam dasar hati mereka.

Kerana mereka telah mengenali dan merasai kebahagiaan sebenar melalui pemupukan manusia, anak-anak Tuhan tidak akan menderhaka Tuhan lagi tidak seperti yang telah dilakukan oleh Adam dalam Taman Eden tidak kira berapa lamanya berlalu waktu. Sebaliknya, mereka akan lebih mengasihi Tuhan, dipenuhi kegembiraan dan bersyukur dan lebih memuliakan Dia.

Kebahagiaan Sebenar di Syurga

Anak-anak Tuhan yang telah mengalirkan air mata, mengalami kesedihan, kesakitan, penyakit, dan kematian dan lain-lain di dalam dunia ini akan memasuki syurga abadi dan menikmati kebahagiaan, kasih sayang, dan kesyukuran yang abadi. Mereka akan merasai keseronokan kebahagiaan sempurna di syurga.

Di dalam dunia yang penuh hawa nafsu ini, semua akan mati dan reput, tetapi tiada pereputan, kematian, tangisan, dan kesedihan di dalam kerajaan syurga yang abadi. Emas dianggap mempunyai nilai yang sangat tinggi di dunia ini, namun semua jalan di Yerusalem Baru di syurga diperbuat daripada emas tulen. Rumah-rumah di syurga diperbuat daripada batu permata yang sangat bernilai. Betapa cantik dan menakjubkan!

Saya menganggap emas dan batu permata sebagai antara yang tertinggi nilainya sebelum saya mengenali Tuhan, tetapi setelah saya mempelajari tentang syurga abadi, saya mula menganggap semua benda di dunia ini sebagai sia-sia dan tidak bernilai. Kehidupan di dunia ini hanya sesaat dibandingkan dengan kehidupan di alam abadi. Sekiranya anda benar-benar percaya dan berharap syurga abadi, anda tidak akan mencintai dunia ini. Sebaliknya, anda hanya akan berfikir apa yang anda harus lakukan untuk menyelamatkan seorang lagi ataupun bagaimana anda boleh menginjili lebih ramai orang lagi di seluruh dunia. Anda akan mengumpulkan ganjaran untuk diri anda di syurga dengan memberikan persembahan terbaik anda kepada Tuhan dengan seluruh hati anda tanpa mengumpulkan harta benda untuk diri anda di dunia.

Rasul Paulus dapat mengharungi segala cabaran yang dihadapinya sehingga ke akhir dengan penuh gembira dan bersyukur, kerana dia melihat syurga ketiga yang telah diperlihatkan oleh Tuhan kepada dia dalam satu penglihatan. Dia terpaksa menghadapi dugaan-dugaan yang hebat sebagai rasul kaum bukan Yahudi. Tuhan telah menunjukkan keindahan hebat syurga dan menggalakkan dia terus berada di jalan kebenaran sehingga ke akhir dengan harapan dapat memasuki syurga. Dia telah dipukul dengan batang besi dengan teruk, disebat dengan teruk, direjam batu, kerap dipenjarakan, dan tertumpah darahnya sewaktu menyebarkan Firman Tuhan. Walaupun dilakukan sebegitu, Paulus menyedari bahawa dia akan mendapat balasan yang besar daripada Tuhan yang tidak dapat dibayangkan di syurga. Akhirnya, semua kesusahan yang dihadapinya mendapatkan balasan berkat besar di syurga.

Manusia yang menghambakan diri kepada Tuhan tidak tidak mengharapkan apa-apa dari dunia ini. Mereka hanya menanti-nantikan kerajaan syurgawi. Dunia ini hanya sesaat dalam pandangan Tuhan, tetapi kehidupan di dalam kerajaan syurgawi adalah abadi. Tiada tangisan, kesedihan, penderitaan, atau kematian di syurga. Jadi mereka boleh hidup penuh dalam keseronokan mengharapkan hadiah-hadiah hebat yang akan dibalas oleh Tuhan kepada mereka setimpal dengan kelakuan mereka sewaktu kehidupan di bumi.

Oleh itu, saya berdoa dalam nama Yesus Kristus Tuhan kita agar anda akan memahami kasih hebat dan rencana Tuhan Pencipta dan menyiapkan diri anda untuk memasuki kerajaan syurga supaya anda dapat menikmati kehidupan abadi serta kebahagiaan sebenar di syurga yang keindahannya tiada bandingan.

Bab 4

Rahsia Tersembunyi Sebelum Permulaan Waktu

- Autoriti Adam Diserahkan Kepada Iblis
- Hukum Penebusan Tanah
- Rahsia Tersembunyi Sebelum
  Permulaan Waktu
- Yesus Layak Berdasarkan Hukum

"Walaupun demikian, aku juga berkata-kata tentang kebijaksanaan kepada mereka yang mempunyai kehidupan rohani yang matang. Tetapi kebijaksanaan itu bukanlah kebijaksanaan dunia ini, ataupun kebijaksanaan roh-roh yang berkuasa dan yang memerintah dunia ini. Kekuasaan roh-roh itu akan lenyap. Kebijaksanaan yang aku sampaikan itu kebijaksanaan daripada Tuhan. Kebijaksanaan itu tidak diketahui oleh umat manusia, tetapi Tuhan sudah menyediakannya untuk kebahagiaan kita, sebelum Dia menjadikan dunia ini. Semua roh yang berkuasa dan yang memerintah dunia ini tidak mengetahui kebijaksanaan itu. Seandainya roh-roh itu mengetahuinya, tentu roh-roh itu tidak akan menyalibkan Tuhan yang mulia."

1 Korintus 2:6-8

Adam dan Hawa telah digoda oleh ular di dalam Taman Eden, mengingkari perintah Tuhan, dan memakan buah daripada pokok pengetahuan baik dan jahat kerana dalam hati mereka mempunyai keinginan untuk menjadi seperti Tuhan. Akibatnya, mereka dan anak cucu menjadi berdosa.

Daripada perspektif seorang manusia, Adam dan Hawa dianggap telah merana kerana dihalau keluar dari Taman Eden dan terpaksa menuju jalan kematian. Dari segi rohani, ia merupakan suatu berkat Tuhan yang menakjubkan kerana mereka berpeluang menikmati penyelamatan, kehidupan abadi dan berkat syurgawi melalui Yesus Kristus.

Melalui pemupukan manusia, rahsia yang tersimpan untuk kemuliaan anda sebelum permulaan waktu telah didedahkan dan jalan penyelamatan dibuka luas kepada semua umat manusia. Mari kita menyelidiki dengan lebih mendalam rahsia yang telah sekian lama tersimpan sebelum permulaan waktu dan bagaimana jalan penyelamatan telah dibuka.

Autoriti Adam Diserahkan Kepada Iblis

Di dalam Lukas 4:5-6, kita mendapati Iblis berusaha menggoda Yesus yang baru sahaja selesai berpuasa selama 40 hari:

> *Lalu Iblis membawa Yesus ke tempat yang tinggi, dan*
> *dalam sekelip mata Iblis menunjukkan segala kerajaan*
> *di dunia kepada-Nya. "Aku akan memberikan segala*
> *kekuasaan dan kekayaan ini kepada-Mu," kata Iblis*
> *kepada Yesus. "Semuanya ini telah diberikan kepadaku,*
> *dan aku berhak memberikannya kepada sesiapa sahaja*
> *yang aku suka.*

Iblis berkata bahawa dia akan memberikan kuasa kepada Yesus kerana kuasa itu telah diberikan kepada dia daripada seseorang. Mengapa Tuhan, yang menguasai segalanya, membiarkan kuasa diberikan kepada Iblis?

Dalam Kejadian 1:28, *"Kemudian Dia memberkati mereka dan berfirman, 'Hendaklah kamu mempunyai anak cucu yang banyak, supaya keturunan kamu menduduki seluruh muka bumi dan menguasainya. Hendaklah kamu menguasai semua ikan, burung, dan binatang liar.'"*

Adam menerima autoriti dan kuasa untuk menguruskan dan berkuasa ke atas segala benda daripada Tuhan. Dia merupakan penguasa segala benda tetapi setelah sekian lama, dia dan isterinya telah digoda untuk memakan buah daripada pokok pengetahuan baik dan jahat oleh ular yang licik itu. Dia melakukan dosa keingkaran terhadap Tuhan.

Tertulis di dalam Roma 6:16, *"Tentu kamu tahu bahawa jika kamu menghambakan diri kepada seseorang untuk melakukan kehendaknya, maka kamu menjadi hamba orang yang kamu taati: sama ada hamba kepada dosa yang mengakibatkan kematian, atau hamba kepada Tuhan yang dapat menjadikan kamu berbaik semula dengan Tuhan".* Anda merupakan hamba kepada dosa ataupun kebenaran. Jika anda melakukan dosa, anda menjadi hamba kepada dosa dan akan terjerumus ke jalan kematian. Jika anda mentaati Firman Tuhan, anda sebaliknya menjadi hamba kepada kebenaran dan pasti akan memasuki syurga.

Adam melakukan dosa keingkaran terhadap Tuhan dan menjadi hamba kepada dosa. Jadi dia tidak lagi boleh memegang autoriti dan kuasa yang telah diberikan oleh Tuhan kepadanya. Dia terpaksa menyerahkan autoriti dan kuasanya kepada Iblis sama seperti semua barang kepunyaan seorang hamba harus diserahkan kepada tuannya. Secara ringkas, Adam telah menyerahkan autoriti dan kuasa pemberian Tuhan kepada Iblis kerana dia telah berdosa dan menjadi hamba kepada dosa.

Keingkaran Adam telah menyebabkan semua manusia dilahirkan dalam keadaan berdosa. Ia menyebabkan dia dan keturunannya berhamba kepada Iblis dan ditakdirkan mati.

Hukum Penebusan Tanah

Apakah harus dilakukan oleh manusia supaya mereka bebas daripada pengabdian kepada Iblis dan diselamatkan daripada dosa dan kematian? Ada yang berkata, "Tuhan itu mengampuni semua orang tanpa syarat kerana Tuhan itu maha penyayang. Dia penuh belas kasihan dan berkat." Walau bagaimana pun, 1

Korintus 14:40 berkata, *"Semuanya harus dilakukan dengan baik dan teratur."* Tuhan melakukan segala-galanya dengan cara yang teratur berdasarkan kepada hukum-hukum alam roh. Tuhan tidak melakukan sesuatu perkara yang menentang hukum alam roh kerana Dia ialah Tuhan yang adil dan saksama.

Di alam roh, terdapat hukum untuk menghukum orang yang berdosa, yang berbunyi, *"Kematian adalah upah dosa."* Juga terdapat hukum untuk menebus orang yang berdosa. Hukum rohani ini harus diaplikasikan untuk mengambil kembali autoriti Adam yang telah diberikan kepada Iblis.

Jadi, apakah hukum penebusan untuk mereka yang berdosa? Ia merupakan hukum penebusan tanah yang direkodkan dalam Perjanjian Lama. Sebelum permulaan waktu, Tuhan Bapa telah secara rahsia menyediakan jalan untuk penyelamatan manusia berdasarkan hukum ini.

Apakah Hukum Penebusan Tanah?

Ini merupakan perintah Tuhan kepada kaum Yahudi dalam Imamat 25:23-25:

> *Tanah kamu tidak boleh dijual untuk selamanya kerana tanah itu bukan milik kamu. Tanah itu milik Tuhan, dan kamu seperti orang asing yang mendapat kebenaran untuk mengusahakan tanah itu. Apabila sebidang tanah dijual, hak pemilik asal tanah itu untuk menebusnya harus diakui. Jika seorang Israel jatuh miskin lalu terpaksa menjual tanahnya, sanak*

saudaranya yang terdekat wajib menebus tanah itu.

Setiap bidang tanah adalah milik Tuhan dan tidak boleh dijual secara kekal. Sekiranya seseorang itu menjual tanahnya kerana terlalu miskin, Tuhan membenarkan dia atau sanak terdekat untuk membeli balik tanah itu. Inilah hukum penebusan tanah.

Orang-orang Israel menulis sijil perjanjian tanah berdasarkan kepada undang-undang penebusan tanah supaya tidak menjual tanah secara kekal, apabila mereka menjual dan membeli tanah.

Si penjual dan pembeli menulis kandungan perjanjian tanah tersebut secara terperinci supaya si penjual atau sanak terdekat boleh menebus tanah itu pada kemudian hari. Mereka membuat salinan dan cop segel pada kedua-dua kontrak itu di hadapan dua atau tiga orang saksi. Satu kontrak dimeterai dan disimpan dalam gudang kuil suci. Kontrak yang satu lagi disimpan di dalam bilik laluan masuk, dalam keadaan terbuka dan tidak dimeterai. Hukum penebusan tanah membolehkan penjual dan sanak terdekatnya untuk menebus tanah itu pada bila-bila masa.

Hukum Penebusan Tanah dan Penyelamatan Umat Manusia

Mengapa Tuhan menyediakan jalan penyelamatan berdasarkan kepada hukum penebusan tanah? Kejadian 3:19 dan 23 dengan jelas memberitahu kita bahawa hukum penebusan tanah mempunyai hubung kaitan secara langsung dengan penyelamatan umat manusia.:

Engkau akan bekerja keras dan berpeluh-peluh untuk membuat tanah ini menghasilkan sesuatu, sampai engkau kembali ke tanah kerana engkau dibentuk daripada tanah. Engkau dijadikan daripada tanah, dan engkau akan kembali ke tanah (Kejadian 3:19).

Maka Tuhan mengusir manusia itu keluar dari Taman Eden dan menyuruhnya mengusahakan tanah, yang daripadanya manusia dibentuk (Kejadian 3:23).

Tuhan berkata kepada Adam setelah pengingkarannya, *"Engkau dijadikan daripada tanah, dan engkau akan kembali ke tanah."* Di sini, "tanah" menggambarkan manusia yang telah diciptakan daripada tanah. Oleh itu, manusia akan kembali kepada tanah setelah kematian.

Hukum penebusan tanah menyatakan bahawa semua tanah merupakan milik Tuhan dan tidak boleh dijual secara kekal (Imamat 25:23-25). Ayat-ayat ini bermaksud semua manusia diciptakan daripada tanah dan adalah milik Tuhan dan tidak boleh dijual secara kekal. Ini juga menandakan bahawa tiada autoriti ataupun kuasa milik Adam yang dikurniakan oleh Tuhan di dalam Taman Eden boleh dijual secara kekal kerana ia milik Tuhan.

Autoriti Adam diberikan kepada musuh kita Iblis dan roh jahat tetapi orang yang sesuai untuk menebus autoriti Adam yang hilang itu boleh mengambilnya semula daripada musuh, Iblis. Dengan cara yang sama, Tuhan yang maha adil telah menetapkan penebus yang sempurna berdasarkan hukum penebusan tanah. Si penebus itu ialah Penyelamat umat manusia.

Rahsia Tersembunyi Sebelum Permulaan Waktu

Sebelum bermulanya waktu, Tuhan yang maha pengasih mengetahui bahawa Adam akan mengingkari-Nya dan kesemua keturunan Adam akan terjerumus ke jalan kematian. Dia telah menyediakan jalan penyelamatan manusia secara rahsia dan menyembunyikannya sehingga tiba saat yang telah ditentukan-Nya.

Sekiranya Iblis telah mengetahui rancangan Tuhan itu, sudah tentu dia cuba menghalang Tuhan daripada menghapuskan dosa dan kematian umat manusia supaya dia tidak kehilangan autoritinya itu. 1 Korintus 2:7 tertulis bahawa *"Kebijaksanaan yang aku sampaikan itu kebijaksanaan daripada Tuhan. Kebijaksanaan itu tidak diketahui oleh umat manusia, tetapi Tuhan sudah menyediakannya untuk kebahagiaan kita, sebelum Dia menjadikan dunia ini."*

Yesus Kristus, Kebijaksanaan Tuhan

Roma 5:18-19 berkata, *"Oleh itu sebagaimana umat manusia dihukum kerana dosa satu orang; dengan cara yang sama semua orang dibebaskan daripada kesalahan dan diberikan hidup, kerana perbuatan satu orang yang melakukan kehendak Tuhan. Sebagaimana semua orang menjadi orang berdosa kerana satu orang tidak taat, demikian juga orang dapat berbaik semula dengan Tuhan, kerana satu orang taat kepada Tuhan."*

Seluruh umat manusia akan menjadi benar dan diselamatkan melalui ketaatan seorang lelaki sama seperti semua manusia menjadi berdosa dan jatuh ke jalan kematian disebabkan keingkaran seorang lelaki.

Demikian, Tuhan menghantar Yesus Kristus, yang telah disediakan-Nya secara rahsia sebagai jalan penyelamatan dan membenarkan Yesus disalibkan dan dibangkitkan semula. Mulai saat itu, sesiapa sahaja yang mempercayai Dia diselamatkan. Dalam 1 Korintus 1:18, Tuhan berfirman *"Bagi orang yang menuju kebinasaan, berita tentang kematian Kristus pada kayu salib itu tidak bererti apa-apa. Tetapi bagi kita yang diselamatkan oleh Tuhan, berita itu menunjukkan kekuasaan Tuhan."*

Ia kedengaran bodoh untuk sesetengah orang bahawa Anak Tuhan yang Maha Kuasa dihina dan dibunuh oleh makhluk-Nya. Walau bagaimanapun, rancangan "bodoh" Tuhan ini jauh lebih bijaksana daripada rancangan paling bijaksana manusia dan "kelemahan" Tuhan jauh lebih kuat daripada kekuatan manusia yang paling kuat (1 Korintus 1:19-24). Alkitab jelas mengatakan bahawa tiada siapa pun yang boleh dijadikan betul pada pandangan Tuhan dengan memerhatikan undang-undang. Namun begitu, Tuhan telah membuka jalan kepada penyelamatan kepada semua orang yang mempercayai Yesus Kristus dengan cara mudah ini.

Balasan dosa adalah kematian. Oleh itu, tiada seorang pun yang mungkin diselamatkan sekiranya Yesus tidak mati bagi dosa-dosa kita. Yesus telah disalibkan untuk dosa-dosa kita dan telah bangkit semula dengan kuasa Tuhan. Begitu juga, Tuhan telah menyediakan suatu jalan yang mungkin kelihatan seperti lemah ataupun bodoh dan menyembunyikannya sekian lama.

Tuhan telah merahsiakan Yesus Kristus serta penyaliban-Nya kerana musuh kita, Iblis dan roh jahat, sekiranya mereka tahu lebih awal, mereka akan berusaha menghalang jalan penyelamatan dibuka kepada manusia. Iblis tidak mungkin akan membunuh Yesus di atas salib sekiranya dia mengetahui bahawa Tuhan telah menyediakan jalan penyelamatan melalui salib sebagai penebusan semua manusia daripada dosa, menyelamatkan mereka daripada kematian, dan memulihkan autoriti Adam daripada Iblis.

Sekali lagi, ingat kepada 1 Korintus 2:7-8 *"Kebijaksanaan yang aku sampaikan itu kebijaksanaan daripada Tuhan. Kebijaksanaan itu tidak diketahui oleh umat manusia, tetapi Tuhan sudah menyediakannya untuk kebahagiaan kita, sebelum Dia menjadikan dunia ini. Semua roh yang berkuasa dan yang memerintah dunia ini tidak mengetahui kebijaksanaan itu. Seandainya roh-roh itu mengetahuinya, tentu roh-roh itu tidak akan menyalibkan Tuhan yang mulia."*

Yesus Layak Berdasarkan Hukum

Seperti setiap perjanjian yang mempunyai syarat-syaratnya,

alam roh juga mempunyai satu peraturan, yang menyatakan bahawa si penebus itu mesti mempunyai kelayakan untuk memulihkan kembali autoriti Adam yang hilang daripada Iblis berdasarkan kepada hukum penebusan tanah.

Sebagai contoh, katakan ada seorang lelaki menghadapi kemuflisan dalam perniagaannya. Dia mempunyai hutang yang besar tetapi tidak berkemampuan untuk membayarnya kembali. Sekiranya dia mempunyai seorang abang yang kaya dan menyayanginya, abangnya akan membayar habis semua hutangnya sekali gus.

Semua manusia yang berdosa semenjak kejatuhan Adam memerlukan seorang penebus yang berkelayakan untuk menyucikan mereka daripada dosa-dosa mereka itu. Jadi, apa pula kelayakan-kelayakan yang diperlukan sebagai seorang penebus? Mengapa Alkitab menyatakan bahawa hanya Yesus layak sebagai penebus?

Pertama sekali, Si Penebus mesti seorang lelaki

Dalam Imamat 25:25, dikatakan, *"Jika seorang Israel jatuh miskin lalu terpaksa menjual tanahnya, sanak saudaranya yang terdekat wajib menebus tanah itu."* Hukum penebusan tanah menyatakan bahawa sekiranya seseorang itu menjadi miskin dan menjual tanahnya, sanak terdekat boleh menebus apa yang dijualnya.

1 Korintus 15:21-22 berbunyi, *"Hal itu demikian kerana sebagaimana kematian datang ke dunia melalui satu orang, begitu juga kebangkitan daripada kematian diberikan melalui*

satu orang. Sebagaimana semua orang mati kerana tergolong satu dengan Adam, begitu juga semua orang akan dihidupkan semula kerana tergolong satu dengan Kristus." Kelayakan pertama Si Penebus yang boleh memulihkan kuasa Adam adalah mesti merupakan seorang lelaki. Hakikat ini sekali lagi disebut dalam Wahyu 5:1-5:

Aku melihat sebuah gulungan naskah di tangan kanan Dia yang duduk di atas takhta itu. Gulungan naskah itu penuh dengan tulisan pada kedua-dua belah sisinya dan dimeterai dengan tujuh buah meterai. Lalu aku melihat satu malaikat perkasa bertanya dengan suara yang lantang, "Siapakah yang layak memecahkan meterai-meterai ini serta membuka gulungan naskah ini?" Tetapi tidak seorang pun di syurga, atau di bumi, ataupun di bawah bumi, yang dapat membuka gulungan naskah itu dan membaca kandungannya. Aku menangis tersedu-sedu, kerana tidak seorang pun layak membuka gulungan naskah itu dan membaca kandungannya. Lalu salah seorang pemimpin itu berkata kepadaku, "Jangan menangis! Lihatlah! Singa daripada suku Yehuda, keturunan agung daripada Daud, sudah menang. Dia dapat memecahkan tujuh buah meterai itu dan membuka gulungan naskah itu."

"Gulungan naskah itu penuh dengan tulisan pada kedua-dua belah sisinya dan dimeterai dengan tujuh buah meterai" menandakan sebuah perjanjian yang telah dimeteraikan antara

Tuhan dengan Iblis apabila Adam mengingkari Tuhan dan menjadi manusia yang berdosa. Rasul Yohanes tidak menjumpai seseorang yang layak memecahkan meterai-meterai itu dan membuka gulungan naskah itu di syurga, di atas bumi ataupun di dalam bumi.

Hal ini kerana para malaikat di syurga bukannya manusia lelaki, semua lelaki di bumi berdosa sebagai keturunan Adam, dan di dalam bumi, hanya ada roh-roh jahat yang bertuankan Iblis dan roh-roh telah mati yang akan jatuh ke dalam neraka.

Pada masa itu, salah seorang pemimpin berkata kepada Yohanes, "Jangan menangis! Lihatlah! Singa daripada suku Yehuda, keturunan agung daripada Daud, sudah menang. Dia dapat memecahkan tujuh buah meterai itu dan membuka gulungan naskah itu." Di sini, "keturunan Daud" merujuk kepada Yesus, yang dilahirkan sebagai keturunan Raja Daud dari kaum Yehuda (Kisah Para Rasul 13:22-23). Oleh itu, Yesus berkelayakan untuk memenuhi syarat pertama hukum penebusan tanah.

Ada yang mungkin berkata "Tuhan itu Maha Kaya. Yesus sememangnya Tuhan kerana Dia ialah Anak Tuhan. Dia bukannya manusia." Ingat, walau bagaimanapun, Yohanes 1:1 menyatakan *"Dan Firman itu sama dengan Tuhan,"* dan Yohanes 1:14, yang menyatakan *"Firman itu sudah menjadi manusia dan tinggal antara kita."* Tuhan, yang merupakan Firman itu, menjadi manusia dan tinggal di bumi di kalangan kita.

Itu merupakan Yesus yang entiti asalnya ialah Tuhan yang kemudian menjadi daging seperti manusia. Entiti-Nya ialah

Firman itu dan Anak Tuhan. Dia mempunyai kemanusiaan dan ketuhanan. Namun begitu, dia dilahirkan dan membesar dalam bentuk menyerupai manusia. Sejarah manusia dibahagikan kepada dua bahagian dengan kelahiran Yesus sebagai pembahagi: B.C., *Before Christ* (S.M., Sebelum Masihi), dan A.D., *Anno Domini* (Masihi). Ini cukup membuktikan bahawa Yesus menjadi manusia dan turun ke bumi. Kelahiran Yesus, pengasuhan, dan penyaliban merupakan sebahagian daripada fakta yang jelas ini.

Oleh itu, Yesus ialah seorang manusia lelaki dan layak menjadi Penebus kita.

Kedua, Dia tidak boleh daripada keturunan Adam

Seseorang yang berhutang tidak boleh tolong membayar hutang orang lain. Seseorang yang tidak mempunyai hutang dan berkemampuan menolong orang lain boleh melangsaikan hutang itu. Dengan cara yang sama, penebus umat manusia mesti bebas daripada dosa dan tidak tercela supaya dapat menebus seluruh umat manusia daripada dosa dan kematian. Setiap manusia merupakan keturunan Adam dan berdosa kerana moyang pertama Adam telah melakukan dosa. Tidak seorang pun daripada keturunan Adam layak menjadi penebus seluruh umat manusia kerana mereka sendiri berdosa. Walaupun lelaki-lelaki terhebat dalam sejarah juga tidak dapat bertanggungjawab untuk dosa-dosa orang lain.

Adakah Yesus mempunyai kelayakan ini?

Matius 1:18-21 menggambarkan kelahiran Yesus. Dia

dikandungkan oleh Roh Kudus, dan bukan melalui penyatuan lelaki dan wanita. Ayat-ayat itu menyatakan:

> *Inilah kisah kelahiran Yesus Kristus. Ibu-Nya, Maria, bertunang dengan Yusuf. Tetapi sebelum mereka berkahwin, Maria sudah mengandung kerana kuasa Roh Tuhan. Yusuf seorang yang taat kepada hukum agama, tetapi dia tidak mahu mempermalukan Maria di hadapan umum. Oleh itu Yusuf berniat memutuskan pertunangan itu secara diam-diam. Yusuf mempertimbangkan perkara itu. Kemudian dalam mimpi, malaikat Tuhan menampakkan diri kepadanya. Malaikat itu berkata, "Hai Yusuf, keturunan Daud! Janganlah takut memperisteri Maria. Dia mengandung kerana kuasa Roh Tuhan. Maria akan melahirkan seorang anak lelaki. Anak itu harus engkau namakan Yesus, kerana Dia akan menyelamatkan umat-Nya daripada dosa mereka".*

Yesus adalah keturunan Daud mengikut salasilah-Nya (Matius 1:1-17; Lukas 3:23-38). Namun begitu, Dia telah dikandungkan oleh Roh Kudus sebelum Maria bersatu dengan Yusuf. Oleh itu, dia tidak mempunyai sifat berdosa.

Setiap orang dilahirkan dengan dosa asal kerana mereka mewarisi sifat berdosa daripada ibu bapa mereka. Dengan erti kata lain, setelah Adam berdosa, dia mewariskan sifat berdosanya kepada semua keturunannya. Sifat berdosa itu telah diwariskan kepada seluruh umat manusia sehingga pada hari ini, dan dosa ini dipanggil "dosa asal." Atas sebab ini, semua keturunan Adam berdosa dan tidak dapat menebus dosa manusia lain.

Oleh itu, Tuhan Bapa telah merancang supaya Anak-Nya Yesus dikandungkan oleh Roh Kudus di dalam rahim Maria yang masih dara lagi. Dengan cara ini, Yesus menjadi manusia dan turun ke bumi ini, tetapi dia bukan dari keturunan Adam.

Ketiga, Dia mesti memiliki kuasa untuk mengatasi Iblis

Sekali lagi, Imamat 25:26-27 memberitahu kita:

Seseorang yang tidak mempunyai sanak untuk menebus tanahnya, mungkin pada kemudian hari menjadi kaya dan sanggup menebusnya sendiri. Jika demikian halnya, dia harus membayar pembeli tanah itu, jumlah harga yang sesuai dengan hasil yang akan diperoleh sebelum Tahun Pengembalian yang akan datang. Dengan demikian dia akan mendapat kembali tanahnya.

Pendek kata, seorang penebus harus mempunyai kuasa untuk membeli kembali tanah yang telah dijual. Seorang lelaki miskin tidak dapat membayar hutang kawannya walaupun dia ingin melakukan sedemikian. Dengan cara yang sama, Penebus mestilah bebas daripada dosa untuk menyelamatkan semua manusia daripada dosa mereka. Tidak mempunyai dosa ialah kekuatan seseorang di dunia rohani.

Penebus mesti mempunyai kuasa untuk menumpaskan musuh iaitu Iblis dan roh jahat dan mengembalikan kuasa Adam yang telah hilang. Ini bermaksud, Penebus mestilah bebas daripada dosa asal dan dosanya sendiri. Hanya penebus yang tidak berdosa dapat membebaskan semua manusia daripada kejahatan dan mengalahkan Iblis dan kejahatan.

Adakah Yesus bebas daripada dosa?

Yesus tidak mempunyai dosa asal kerana Dia dikandung oleh Roh Kudus, Dia mematuhi hukum Tuhan dengan sepenuhnya kerana Dia membesar di bawah kawalan ibu bapa yang hormat akan Tuhan. Dia memenuhi hukum dengan kasih. Dia disunatkan pada hari kelapan selepas kelahiran-Nya (Lukas 2:21). Dia tidak pernah melakukan dosa sendiri dan hanya mematuhi kehendak Tuhan Bapa sehingga Dia disalib pada usia 33 tahun (1 Petrus 2:22-24; Ibrani 7:26).

Yesus dapat mengalahkan Iblis dan menebus semua manusia kerana Dia langsung tidak mempunyai dosa. "Ketiadaan dosa-Nya" disahkan melalui banyak hasil kerja kuasa-Nya. Dia menghalau roh jahat, membuatkan orang buta dapat melihat, orang pekak mendengar, orang lumpuh berjalan, dan menyembuhkan banyak penyakit yang tiada penawar. Ribut taufan reda dan angin kencang berhenti apabila Dia menengking angin dan berkata kepada ombak, "Diam! Tenanglah!" (Markus 4:39)

Akhir sekali, Dia mesti mempunyai kasih pengorbanan

Orang yang kaya sekalipun tidak akan menebus tanah jika dia tidak mempunyai kasih terhadap orang yang menjual tanah itu. Dengan cara yang sama, Penebus mestilah mempunyai kasih terhadap orang berdosa sehingga sanggup mengorbankan diri-Nya untuk menyelesaikan semua masalah dosa.

Dalam Rut 4:1-6, Boas sedar akan kemiskinan Naomi dan bertanyakan saudara terdekatnya – seorang penebus untuk membeli balik tanahnya jika dia mahu. Namun begitu, lelaki ini menolak dan berkata kepada Boas, *"Jika demikian, biarlah saya melepaskan hak saya untuk membeli tanah itu, kerana walaupun saya membelinya, anak-anak saya tidak akan mewarisinya. Kamulah yang membeli tanah itu, saya tidak mahu"* (ayat 6). Dia tidak menebus tanah untuk Naomi dan Rut walaupun dia cukup kaya untuk berbuat begitu. Hal ini kerana dia tidak mempunyai kasih pengorbanan. Akhirnya Boas, iaitu saudara paling dekat yang juga penebus, menebus tanah kerana dia mempunyai kasih pengorbanan.

Boas menjadi penebus yang sah dan mengahwini Rut kerana dia mempunyai cukup kasih untuk menebus tanah Naomi. Anak lelaki Boas dan Rut merupakan moyang Raja Daud dan dicatatkan dalam salasilah keluarga Yesus.

Yesus disalib dalam kasih. Yesus adalah Firman, tetapi menjadi manusia dan datang ke dunia ini. Dia bukan keturunan Adam kerana Dia dikandung melalui Roh Kudus. Jadi Dia lahir tanpa menanggung dosa asal. Dia mempunyai kuasa untuk menebus dosa semua manusia kerana Dia tidak berdosa.

Namun demikian, Dia tidak mampu menjadi Penebus tanpa kasih rohani dan pengorbanan walaupun Dia mempunyai tiga kelayakan lain. Dia perlu menanggung hukuman dosa yang sepatutnya ditanggung oleh orang yang berdosa supaya Dia dapat menebus semua manusia daripada dosa.

Dia perlu dilayan seperti penjenayah paling berbahaya dan digantung pada salib kayu. Dia diejek dan dihina, dan menumpahkan darah dan air daripada tubuh-Nya untuk menyelamatkan semua manusia. Dia perlu membayar harga yang tinggi dan membuat pengorbanan besar.

Anda tidak akan menjumpai dalam sejarah manusia satu contoh di mana seorang putera yang tidak bersalah mati untuk rakyatnya yang jahat dan bodoh. Yesus merupakan satu-satunya Anak Tuhan yang Maha Kuasa, Raja segala raja, Penguasa segala penguasa, dan Tuan segala ciptaan. Yesus yang hebat, suci dan tidak bersalah digantung di atas salib dan meninggal dunia dengan menumpahkan darah-Nya. Betapa dalamnya kasih Yesus bagi kita?

Sebenarnya, Yesus hanya melakukan amalan baik sepanjang hidupnya. Dia mengampunkan orang berdosa, menyembuhkan orang sakit, menghalau roh jahat dari dalam diri orang sakit, memberikan khabar baik tentang damai, kegembiraan dan kasih, dan memberi manusia harapan untuk mendapatkan syurga dan penyelamatan. Yang paling penting, Dia mengorbankan nyawa untuk semua orang berdosa.

Roma 5:7-8 menyatakan, *"Susahlah orang mahu mati bagi orang yang mentaati hukum agama. Mungkin ada orang yang bersedia mati bagi orang yang baik hati. Tetapi Tuhan telah menunjukkan betapa besarnya kasih-Nya kepada kita, kerana Kristus mati bagi kita semasa kita masih berdosa."* Tuhan Bapa menghantar satu-satu Anak-Nya Yesus untuk kita yang tidak benar dan jahat, dan membenarkan-Nya digantung pada salib dan meninggal dunia. Dia menunjukkan kasih-Nya yang hebat dengan cara ini.

Oleh itu, saya berdoa atas nama Tuhan agar anda faham bahawa anda tidak dapat diselamatkan atas nama orang lain melainkan Yesus Kristus, mendapat hak untuk menjadi anak Tuhan dengan menerima Yesus Kristus, dan sentiasa menikmati kehidupan yang berjaya dengan jaminan penyelamatan!

Bab 5

Mengapakah Yesus
Satu-satunya Penyelamat Kita?

- Rencana Penyelamatan Melalui Yesus Kristus
- Kenapa Yesus Digantung di atas Salib Kayu?
- Tiada Nama Lain di Dunia Selain
  "Yesus Kristus"

"Yesuslah yang dimaksudkan oleh ayat ini di dalam Alkitab, 'Batu yang kamu, pembina bangunan buang, ternyata menjadi batu yang paling utama.' Hanya melalui Yesus orang diselamatkan, kerana di seluruh dunia tiada orang lain yang mendapat kekuasaan daripada Tuhan untuk menyelamatkan kita."

Kisah Para Rasul 4:11-12

Anda akan mengasihi Tuhan dengan sepenuh hati apabila anda menyedari rencana-Nya yang mendalam dan menyeluruh bagi pemupukan manusia. Tambahan pula, anda akan kagum dengan kasih dan kebijaksanaan-Nya apabila anda menyedari rencana penyelamatan melalui Yesus Kristus.

Jadi, bagaimanakah rencana penyelamatan yang disembunyikan sebelum ini dicapai melalui Yesus Kristus? Saya telah katakan tadi bahawa Tuhan yang maha adil telah menyediakan orang yang layak untuk menebus semua manusia menurut hukum rohani dan tiada orang melainkan Yesus di bawah syurga yang memenuhi kelayakan ini.

Yesus merupakan satu-satunya manusia yang bukan keturunan Adam kerana Dia dikandung oleh Roh Kudus dan datang ke dunia dalam bentuk manusia. Tambahan lagi, Dia mempunyai kuasa dan kasih untuk menebus semua manusia. Jadi Dia dapat membuka jalan penyelamatan untuk semua manusia dengan cara disalib.

Oleh itu, dalam Kisah Para Rasul 4:12 dinyatakan, *"Hanya melalui Yesus orang diselamatkan, kerana di seluruh dunia tiada orang lain yang mendapat kekuasaan daripada Tuhan untuk menyelamatkan kita.."* Sesiapa yang menerima dan mempercayai Yesus Kristus akan diampunkan segala dosanya dan diselamatkan. Dia akan keluar kepada cahaya dari kegelapan dan menerima kuasa dan berkat sebagai anak-anak Tuhan.

Sekarang, saya akan menerangkan mengapa anda perlu mempercayai Yesus yang disalib supaya anda dapat diselamatkan dan menerima kuasa dan berkat sebagai anak Tuhan.

Rencana Penyelamatan Melalui Yesus Kristus

Tuhan menyediakan jalan penyelamatan sebelum permulaan masa lagi. Buku Kejadian membuat ramalan tentang Yesus dan rahsia penyelamatan manusia melalui salib.

Kejadian 3:14-15 menyatakan:

Kemudian Tuhan berfirman kepada ular itu, "Terkutuklah engkau kerana perbuatan itu; antara semua binatang, hanya engkau yang harus menanggung kutukan ini. Mulai sekarang engkau akan menjalar dan makan debu seumur hidupmu. Engkau dan perempuan itu akan saling membenci; keturunannya dan keturunanmu akan sentiasa bermusuhan. Keturunannya akan meremukkan kepalamu dan engkau akan mematuk tumit mereka."

Seperti yang dibincangkan sebelumnya, secara rohani "ular" merujuk kepada musuh iaitu Iblis dan "memakan debu" melambangkan Iblis menguasai manusia yang dicipta daripada tanah. "Wanita" melambangkan "Israel" dan "keturunan wanita" merujuk kepada Yesus. Frasa "engkau [ular] akan meremukkan tumitnya" bermaksud Yesus akan disalib, dan "dia [keturunan wanita] akan meremukkan kepala ular" menandakan Yesus akan memusnahkan pasukan Iblis dan roh jahat dengan membangkitkan orang mati.

Musuh iaitu Iblis Tidak Menyedari Rancangan Tuhan

Tuhan telah menyembunyikan rencana penyelamatan ini, jadi musuh kita, Iblis tidak tahu dan tidak memahami kebijaksanaan-Nya.

Iblis cuba membunuh keturunan wanita itu sebelum mereka diremukkan. Dia berfikir bahawa dia akan selama-lamanya mempunyai kuasa yang telah diserahkan kepadanya daripada Adam, yang telah mengingkari Tuhan. Namun begitu, musuh iaitu Iblis tidak mengetahui siapakah keturunan wanita yang dimaksudkan itu. Oleh itu, dia cuba membunuh nabi-nabi yang dikasihi Tuhan sejak zaman Perjanjian Lama lagi.

Semasa Musa dilahirkan, Iblis menyuruh Firaun, raja Mesir, untuk membunuh semua bayi lelaki yang dilahirkan oleh wanita Ibrani (Keluaran 1:15-22). Apabila Yesus dikandung oleh Roh Kudus dan datang ke dunia dalam bentuk manusia, Iblis menyuruh Raja Herod melakukan hal yang sama.

Namun demikian, Tuhan telah mengetahui rancangan Iblis. Malaikat muncul dalam mimpi Yusuf dan menyuruhnya pergi ke Mesir bersama bayi dan ibu. Tuhan membenarkan keluarga ini untuk tinggal di sana sehingga Raja Herod mati.

Penyaliban Yesus Dibenarkan Oleh Tuhan

Yesus membesar dalam perlindungan Tuhan dan mula menyebarkan ajaran pada usia 30 tahun. Dia menyebarkan ajaran ke seluruh Galilea, mengajar di rumah-rumah ibadat, menyembuhkan segala jenis kesakitan dan penyakit manusia, menghidupkan orang mati, dan menyebarkan ajaran kepada orang miskin (Matius 4:23, 11:5)

Dalam masa yang sama, Iblis membuat rancangan sekali lagi dan menyuruh ketua imam dan guru-guru hukum serta orang Farisi untuk membunuh Yesus. Namun demikian, seperti yang anda ketahui melalui Alkitab, orang yang jahat tidak dapat menyentuh Yesus kerana semua perkara yang berlaku dalam hidupnya telah direncanakan oleh Tuhan.

Tuhan membenarkan Iblis untuk menyalib Yesus hanya selepas Dia menyebarkan ajaran selama tiga tahun. Hasilnya, Yesus memakai mahkota duri dan meninggal dunia atas salib setelah menderita kesakitan dipaku tangan dan kaki-Nya.

Penyaliban adalah hukuman yang paling kejam. Iblis amat gembira selepas berjaya membunuh Yesus dengan cara kejam ini. Iblis bernyanyi gembira atas kemenangan kerana dia berfikir dia dapat terus menguasai dunia, dan tiada sesiapa yang dapat menggugat rejimnya. Namun begitu, ada rencana rahsia Tuhan yang tersembunyi.

Iblis Melanggar Hukum Rohani

Tuhan tidak menggunakan kuasa mutlak-Nya menentang hukum kerana Dia adalah benar. Dia menyediakan jalan penyelamatan dengan hukum rohani sebelum permulaan waktu, kerana Dia melaksanakan segala-galanya berpandukan hukum rohani.

Memandangkan balasan dosa ialah maut menurut hukum rohani (Roma 6:23), tiada siapa akan mati jika tidak mempunyai dosa. Namun begitu, Iblis menyalib Yesus yang tidak bersalah dan tidak berdosa (1 Petrus 2:22-23). Dengan melakukan ini, Iblis melanggar hukum rohani dan terperdaya oleh kerjanya sendiri. Yesus menjadi alat penyelamatan manusia seperti yang telah dirancang oleh Tuhan. Keturunan wanita meremukkan kepalanya seperti yang diramalkan dalam Kejadian.

Secara umumnya, seekor ular masih dapat melawan jika kita memijak ekornya atau memotong badannya, tetapi tidak dapat melawan jika kita memegang kepalanya dengan kuat. Oleh itu, frasa, *"Engkau dan perempuan itu akan saling membenci; keturunannya dan keturunanmu akan sentiasa bermusuhan. Keturunannya akan meremukkan kepalamu dan engkau akan mematuk tumit mereka"* secara rohani bermaksud Iblis akan kehilangan kuasanya disebabkan Yesus Kristus. Ular yang meremukkan tumit keturunan wanita bermaksud Iblis akan menyalib Yesus, dan ini telah berlaku seperti yang diramalkan dalam Kejadian 3:15.

Penyelamatan Melalui Penyaliban Yesus

Cara penyelamatan yang telah disembunyikan oleh Tuhan sebelum permulaan waktu telah dipenuhi apabila Yesus dibangkitkan semula pada hari ketiga selepas Dia disalib.

Kira-kira 6,000 tahun lalu, Adam terpaksa menyerahkan kuasanya yang diberikan oleh Tuhan kepada Iblis apabila dia melanggar hukum dunia rohani dengan ingkar kepada Tuhan (Lukas 4:6). Namun begitu, selepas 4,000 tahun, Iblis pula yang menuju kemusnahan apabila dia melanggar hukum rohani.

Oleh itu, Iblis perlu membebaskan orang yang menerima Yesus sebagai Penyelamat dan percaya dalam nama-Nya, dan mereka menerima hak untuk menjadi anak Tuhan. Adakah Iblis akan menyalib Yesus jika dia mengetahui kebijaksanaan Tuhan? Tentu sekali tidak! 1 Korintus 2:8, mengingatkan kita bahawa, *"Semua roh yang berkuasa dan yang memerintah dunia ini tidak mengetahui kebijaksanaan itu. Seandainya roh-roh itu mengetahuinya, tentu roh-roh itu tidak akan menyalibkan Tuhan yang mulia."*

Orang yang tidak faham akan hal ini pada hari ini selalu tertanya-tanya, "Mengapakah Tuhan Maha Kuasa tidak melindungi Anak-Nya daripada maut? Mengapakah Dia membenarkan-Nya mati di atas salib?" Namun, jika anda benar-benar faham rencana salib ini, anda akan tahu bahawa Yesus perlu disalib dan bagaimana Dia akan menjadi Raja segala raja dan Penguasa segala penguasa selepas kejayaan-Nya menentang Iblis. Jadi, sesiapa yang percaya bahawa Yesus adalah Penyelamat yang mati di atas salib dan dibangkitkan semula tiga hari kemudian untuk menebus manusia daripada semua dosa dapat dianggap sebagai benar dan diselamatkan.

Mengapa Yesus Digantung di atas Salib Kayu?

Mengapakah Yesus digantung di atas salib kayu? Mengapakah perlu salib kayu? Dalam banyak-banyak kaedah menjalankan hukuman, Yesus mati di atas salib kayu. Menurut Galatia 3:13-14, terdapat tiga alasan rohani mengapa Yesus digantung di atas salib kayu.

Pertama, untuk Menebus Kita Daripada Kutukan Hukum Taurat

Galatia 3:13 menyatakan, *"Kristus telah menebus kita dari kutuk hukum Taurat dengan jalan menjadi kutuk karena kita, sebab ada tertulis: 'Terkutuklah orang yang digantung pada kayu salib!'"* (Alkitab, Lembaga Alkitab Indonesia). Ia menerangkan bahawa Yesus menebus kita daripada kutukan hukum Taurat dengan digantung pada salib kayu.

Semua manusia dikutuk dan oleh itu direncanakan untuk menuju jalan kematian disebabkan ketidakpatuhan manusia pertama, Adam seperti yang dicatatkan dalam Roma 6:23, *"Kematian adalah upah dosa, tetapi hidup sejati dan kekal bersama-sama Kristus Yesus Tuhan kita adalah annugerah Tuhan."* Namun begitu, Tuhan memberikan Anak-Nya Yesus kepada manusia dan membenarkannya digantung pada salib kayu untuk menebus mereka daripada kutukan hukum Taurat (Ulangan 21:23).

Selain itu, Yesus menumpahkan darah-Nya yang berharga di atas salib. Teliti ayat 11 dan 14 dalam Imamat 17:

Nyawa tiap-tiap makhluk terkandung di dalam darahnya. Itulah sebabnya Tuhan memberikan perintah supaya semua darah dituangkan ke atas mazbah untuk menghapuskan dosa umat. Darah, iaitu nyawa, menghapuskan dosa (ayat 11).

Nyawa tiap-tiap makhluk terkandung di dalam darahnya. Itulah sebabnya Tuhan memberitahu umat Israel bahawa mereka tidak boleh makan darah sebarang makhluk. Sesiapa yang makan darah tidak lagi dianggap sebagai anggota umat Tuhan (ayat 14).

Penulis Imamat menuliskan bahawa nyawa adalah darah kerana setiap makhluk memerlukan darah untuk hidup dan akan mati tanpanya.

Namun demikian, apabila seseorang mati, jasadnya akan kembali ke tanah, dan jiwanya akan pergi ke syurga atau neraka. Untuk mendapatkan kehidupan abadi, semua dosa anda perlu diampunkan. Untuk mengampunkan semua dosa anda, darah mesti ditumpahkan seperti yang dinyatakan dalam Ibrani 9:22, *"Sebenarnya, menurut Taurat, hampir segala sesuatu disucikan dengan darah. Demikian juga dosa hanya dapat diampunkan jika ada penumpahan darah."* Atas sebab ini, orang pada zaman Perjanjian Lama perlu memberi korban darah haiwan apabila mereka berdosa. Namun begitu, Yesus menumpahkan darah-Nya yang berharga sekali sahaja untuk mengampunkan semua dosa manusia dan supaya manusia mendapat kehidupan abadi kerana Dia sendiri tidak mempunyai dosa asal dan tidak melakukan dosa.

Anda juga boleh mendapat kehidupan abadi disebabkan darah Yesus yang berharga. Iaitu, Yesus mati menggantikan anda dan membuka jalan supaya anda dapat menjadi anak Tuhan.

Kedua, Untuk Memberikan Berkat Abraham

Separuh pertama Galatia 3:14 menyatakan, *"Kristus berbuat demikian supaya berkat yang dijanjikan oleh Tuhan kepada Abraham, juga boleh diberikan kepada orang bukan Yahudi."* Hal ini bermaksud bahawa Tuhan memberikan berkat yang diberikan kepada Abraham bukan hanya kepada orang Israel, tetapi juga bangsa lain yang diakui benar dengan menerima Yesus sebagai Penyelamat mereka.

Abraham digelar "bapa iman" atau "kawan Tuhan," dan dia hidup dalam berkat anak-anak, kesihatan, umur yang panjang, kekayaan dan seterusnya. Abraham diberi berkat yang berlimpah-limpah ditulis dalam Kejadian 22:15-18:

Sekali lagi, dari langit malaikat Tuhan berseru kepada Abraham, "Tuhan berfirman: Aku bersumpah demi nama-Ku sendiri; kerana engkau sudah melakukan hal

ini dan tidak enggan menyerahkan anakmu yang
tunggal kepada-Ku, Aku berjanji akan memberkati
engkau dengan berlimpah-limpah dan menjadikan
keturunanmu sebanyak bintang di langit serta sebanyak
pasir di pantai laut. Keturunanmu akan mengalahkan
musuh mereka. Semua bangsa di dunia akan memohon
kepada-Ku supaya Aku memberkati mereka
sebagaimana Aku telah memberkati keturunanmu,
kerana engkau sudah mentaati perintah-Ku."

Abraham patuh apabila Tuhan memberitahunya, *"Tinggalkanlah negerimu, kaum keluargamu, dan rumah bapamu; pergilah ke negeri yang akan Aku tunjukkan kepadamu"* (Kejadian 12:1). Dia juga patuh tanpa alasan dan rungutan apabila Tuhan berkata, *"Pergilah ke tanah Moria dengan Ishak, anakmu yang tunggal, yang sangat engkau kasihi. Di situ, di sebuah gunung yang akan Kutunjukkan kepadamu, persembahkanlah anakmu sebagai korban untuk menyenangkan hati-Ku"* (Kejadian 22:2). Hal ini dapat dilakukan oleh Abraham kerana dia percaya bahawa Tuhan mampu menghidupkan orang mati (Ibrani 11:19). Dia mampu menjadi berkat dan bapa iman kerana dia mempunyai iman yang teguh.

Oleh itu, anak-anak Tuhan yang menerima Yesus sebagai Penyelamat mereka perlu mempunyai iman seperti Abraham. Anda juga akan dapat memberi kemuliaan kepada Tuhan dengan menerima semua berkat di bumi.

Ketiga, Untuk Memberi Janji Tentang Roh

Separuh akhir Galatia 3:14 menyatakan, *"Dengan demikian kita yang percaya kepada Tuhan, dapat menerima Roh yang dijanjikan oleh Tuhan."* Hal ini bermaksud bahawa sesiapa yang percaya bahawa Yesus meninggal dunia di atas salib kayu untuk semua manusia akan dibebaskan daripada kutukan hukum Taurat dan menerima janji Roh Kudus. Sebagai tambahan, sesiapa yang menerima Yesus sebagai Penyelamat akan menerima kuasa sebagai anak Tuhan dan Roh Kudus sebagai hadiah dan jaminan (Yohanes 1:12; Roma 8:16).

Apabila anda menerima Roh Kudus, anda boleh memanggil Tuhan "Abba, Bapa" (Roma 8:15), nama anda akan ditulis dalam Buku Kehidupan di syurga (Lukas 10:20), dan anda akan mempunyai kewarganegaraan syurga (Filipi 3:20). Hal ini kerana Roh Kudus, yang merupakan hati dan kekuatan Tuhan, memimpin anda ke arah kehidupan abadi dengan membantu anda memahami Firman Tuhan dan hidup berdasarkan Firman Tuhan dengan iman.

Namun begitu, anda akan diselamatkan apabila anda bukan sahaja mengakui Yesus sebagai Penyelamat tetapi juga percaya dalam hati bahawa Dia mengalahkan kuasa kematian dan telah dibangkitkan. Roma 10:9 membincangkan hal ini: *"Jika kamu mengaku di hadapan orang bahawa "Yesus itu Tuhan," dan kamu sungguh-sungguh percaya bahawa Tuhan sudah membangkitkan Yesus daripada kematian, kamu akan diselamatkan."*

Sebelum permulaan waktu, Tuhan merencanakan rancangan

besar untuk menjadikan orang yang percaya kepada Yesus sebagai Penyelamat untuk bersatu dengan Tuhan dan memimpin mereka kepada penyelamatan. Rancangan ini amat hebat dan misteri. Semua manusia harus menuju jalan maut disebabkan dosa manusia pertama, menurut hukum dunia rohani, yang menyatakan, *"kematian adalah upah dosa."* Namun demikian, mereka dapat dibebaskan daripada kutukan hukum Taurat dan diselamatkan dalam iman oleh hukum yang sama kerana Iblis telah melanggar hukum dunia rohani.

Manusia terpaksa menderita dalam kesakitan, masalah dan kematian yang dibawa oleh Iblis apabila mereka menjadi hamba dosa akibat tidak patuh. Namun begitu, sesiapa yang menerima Yesus sebagai Penyelamat dan menerima Roh Kudus mendapat penyelamatan, kehidupan abadi, kebangkitan semula dan berkat yang berlimpah-limpah.

Hak Istimewa dan Berkat Yang Diberi Kepada Anak Tuhan

Sesiapa yang membuka hatinya dan menerima Yesus Kristus akan diselamatkan, menerima hak untuk menjadi anak Tuhan, dan menikmati damai dan sukacita dalam hatinya. Hal ini dapat dicapai kerana Yesus menanggung semua dosa kita dan disalib sekali untuk semuanya. Dikatakan dalam Mazmur 103:12, *"Sejauh timur dari barat, sejauh itu juga dibuang-Nya dosa kita."* Ibrani 10:16-18 menyatakan, *"Inilah perjanjian yang akan Aku buat dengan mereka pada masa akan datang, firman Tuhan, Aku akan menanamkan hukum-Ku di dalam hati mereka, dan menuliskannya di dalam fikiran mereka.' Dia juga berkata, 'Aku akan melupakan segala dosa dan kejahatan mereka.' Oleh itu, apabila segala dosa dan kejahatan sudah diampunkan, persembahan korban untuk pengampunan dosa tidak diperlukan lagi."*

Tiada apa-apa di dunia yang dapat dibandingkan dengan hak anak Tuhan yang diberi atas iman. Dalam dunia ini, hak anak-anak raja atau presiden amat berkuasa. Jadi, betapa lebih hebat hak anak Tuhan Pencipta yang memerintah dunia dan mentadbir sejarah manusia dan alam semesta?

Tuhan tidak menganggapnya iman yang benar jika anda hanya menyatakan, "Yesus ialah Penyelamat." Anda perlu faham siapa Yesus, mengapakah Dia merupakan satu-satunya Penyelamat kita, dan mempunyai iman yang benar berdasarkan pengetahuan ini. Kemudian, dengan dengan iman yang benar, anda dapat menyedari rencana Tuhan yang tersembunyi dalam salib dan mengakui, "Tuhan ialah Kristus dan Anak Tuhan yang Hidup." Tambahan pula, anda dapat hidup berpandukan kehendak Tuhan. Tanpa iman yang benar, sangat sukar untuk anda mempunyai iman yang datang dari hati dan hidup berpandukan Firman Tuhan.

Seperti yang Yesus katakan dalam Matius 7:21, *"Tidak semua orang yang memanggil Aku, 'Ya Tuhan, ya Tuhan,' akan menikmati Pemerintahan Tuhan, tetapi hanya orang yang melakukan kehendak Bapa-Ku yang di syurga."* Yesus dengan jelas telah mengatakan bahawa hanya orang yang mengaku Yesus "Tuhan, Tuhan" dan hidup berdasarkan kehendak dan Firman Tuhan akan diselamatkan.

Tiada Nama Lain di Dunia Selain "Yesus Kristus"

Kisah Para Rasul 4 menggambarkan keadaan di mana Petrus dan Yohanes dengan berani mengakui nama Yesus Kristus di hadapan Majlis Agama. Mereka benar-benar percaya bahawa tiada nama selain "Yesus Kristus" melalui mana manusia dapat mencapai penyelamatan, dan Petrus, yang dipenuhi Roh Kudus, mendapat kuasa untuk menyatakan bahawa *"Hanya melalui Yesus orang diselamatkan, kerana di seluruh dunia tiada orang lain yang mendapat kekuasaan daripada Tuhan untuk menyelamatkan kita"* (Kisah Para Rasul 4:12).

Apakah kesan rohani yang terdapat dalam nama "Yesus Kristus"? Dan mengapakah Tuhan tidak memberikan kita nama lain tetapi Yesus Kristus yang mana kita mesti mencapai penyelamatan?

Perbezaan antara "Yesus" dan "Yesus Kristus"

Kisah Para Rasul 16:31 menyatakan, *"Percayalah kepada Tuhan Yesus, lalu kamu akan diselamatkan – kamu dan keluargamu!"* Ada sebab penting mengapa ia menyatakan "Tuhan Yesus," dan bukan hanya "Yesus."

Di sini, "Yesus" merujuk kepada lelaki yang akan menyelamatkan kaum-Nya daripada dosa mereka. "Kristus" ialah perkataan Yunani yang bermakna "Mesias" dalam bahasa Ibrani. Ia bermakna "yang telah diurapi" dan ia merujuk kepada Penyelamat yang merupakan Orang Tengah antara Tuhan dan manusia. Hal ini bermaksud, "Yesus" ialah nama bakal penyelamat kita, tetapi "Kristus" ialah nama Penyelamat yang telahpun menyelamatkan manusia.

Semasa zaman Perjanjian Lama, Tuhan mengurapi orang yang akan menjadi raja, imam atau nabi dengan menuangkan minyak ke seluruh kepalanya (Imamat 4:3; 1 Samuel 10:1; 1 Raja-raja19:16). Minyak melambangkan Roh Kudus. Oleh itu, mengurapi seseorang bermakna memberikan Roh Kudus kepada orang yang dipilih Tuhan.

Yesus diurapi sebagai Raja, Ketua Imam dan Nabi, dan datang ke dunia ini dalam daging untuk menyelamatkan semua manusia menurut rencana Tuhan, yang telah ditetapkan sebelum permulaan waktu. Dia disalib untuk menebus kita, dan menjadi Penyelamat dengan cara dibangkitkan semula pada hari ketiga. Jadi Dia merupakan Penyelamat yang telah memenuhi rencana penyelamatan. Ini bermakna, Dia merupakan Kristus.

Yesus sebelum disalib dipanggil "Yesus" sahaja. Namun begitu, selepas penyaliban dan kebangkitan semula, Dia dipanggil dengan nama "Yesus Kristus," "Tuhan Yesus," atau "Tuhan."

Anda perlu tahu ada banyak beza kuasa antara panggilan "Yesus" dan "Yesus Kristus." Yesus ialah nama panggilan-Nya sebelum Dia memenuhi rencana penyelamatan dan musuh kita, Iblis tidak begitu takut dengan nama ini. Nama "Yesus Kristus," pula menandakan tiga perkara berikut: darah yang menebus kita daripada dosa; kebangkitan semula yang mengalahkan kuasa kematian; dan kehidupan yang abadi. Namun di hadapan nama ini, Iblis akan menggigil ketakutan.

Ramai orang tidak mengendahkan hal ini kerana mereka tidak memahami perbezaannya. Namun begitu, benarlah bahawa kerja Tuhan dan jawapannya akan berbeza bergantung kepada nama yang anda gunakan (Kisah Para Rasul 3:6).

Apabila anda berdoa kepada Tuhan menggunakan nama Tuhan Yesus Kristus dan mengingatinya, anda akan menjalani kehidupan yang berjaya dan dipenuhi jawapan yang cepat dan banyak daripada Tuhan Maha Kuasa.

Ketaatan Penuh Yesus

Walaupun Yesus adalah Tuhan dari semua segi, Dia tidak menganggap kesamaan dengan Tuhan sebagai sesuatu yang boleh dipegang, dan Dia tidak berpaut dengan hak-Nya sebagai Tuhan. Dia menjadikan diri-Nya biasa; Dia mengambil kedudukan hina sebagai hamba dan muncul dalam bentuk manusia biasa.

Seorang hamba yang baik tidak mempunyai kehendak sendiri. Dia bekerja berdasarkan kehendak tuannya dan bukan kehendak sendiri. Adalah menjadi tanggungjawab hamba untuk mematuhi kehendak tuannya sama ada selaras dengan kehendak atau perasaannya sendiri. Yesus mematuhi perintah Tuhan dengan hati baik seorang hamba, dan atas sebab itulah Dia dapat mencapai misi penyelamatan manusia.

Tuhan meninggikan Yesus, yang mematuhi kehendak Tuhan, dan berkata, "Ya" dan "Amin," ke tempat paling tinggi dan dan membuatkan ramai manusia mengakui bahawa Dia ialah Tuhan.

Itulah sebabnya Tuhan meninggikan Dia setinggi-tingginya, dan mengurniai Dia kedudukan yang lebih tinggi daripada semua kedudukan yang lain. Oleh itu, untuk menghormati Yesus, semua makhluk di syurga, dan di bumi, dan di bawah bumi akan sujud menyembah Dia. Mereka semua akan mengaku bahawa Yesus Kristus ialah Tuhan; dengan demikian Tuhan Bapa dimuliakan (Filipi 2:9-11).

Nama "Tuhan Yesus" Menjadi Saksi Kuasa Tuhan

Yohanes 1:3 menyatakan, *"Tuhan menjadikan segala sesuatu melalui Dia. Tiada sesuatu pun di alam semesta ini yang dijadikan tanpa Dia."* Memandangkan semua perkara di dunia diciptakan melalui Yesus, Dia mempunyai kuasa untuk memerintah segala-galanya sebagai Pencipta. Apabila Yesus Anak Tuhan Pencipta memberi perintah, benda bukan hidup seperti angin ribut dan ombak akur kepadaNya dan menjadi tenang, dan pokok ara layu dengan serta-merta apabila Yesus mengutuknya.

Yesus mempunyai kuasa untuk mengampunkan dosa dan menyelamatkan orang berdosa daripada hukuman. Yesus berkata kepada orang lumpuh dalam Matius 9:2, *"Teguhkanlah hatimu, anak-Ku! Dosamu sudah diampunkan"* dan dalam ayat 6, *"'Aku akan membuktikan kepada kamu bahawa di atas bumi ini Anak Manusia berkuasa mengampunkan dosa.' Lalu Yesus berkata kepada orang yang lumpuh itu, "Bangunlah, angkat tikarmu dan pulanglah!"'"*

Sebagai tambahan, Yesus mempunyai kuasa untuk menyembuhkan semua jenis penyakit dan kecacatan, dan membangkitkan orang mati. Yohanes 11 menerangkan satu kisah di mana orang mati bernama Lazarus keluar dari kubur dengan tangan dan kaki berbalut kain linen, apabila Yesus memanggil dengan suara yang kuat, "Lazarus, keluarlah" Dia telah mati selama empat hari dan sudah mula berbau busuk, tetapi dia berjalan keluar dari kubur seperti lelaki yang sihat.

Sama juga, Yesus akan memberikan apa sahaja yang anda minta dengan iman, kerana Dia mempunyai kuasa Tuhan.

Yesus Kristus, Kasih Tuhan

Seperti yang dinyatakan dalam 1 Yohanes 4:10, *"Inilah kasih: Bukannya kita telah mengasihi Tuhan, tetapi Tuhan mengasihi kita dan mengutus Anak-Nya supaya melalui Dia dosa kita diampunkan"*, Tuhan menunjukkan kasih-Nya yang hebat kepada kita. Dia mengutus satu-satunya Anak-Nya sebagai korban dosa semasa kita masih orang berdosa. Tuhan perlu menahan kesakitan yang dahsyat dan membuka jalan untuk penyelamatan manusia apabila Anak-Nya Yesus dipaku pada salib dan menumpahkan darah. Bagaimanakah perasaan Tuhan maha kasih apabila melihat satu-satunya Anak-Nya Yesus, disalib? Tuhan tidak mampu melihat dengan hanya duduk di singgahsana-Nya. Matius 27:51-54 memberitahu kita sejauh mana Tuhan menderita apabila Yesus disalib.

Kemudian tirai yang tergantung di dalam Rumah

Tuhan koyak dari atas sampai ke bawah, sehingga menjadi dua helai. Bumi bergoncang, gunung batu terbelah, kubur terbuka, dan banyak umat Tuhan yang sudah meninggal dihidupkan semula. Mereka meninggalkan kubur, dan setelah Yesus bangkit daripada kematian, mereka masuk ke Yerusalem. Di sana banyak orang nampak mereka. Apabila ketua askar dan askar-askar yang sedang mengawal Yesus nampak gempa bumi dan segala perkara yang berlaku, mereka ketakutan. Mereka berkata, "Dia betul-betul Anak Tuhan!"

Hal ini jelas menunjukkan bahawa Yesus disalib bukan atas dosanya sendiri tetapi disebabkan kasih Tuhan yang amat hebat, untuk memimpin manusia ke jalan penyelamatan. Namun demikian, ramai orang tidak dapat menerima atau memahami kasih ini.

Selepas Adam ingkar, manusia tidak dapat bersama Tuhan dan menjadi makhluk dengan sifat berdosa. Namun demikian, Yesus datang ke dunia dan menjadi Orang Tengah di antara Tuhan dan kita supaya Dia dapat memberikan berkat Imanuel kepada semua manusia (Matius 1:23). Melalui penderitaan dan kesakitan Yesus di atas salib, kita mendapat damai dan istirahat yang sebenar.

Oleh itu, saya harap anda memahami kasih hebat Tuhan yang memberikan kita satu-satunya Anak-Nya sebagai tebusan untuk menebus kita daripada dosa dan kematian abadi, dan kasih pengorbanan Tuhan, yang walaupun suci tanpa dosa, telah disalib bagi pihak kita untuk membuka jalan penyelamatan.

Bab 6

Rencana Salib

- Dilahirkan di dalam Kandang
  dan Diletakkan di dalam Palungan
- Kehidupan Yesus Penuh Kemiskinan
- Disebat dan Mengalir Darah-Nya
- Memakai Mahkota Duri
- Pakaian dan Jubah Yesus
- Dipaku Tangan dan Kaki-Nya
- Kaki Yesus Tidak Dipatahkan tetapi
  Rusuk-Nya Ditusuk Tombak

Padahal penderitaan kitalah yang ditanggungnya, penyakit kitalah yang dideritanya. Selama ini kita menyangka bahawa penderitaannya itu hukuman Tuhan baginya. Tetapi dia dilukai kerana dosa kita, dia diseksa kerana perbuatan jahat kita. Kita diselamatkan kerana hukuman yang ditanggungnya, kita disembuhkan kerana luka-lukanya. Dahulu kita semua seperti domba yang sesat, masing-masing mengikut jalan sendiri. Tetapi TUHAN menjatuhkan hukuman kepadanya, hukuman yang seharusnya dijatuhkan kepada kita.

Yesaya 53:4-6

Dalam rancangan Tuhan untuk mendapatkan anak-anak yang benar, bahagian terpenting adalah Yesus datang ke dunia dalam bentuk manusia, mendapat pelbagai jenis penderitaan, dan meninggal dunia di atas salib. Melalui semua ni, Dia mencapai jalan untuk penyelamatan semua manusia.

Rencana Tuhan di atas salib mempunyai makna rohani yang mendalam. Yesus, satu-satunya Anak Tuhan, meninggalkan kemuliaan syurga, dilahirkan dalam kandang haiwan, dan hidup dalam kemiskinan sepanjang hayat-Nya.

Dia juga disebat dan dipaku tangan dan kaki-Nya, memakai mahkota duri dan menumpahkan darah dan air apabila bahagian rusuk-Nya ditusuk. Setiap penderitaan yang dialami oleh Yesus mengandungi kasih Tuhan yang tidak terhingga.

Apabila anda benar-benar memahami makna rohani salib dan penderitaan Yesus, hati anda pasti akan tersentuh dengan kasih Tuhan dan anda akan mempunyai iman yang benar. Anda juga akan menerima jawapan bagi semua permasalahan dalam hidup seperti kemiskinan dan penyakit, serta mendapat kerajaan syurga yang kekal abadi.

Dilahirkan di dalam Kandang
dan Diletakkan di dalam Palung

Yesus, yang dari segala segi adalah Tuhan, adalah penguasa segala-galanya di syurga dan bumi dan merupakan makhluk agung. Namun demikian, Dia datang ke dunia dalam bentuk manusia untuk menebus manusia daripada dosa dan memimpin mereka ke jalan penyelamatan.

Yesus merupakan satu-satunya anak Tuhan Pencipta, yang maha kuasa. Jadi mengapakah Dia tidak dilahirkan di tempat yang mewah, atau sekurang-kurangnya di dalam bilik yang selesa? Adakah Tuhan tidak mampu membiarkan Dia lahir di tempat yang mewah? Mengapakah Yesus dilahirkan di dalam kandang kuda dan dibaringkan di dalam palung?

Hal ini mempunyai makna rohani yang mendalam. Anda perlu tahu bahawa Yesus dilahirkan secara rohani dengan penuh kemuliaan. Walaupun orang ramai tidak dapat melihat dengan mata kasar, Tuhan amat gembira dengan kelahiran Yesus sehingga Dia melingkari Yesus yang masih bayi dengan cahaya kemuliaan, dengan kehadiran para malaikat syurga. Anda dapat rasakan kegembiraan Tuhan dalam Lukas 2:14, yang menyatakan seperti berikut: *"Termulialah Tuhan di lagit yang tertinggi! Dan di atas bumi, sejahteralah manusia yang menyenangkan hati-Nya!"* Tuhan juga telah menyediakan gembala-gembala yang baik dan ahli kaji bintang dari Timur dan memimpin mereka untuk menyembah Yesus yang masih bayi.

Semua puji-pujian dan penyembahan dilakukan kerana Yesus akan membuka pintu kepada penyelamatan dengan kedatangan-

Nya ke dunia ini, ramai orang akan masuk ke syurga sebagai anak Tuhan, dan Yesus Anak Tuhan akan menjadi Raja segala raja dan Penguasa segala penguasa.

Rencana Tuhan Di sebalik Kelahiran Yesus

Apabila Yesus dilahirkan, Kaisar Agustus mengeluarkan titah bahawa banci akan dijalankan di seluruh kerajaan Rom. Orang Yahudi berada di bawah pemerintahan penjajah Rom dan kembali ke kampung masing-masing untuk mendaftar, dan menurut titah Kaisar.

Yusuf bersama tunangnya Maria pulang dari bandar Nasaret di Galilea ke Betlehem iaitu kota Daud, kerana dia tergolong dalam rumah dan waris Daud. Maria telah ditunangkan dengan Yusuf dan mengandungkan anak Roh Kudus sebelum mereka ke sana, dan dia melahirkan Yesus semasa mereka berada di sana.

Nama "Betlehem" bermakna "kekayaan," dan ia merupakan kampung halaman Raja Daud (1 Samuel 16:1). Mikha 5:1 menulis tentang kota Bethlehem seperti berikut: *"Hai Betlehem Efrata, engkaulah salah satu kota yang terkecil di negeri Yehuda, tetapi daripadamu Aku akan memberi Israel seorang penguasa; asal-usul nenek moyangnya bermula dari zaman purba."* Betlehem telah diramalkan sebagai tempat kelahiran Mesias.

Pada waktu itu Yusuf dan Maria tidak mendapat bilik di mana-mana rumah tumpangan kerana sudah penuh, disebabkan beribu-ribu orang tiba di Betlehem untuk mendaftar. Di sana, Maria melahirkan bayi di dalam kandang kuda. Dia membalut bayinya dengan kain bedung dan membaringkan-Nya di dalam palung, satu bekas panjang yang digunakan untuk memberi makan lembu atau kuda.

Jadi mengapakah Yesus yang datang sebagai Penyelamat manusia, dilahirkan dalam keadaan yang serba daif?

Untuk Menebus Manusia yang Seperti Haiwan

Pengkhutbah 3:18 menyatakan, *"Inilah pendapatku: Tuhan menguji kita untuk menunjukkan bahawa nasib kita tidak berbeza dengan nasib binatang.'"* Manusia, yang tidak lagi menyerupai Tuhan, adalah seperti haiwan di mata Tuhan. Manusia pertama, Adam, pada asalnya dicipta berdasarkan imej Tuhan. Dia juga merupakan manusia yang mempunyai roh kerana Tuhan mengajarkannya hanya Firman kebenaran.

Namun demikian, Adam makan buah daripada pokok pengetahuan baik dan jahat dengan mengingkari perintah Tuhan, menyebabkan rohnya mati dan tidak dapat berkomunikasi dengan Tuhan lagi. Dia juga tidak lagi dianggap sebagai penguasa semua ciptaan. Iblis menghasut Adam untuk menurut sifat berdosanya, dan hatinya yang suci dan benar berubah menjadi kotor dan dusta.

Dalam kehidupan seharian anda, anda mungkin pernah mendengar kiasan, "Dia tidak ubah seperti haiwan." Kita sering mendengar ungkapan ini melalui media. Untuk kepentingan sendiri, mereka dengan mudahnya menipu dan berbohong kepada jiran, pelanggan, kawan dan ahli keluarga. Anak-anak dan ibu bapa saling membenci dan kadang-kadang seolah-olah bersedia untuk membunuh sesama sendiri.

Manusia berani melakukan perbuatan jahat begini kerana jiwa telah menjadi tuan kepada manusia sejak kematian roh, dan mereka telah hilang imej Tuhan disebabkan dosa. Seperti haiwan yang diciptakan dengan tubuh dan jiwa sahaja, manusia tidak boleh masuk ke syurga atau memanggil Tuhan, Bapa. Yesus dilahirkan di dalam kandang kuda untuk menebus manusia yang lebih kurang sama seperti haiwan.

Yesus Ialah Makanan Rohani Sebenar

Yesus dibaringkan dalam palung, bekas makanan untuk kuda, supaya menjadi makanan rohani sebenar bagi manusia yang lebih kurang sama dengan haiwan (Yohanes 6:51).

Dalam erti kata lain, ini adalah rencana suci untuk memimpin manusia ke penyelamatan penuh dengan membolehkannya mendapatkan semula imej Tuhan yang telah hilang dan menjalankan tanggungjawab sepenuhnya sebagai manusia. Jadi, apakah tanggungjawab manusia yang sepenuhnya? Pengkhutbah 12:13-14 memberikan kita sedikit penerangan:

Inilah kesimpulan daripada semuanya: Hormatilah Tuhan, dan taatilah segala perintah-Nya, kerana bagi maksud itulah manusia diciptakan. Tuhan akan mengadili semua perbuatan kita, yang baik, yang jahat, mahupun yang tersembunyi.

Apakah maksudnya "menghormati Tuhan"? Amsal 8:13 menyatakan bahawa "Menghormati TUHAN bererti membenci kejahatan." Oleh itu, menghormati Tuhan bermaksud tidak lagi menerima kejahatan dan pada masa yang sama membuang semua jenis kejahatan dari dalam hati.

Jika anda benar-benar menghormati Tuhan, anda perlu melakukan yang terbaik untuk menyingkirkan semua jenis kejahatan, dan bergelut dengan dosa dan membuangnya sehingga ke tahap menumpahkan darah. Seperti pelajar yang belajar dengan tekun untuk mendapat masa hadapan yang lebih baik, anda perlu melakukan yang terbaik untuk menghormati Tuhan dan menjalankan tanggungjawab manusia dengan sepenuhnya untuk menikmati kasih dan berkat Tuhan.

Dalam Alkitab, anda dapat melihat perintah Tuhan yang diberikan kepada anak-Nya seperti "lakukan ini; jangan buat itu; kekalkan ini; dan singkirkan itu." Dari satu segi, Tuhan memberitahu apa yang anak Tuhan patut lakukan adalah "berdoa, kasih, bersyukur dan banyak lagi." Dari satu segi lain, Tuhan memerintahkan kita untuk tidak melakukan perkara yang membawa kepada kematian seperti kebencian, zina dan kemabukan.

Dia juga menyuruh kita mematuhi perintah tertentu seperti "Mengamalkan Sabat sebagai hari suci," "Berpegang kepada janji," dan sebagainya. Tuhan juga menyeru agar kita membuang perkara yang membahayakan, dan berkata, "Elakkan semua jenis kejahatan," "Buangkan sifat tamak," dan seterusnya.

Tugas manusia adalah untuk menghormati Tuhan dan menurut perintah-Nya. Tuhan menyatakan kita bertanggungjawab bagi setiap perbuatan semasa Hari

Pengadilan, setiap perkara yang tersembunyi sama ada baik atau buruk. Jadi, jika anda hidup seperti haiwan tanpa menjalankan tugas sepenuhnya sebagai manusia, tentulah anda akan masuk ke neraka akibat pengadilan Tuhan.

Jadi, Yesus yang lahir di dalam kandang kuda dan dibaringkan di dalam palung untuk menyelamatkan manusia yang seperti haiwan dan menjadi makanan rohani yang sebenar untuk mereka.

Kehidupan Yesus Penuh Kemiskinan

Yohanes 3:35 menyatakan, *"Bapa mengasihi Anak-Nya dan sudah menyerahkan segala sesuatu di bawah kuasa-Nya."* Kolose 1:16 menyatakan, *"Hal itu demikian kerana melalui Dialah Tuhan menciptakan segala sesuatu di syurga dan di atas bumi, segala sesuatu yang kelihatan dan yang tidak kelihatan, termasuk juga roh-roh yang berkuasa dan yang memerintah. Tuhan menciptakan alam semesta melalui Kristus dan untuk Kristus."* Dalam erti kata lain, Yesus merupakan satu-satunya Anak Tuhan Pencipta, dan Tuhan semua benda di langit dan bumi.

Jadi mengapakah Dia datang ke dunia dalam keadaan biasa dan sederhana serta hidup dalam kemiskinan walaupun Dia dalam segala sifat-Nya ialah Tuhan Maha Kuasa, yang kaya dari segala segi.

Untuk Menebus Manusia Daripada Kemiskinan

2 Korintus 8:9 menyatakan, *"Kamu tahu bahawa kita sangat*

dikasihi oleh Yesus Kristus Tuhan kita. Meskipun Dia kaya, Dia menjadikan diri-Nya miskin untuk kebaikan kamu, supaya dengan kemiskinan-Nya itu, kamu menjadi kaya." Rencana kasih Tuhan ditunjukkan dengan cara ini. Yesus, walaupun Dia merupakan Raja segala raja, Penguasa segala penguasa, dan satu-satunya anak Tuhan Pencipta, telah meninggalkan semua kemuliaan syurga, datang ke dunia ini, dan hidup dalam kemiskinan serta menanggung layanan buruk daripada orang lain, hanya untuk menebus manusia daripada kemiskinan.

Pada permulaannya, Tuhan mencipta manusia untuk mengambil dan memakan buah tanpa perlu bersusah-payah dan menikmati kehidupan yang mewah tanpa kesukaran hidup. Namun demikian, selepas manusia pertama Adam mengingkari Firman Tuhan dan berdosa, manusia hanya dapat makan melalui usaha dan keringatnya. Disebabkan hal ini, manusia sering hidup dalam kemiskinan dan ketiadaan.

Kemiskinan bukanlah satu dosa, jadi Yesus tidak menumpahkan darah-Nya untuk menebus kita daripada kemiskinan. Namun begitu, kemiskinan adalah kutukan yang hadir selepas Adam mengingkari Tuhan, oleh itu Yesus menjadikan anda kaya dengan hidup dalam kemiskinan.

Sesetengah orang menyatakan bahawa kemiskinan Yesus bermakna kemiskinan rohani. Namun demikian, disebabkan Yesus dikandung melalui Roh Kudus dan satu dengan Tuhan Bapa, kita tidak boleh menganggap bahawa Dia miskin secara rohani.

Anda perlu ingat bahawa Yesus hidup dalam kemiskinan untuk menebus anda daripada kemiskinan dan anda dapat hidup dengan mewah, dengan bersyukur atas kasih dan kasih kurnia Tuhan.

Sesetengah orang menyatakan kita tidak boleh berdoa untuk mendapatkan wang. Ada juga pendapat menyatakan, jika anda seorang Kristian, anda perlu hidup dalam kemiskinan. Namun, ini bukanlah kehendak Tuhan.

Dalam Alkitab, anda dapat membaca banyak firman berkenaan berkat. Contohnya, anda boleh baca dalam Ulangan 28:2-6:

> *Taatilah TUHAN, Tuhan kamu, maka segala berkat ini akan diberikan kepada kamu. Diberkatilah kota dan ladang kamu. Diberkatilah kamu sehingga anak kamu banyak, hasil tanaman kamu berlimpah-limpah, dan lembu serta domba kamu banyak. Diberkatilah tuaian gandum kamu, dan makanan yang kamu buat daripadanya. Diberkatilah segala usaha kamu.*

3 Yohanes 1:2 menggesa kita, *"berdoa semoga semuanya baik dengan kamu, dan semoga kamu sihat, seperti jiwamu pun sihat."* Sebenarnya Tuhan telah memilih manusia seperti Abraham, Ishak, Yaakub, Yusuf, dan Daniel yang semuanya hidup dengan mewah.

Untuk Menjalani Hidup yang Mewah

Dalam kebenaran-Nya, Tuhan mahu anda menuai apa yang anda tanam. Seperti ibu bapa yang mahu memberikan yang terbaik kepada anak mereka, Tuhan yang maha penyayang mahu memberikan apa yang anda minta dalam iman (Markus 11:24).

Tuhan mahu memberikan anda jawapan dan berkat, tetapi anda tidak akan menerima apa-apa jika anda tidak meminta atau anda meminta tanpa berfikir. Oleh itu, jika anda cuba menuai tanpa menabur apa-apa, anda memperolok-olokkan Tuhan dan menentang hukum rohani.

Ada orang mungkin berkata, "Saya mahu menabur, tetapi tidak mampu kerana saya sangat miskin." Namun demikian, dalam Alkitab, anda akan dapati ramai orang yang amat miskin tetapi cuba sedaya-upaya untuk menabur dan mereka banyak diberi berkat sebagai balasannya.

Dalam 1 Raja-raja 17, kita baca tentang kebuluran yang berlaku selama tiga tahun setengah di tanah ini. Semasa kemarau, seorang balu di kota Sarfat dekat Sidon membuat roti untuk nabi Elia dengan segenggam tepung gandum di dalam mangkuk dan sedikit minyak zaitun di dalam botol, dan itu sahaja yang dia ada. Tuhan amat senang hati kerana dia memberi makan hamba-Nya dan memberi berkat yang berlimpah-limpah kepadanya: tepung gandum di dalam mangkuknya tidak pernah berkurangan dan botol minyak tidak pernah kering sehinggalah hari Tuhan memberikan hujan di tanah itu (1 Raja-raja 17:14).

Ada suatu ketika semasa zaman Yesus, seorang balu miskin memasukkan dua keping mata wang tembaga, yang nilainya tidak sampai satu sen, ke dalam peti persembahan di Rumah Tuhan. Namun demikian, Yesus menyatakan bahawa balu itu memberi persembahan yang lebih daripada orang lain. Hal ini kerana dia memberi daripada kemiskinannya dan mendermakan semua nafkahnya – semua yang dia ada, sementara orang lain memberikan satu bahagian daripada harta mereka (Markus 12:42-44).

Perkara yang paling penting adalah cara pemikiran anda yang sedia memberikan segala-galanya kepada Tuhan. Tuhan tidak melihat jumlah persembahan tetapi mencium aroma kasih dan iman yang menyenangkan yang ada dalam persembahan dan memberkati anda dengan berlimpah-limpah.

Disebat dan Mengalirkan Darah-Nya

Sebelum disalib, askar Rom mengejek dan menghina Yesus dengan menampar-Nya di muka, meludah-Nya dan sebagainya. Mereka juga mencambuk Yesus dengan cemeti, satu cemeti panjang yang diperbuat daripada kulit dan mempunyai besi yang digantung padanya.

Pada zaman itu, askar Rom adalah yang paling sasa, berdisiplin dan paling kuat di muka bumi. Betapa teruk sakitnya apabila mereka membuka baju-Nya dan menyebat-Nya? Apabila mereka mencambuk tubuh-Nya dengan cemeti, isi daging terkoyak, tulang kelihatan dan darah tersembur keluar.

Untuk memenuhi ramalan Yesaya, *"Aku memberikan belakangku kepada mereka yang memukul aku"* (Yesaya 50:6). Yesus tidak pernah cuba mengelak daripada sebatan ini.

Untuk Menyembuhkan Kesakitan dan Penyakit

Jadi mengapakah Yesus dicambuk dengan cemeti dan

mengapakah Dia menumpahkan darah-Nya? Mengapakah Tuhan membenarkan hal ini terjadi kepada Anak-Nya? Yesaya 53 menerangkan tujuan penderitaan dan seksaan terhadap Yesus.

> *Tetapi dia dilukai kerana dosa kita, dia diseksa kerana perbuatan jahat kita. Kita diselamatkan kerana hukuman yang ditanggungnya, kita disembuhkan kerana luka-lukanya. Dahulu kita semua seperti domba yang sesat, masing-masing mengikut jalan sendiri. Tetapi TUHAN menjatuhkan hukuman kepadanya, hukuman yang seharusnya dijatuhkan kepada kita* (Yesaya 53:5-6).

Yesus dilukai dan diseksa kerana dosa dan perbuatan jahat kita semua. Dia dihukum, dicambuk dan menumpahkan darah untuk memberikan anda damai, dan membebaskan anda daripada semua penyakit.

Dalam Matius 9, apabila Yesus menyembuhkan orang lumpuh yang terbaring di atas tikar, Dia merungkaikan permasalahan dosa, dengan berkata, *"Dosamu sudah diampunkan"* (ayat 2). Hanya selepas itu, Yesus memberitahu dia, *"Bangunlah, angkat tikarmu dan pulanglah"* (ayat 6).

Dalam Yohanes 5, selepas Yesus menyembuhkan seorang yang telah lumpuh selama 38 tahun, Dia berkata kepadanya, *"Sekarang kamu sudah sembuh. Janganlah berdosa lagi, supaya kamu tidak ditimpa perkara yang lebih dahsyat"* (Yohanes 5:14).

Alkitab memberitahu anda bahawa penyakit datang kepada manusia disebabkan dosa. Jadi anda memerlukan seseorang untuk menyelesaikan masalah dosa, untuk bebas daripada penyakit. Namun begitu, keampunan tidak akan datang tanpa penumpahan darah (Imamat 17:11).

Itu sebabnya, pada zaman Perjanjian Lama, apabila seseorang melakukan dosa, imam akan menyembelih haiwan sebagai korban dosa. Namun demikian, anda tidak lagi perlu menyembelih haiwan sebagai korban selepas Yesus datang ke dunia dalam bentuk darah daging dan menumpahkan darah-Nya yang suci, tiada cacat dan berkuasa. Darah suci Yesus menghapuskan dosa semua manusia pada masa lepas, kini dan akan datang.

Menanggung Kelemahan dan Penyakit Kita

Matius 8:17 menyatakan, *"Yesus melakukan semua itu supaya berlakulah apa yang dikatakan oleh Nabi Yesaya, 'Dia menanggung penderitaan kita dan menyembuhkan penyakit kita.'"* Oleh itu, jika kita tahu mengapa Yesus dicambuk dan menumpahkan darah-Nya, dan percaya dalam hal ini, kita tidak perlu menderita akibat kelemahan dan penyakit.

1 Petrus 2:24 menyatakan, *"Kristus sendiri memikul dosa kita pada tubuh-Nya di kayu salib, supaya kita bebas daripada kuasa dosa, lalu hidup menurut kehendak Tuhan."* Ini menandakan Yesus telahpun menebus semua dosa manusia.

Walaupun anda percaya bahawa Yesus menanggung kelemahan dan penyakit kita dengan dicambuk dan menumpahkan darah, mengapakah sesetengah daripada kita masih menderita penyakit?

Keluaran 15:26 menyatakan, *"Jika kamu sungguh-sungguh mentaati Aku, TUHAN, Tuhan kamu, dengan melakukan apa yang benar di sisi-Ku, serta menurut segala perintah-Ku, Aku tidak akan menghukum kamu dengan penyakit yang Aku timpakan kepada orang Mesir. Akulah TUHAN yang menyembuhkan kamu."* Hal ini bermaksud jika anda melakukan apa yang betul di mata Tuhan, tiada penyakit akan menimpa anda, kerana Tuhan dengan mata-Nya seperti api melindungi anda daripada penyakit.

Mari kita lihat satu contoh. Apabila seorang anak pulang ke rumah sambil menangis kerana dipukul oleh anak jiran, tindak balas dan sikap ibu bapa terhadap insiden ini mungkin berbeza, bergantung kepada iman mereka.

Ada ibu bapa yang mungkin berkata kepada anaknya: "Mengapa kamu selalu kena pukul? Kalau kena pukul sekali, pukul dia balik dua atau tiga kali." Ada ibu bapa yang akan berjumpa dengan ibu bapa budak tadi dan mengadu. Ada ibu bapa lain yang tidak melakukan hal-hal ini, tetapi dia mungkin berasa sangat marah atau marah dalam hatinya.

Namun begitu, Tuhan memberitahu anda supaya membalas kejahatan dengan kebaikan, sayangi musuh, dan berdamai dengan semua orang, dengan berkata, *"Tetapi sekarang Aku berkata kepada kamu: Jangan balas dendam terhadap orang yang berbuat jahat kepada kamu. Sebaliknya jika seseorang menampar pipi kananmu untuk menghina kamu, biarkanlah dia menampar pipi kirimu juga"* (Matius 5:39).

Oleh itu, jika anda buat apa yang betul pada mata Tuhan, tidak sukar untuk anda mematuhi perintah dan arahan Tuhan.

Jika anda sentiasa berdoa dan melakukan yang terbaik, kasih kurnia dan kuasa Tuhan akan datang kepada anda dan anda dengan mudah dapat melakukan apa-apa sahaja dengan bantuan Roh Kudus.

Jika anda menyingkirkan dosa dan membuat perkara yang betul di mata Tuhan, penyakit tidak akan menimpa anda. Walaupun jika penyakit menimpa, Tuhan yang maha penyembuh akan mengampunkan dosa anda dan menyembuhkan anda sepenuhnya apabila anda cuba membetulkan apa yang salah di mata Tuhan dan bertaubat dengan sepenuh hati.

Walaupun anda mengaku dengan lidah bahawa Tuhan Maha Kuasa tetapi masih bergantung kepada dunia dan pergi ke hospital apabila berdepan dengan penyakit atau masalah, Tuhan tidak senang hati dengan anda kerana ini membuktikan bahawa anda tidaklah benar-benar percaya kepada Tuhan yang maha kuasa (2 Tawarikh 16).

Memakai Mahkota Duri

Mahkota sebenarnya khusus untuk raja, berserta jubah dirajanya. Walaupun Yesus merupakan satu-satunya Anak Tuhan, Raja segala raja dan Penguasa segala penguasa, Dia memakai mahkota yang diperbuat daripada duri dan bukannya mahkota indah yang diperbuat daripada emas, perak dan batu permata.

Kemudian askar-askar Pilatus membawa Yesus ke

istana gabenor, dan semua askar di situ berkumpul di
sekeliling-Nya. Mereka menanggalkan pakaian Yesus
lalu memakaikan jubah merah ungu pada Dia.
Kemudian mereka membuat mahkota daripada ranting-
ranting berduri dan mengenakannya pada kepala Yesus.
Askar-askar itu juga menaruh sebatang tongkat pada
tangan kanan Yesus. Kemudian mereka berlutut di
hadapan Yesus dan mengejek Dia. Mereka berkata,
"Daulat Raja Orang Yahudi!" Mereka meludahi Dia
dan mengambil tongkat itu lalu memukul kepala-Nya
(Matius 27:27-30).

Askar Rom menganyam duri untuk membuat mahkota yang
terlalu kecil untuk Yesus, dan meletakkannya kukuh di atas
kepala-Nya. Jadi duri menusuk kepala dan dahi-Nya, dan darah
mengalir di muka-Nya. Mengapakah Tuhan yang maha kuasa
membenarkan satu-satunya Anak-Nya memakai mahkota duri,
menderita kesakitan dan menumpahkan darah-Nya?

**Pertama, Yesus memakai mahkota duri untuk
menebus kita daripada dosa yang kita lakukan dalam
fikiran.**

Apabila manusia, yang diciptakan oleh Tuhan,
berkomunikasi dengan-Nya dan mematuhi Firman-Nya, dia
tidak melakukan dosa kerana fikirannya sentiasa selari dengan
kehendak Tuhan dan sentiasa patuh kepada-Nya.

Namun begitu, apabila dia digoda oleh ular dan menerima

fikiran yang diberikan oleh Iblis, dia akan melakukan dosa. Dia tidak pernah terfikir untuk makan buah daripada pokok pengetahuan baik dan jahat sebelum itu. Selepas digoda, dia makan kerana ia kelihatan sedap dan cantik dipandang, serta bagus untuk mendapatkan kebijaksanaan.

Sama juga, Iblis yang memimpin manusia pertama Adam dan Hawa untuk mengingkari Tuhan, kini bekerja untuk memimpin anda untuk melakukan dosa dalam fikiran.

Dalam otak manusia, terdapat sel yang bertanggungjawab untuk memori. Sejak lahir lagi, apa yang anda lihat, dengar, dan pelajari telah disimpan dalam sel memori dengan perasaan anda berkaitan acara, individu dan maklumat tertentu. Kita namakan ini "pengetahuan." Apa yang kita namakan "fikiran" adalah proses penghasilan semula pengetahuan sedia ada ini melalui kerja jiwa anda.

Manusia membesar dalam persekitaran yang berbeza. Apa yang mereka telah lihat, dengar dan pelajari tidak sama antara satu dengan yang lain dan apa yang ada di dalam otak mereka juga berbeza. Walaupun jika mereka lihat, dengar dan pelajari perkara yang sama, setiap seorang mempunyai perasaan sendiri pada masa itu, dan disebabkan ini manusia mempunyai nilai-nilai yang berbeza.

Firman Tuhan lazimnya tidak selari dengan pengetahuan dan teori kita sendiri. Contohnya, pada fikiran anda, jika mahu menjadi terpuji anda perlulah melakukan apa-apa sahaja untuk mendahului orang lain. Namun begitu, Tuhan mengajarkan bahawa orang yang rendah diri akan ditinggikan (Matius 23:12).

Kebanyakan orang berfikir bahawa memang perkara biasa

bagi kita membenci musuh, tetapi Tuhan memberitahu anda supaya "Menyayangi musuh" dan "Jika musuh kamu lapar, berilah dia makan; jika dia dahaga, berikan dia sesuatu untuk diminum."

Fikiran Tuhan adalah berbentuk kerohanian manakala fikiran manusia berbentuk fizikal. Iblis memberikan kita fikiran fizikal untuk menggoda anda supaya menjauhi Tuhan, mengganggu anda daripada mendapatkan iman yang benar dan membawa anda mengikut cara dunia, dan akhirnya berdosa dan menuju kematian abadi.

Dalam Matius 16:21 dan ayat seterusnya, Yesus menerangkan kepada pengikut-Nya bahawa Dia akan menderita banyak perkara, dan Dia akan dibunuh di atas salib dan dibangkitkan pada hari ketiga. Mendengar hal ini, Petrus menarik Yesus ke tepi dan mula menegur-Nya, berkata, *"Ya Tuhan, semoga Tuhan menjauhkan perkara itu daripada Tuhan! Perkara itu tidak boleh berlaku kepada Tuhan"* (ayat 22). Namun begitu, Yesus berpaling dan berkata dengan marah kepada Petrus, *"Pergilah dari sini, hai Iblis! Engkau penghalang jalan-Ku. Fikiranmu itu fikiran manusia, bukan fikiran Tuhan!"* (ayat 23). Apabila Yesus berkata dengan marah "Pergilah dari sini, hai Iblis", Dia tidak bermaksud bahawa Petrus adalah Iblis, tetapi Iblis sendiri telah masuk ke dalam fikiran Petrus untuk mengganggu kerja Tuhan.

Hal ini kerana Yesus terpaksa memikul salib untuk penyelamatan manusia menurut kehendak Tuhan, tetapi Petrus cuba menghalang-Nya daripada menjalankan perintah Tuhan, dengan fikiran fizikalnya.

Rasul Paulus menulis dalam 2 Korintus 10:3-6 seperti

berikut:

Memang benar kami ini hidup di dalam dunia, tetapi perjuangan kami tidak berdasarkan tujuan duniawi. Senjata yang kami gunakan dalam perjuangan, bukannya senjata dunia ini, melainkan senjata yang diberikan oleh Tuhan. Dengan senjata itu kami boleh mennghancurkan pertahanan musuh; kami menghapuskan perdebatan dan mengatasi setiap alasan yang diajukan oleh orang sombong untuk menentang pengetahuan tentang Tuhan. Kami menawan fikiran orang supaya taat kepada Kristus. Setelah kamu membuktikan kesetiaan kamu, kami siap menghukum sesiapa pun yang tidak setia.

Anda perlu membuang setiap hujah dan alasan anda, yang disediakan dan sering kali bekerja menentang kerajaan Tuhan. Tangkap setiap fikiran dan jadikannya patuh kepada Kristus, untuk hidup selari dengan kebenaran, dan anda akan menjadi orang yang dipenuhi roh dan iman.

Anda perlu membuang fikiran bahawa anda perlu memukul seseorang dua kali supaya tidak malu, apabila dia memukul anda, kerana fikiran duniawi ini adalah bertentangan dengan kebenaran.

Oleh itu, anda perlu meninggalkan semua dosa yang datang dalam fikiran anda. Untuk menyelesaikan masalah dosa dengan sepenuhnya, anda pertama sekali perlu meninggalkan keinginan-keinginan manusia yang berdosa, nafsu mata anda, dan kebanggaan hidup. Hal ini adalah fikiran dusta yang disukai

Iblis.

Nafsu fizikal, iaitu fikiran yang muncul dalam minda, adalah keinginan yang menentang kehendak Tuhan. Galatia 5:19-21 menyenaraikan keinginan-keinginan ini:

> *Keinginan tabiat manusia nyata dalam semua perbuatan cabul, lucah dan tidak senonoh; dalam penyembahan berhala dan penggunaan ilmu sihir. Orang bermusuhan dan berkelahi; mereka cemburu, lekas marah, dan mementingkan diri sendiri. Mereka berpecah dan berpihak-pihak, mereka iri hati, suka mabuk, berpesta liar, dan sebagainya. Aku memperingatkan kamu sekarang sebagaimana aku telah memperingatkan kamu dahulu: Orang yang melakukan perbuatan-perbuatan itu tidak akan menikmati Pemerintahan Tuhan.*

Keinginan untuk melakukan apa-apa yang dilarang oleh Tuhan adalah keinginan manusia yang berdosa.

Nafsu mata bermakna minda seseorang banyak dipengaruhi oleh apa yang dia lihat atau dengar, dan dia mula menurut keinginan yang dibangkitkan dalam fikirannya. Apabila seseorang mencintai dunia dan mencari nafsu matanya, hanya keinginan ini yang nampak berharga dan dia tidak akan berpuas hati dengan apa-apa pun.

Minda yang berlagak muncul dalam seseorang apabila dia mendapat kesenangan dunia dalam pencarian untuk memuaskan keinginan orang yang berdosa dan nafsu matanya.

Hal ini dinamakan kebanggaan hidup.

Untuk menebus kita daripada semua jenis perkara tidak bermoral, ketidakpatuhan, dan kejahatan, Yesus memakai mahkota duri dan menumpahkan darah-Nya. Memandangkan hanya darah yang suci dan tidak bersalah Yesus yang mampu menebus kita daripada dosa, Dia menebus kita daripada semua dosa akibat fikiran dengan memakai mahkota duri di atas kepala-Nya dan menumpahkan darah-Nya.

Kedua, Yesus memakai mahkota duri untuk membolehkan manusia memakai mahkota yang lebih baik di syurga.

Satu lagi sebab Dia memakai mahkota duri adalah untuk membolehkan anda mendapatkan mahkota yang lebih baik. Sepertimana Dia telah menebus anda daripada kemiskinan dan memberikan anda kekayaan, jadi dia juga memakai mahkota duri itu supaya anda boleh mendapatkan mahkota yang lebih baik di syurga.

Tidak terbilang banyaknya mahkota yang telah disediakan untuk anak-anak Tuhan di syurga. Dalam sebuah pertandingan olahraga, hadiah pingat emas, perak dan gangsa diberikan kepada para pemenang berdasarkan kepada pencapaian mereka dalam acara tersebut. Sama juga di syurga, terdapat pelbagai jenis mahkota.

Terdapat mahkota abadi seperti ditulis di dalam 1 Korintus 9:25: *"Setiap ahli sukan yang sedang menjalani latihan harus mematuhi disiplin yang ketat. Dia melakukannya kerana dia ingin mendapat hadiah kejuaraan, walaupun hadiah itu akan rosak. Kita pun seperti ahli sukan yang mematuhi disiplin yang ketat supaya mendapat hadiah kejuaraan yang tidak akan rosak."* Mahkota abadi disediakan untuk anak-anak Tuhan yang berusaha untuk membuang segala dosa mereka. Mahkota abadi disediakan bagi mereka yang membuang dosa-dosa mereka dan mentaati Firman Tuhan serta mengagungkanNya (1 Petrus 5:4). *Mahkota kehidupan* juga disediakan untuk mereka yang mempunyai cinta yang sangat mendalam kepada Tuhan, taat kepada Dia sehingga ke titik kematian, dan menjadi suci dengan meninggalkan semua bentuk kejahatan (Yakobus 1:12; Wahyu 2:10).

Mahkota kebenaran diberikan kepada mereka yang seperti nabi Paulus, menjadi suci dengan membuang semua sifat berdosa dan lebih lagi, mencapai keseluruhan misi mereka dengan berlandaskan kehendak Tuhan sepenuhnya (2 Timotius 4:8).

Hal ini juga diperincikan dalam Wahyu 4:4 bahawa *"Di lingkaran yang mengelilingi takhta itu terdapat dua puluh empat buah takhta lain. Di situ duduk dua puluh empat orang pemimpin yang berpakaian putih dan memakai mahkota emas."* Mahkota emas dikhaskan untuk mereka yang telah mencapai tahap pemimpin dan yang akan membantu Tuhan di Yerusalem Baru.

Di sini, "pemimpin" bukan merujuk kepada mereka yang telah diberikan gelaran ini di gereja-gereja dunia, tetapi merujuk kepada mereka yang telah ditauliahkan sebagai pemimpin oleh Tuhan atas kesucian dan keimanan mereka di semua rumah Tuhan, dan mempunyai iman yang tidak berubah seperti emas.

Tuhan memberikan mahkota-mahkota yang berlainan kepada anak-anak-Nya berdasarkan kepada sejauh mana mereka membuang dosa-dosa mereka dan mencapai misi Tuhan. Anak-anak Tuhan akan hebat di syurga dan akan menerima mahkota yang lebih baik jika mereka tidak fikir tentang bagaimana untuk memuaskan nafsu dan melayani sifat berdosa serta berkelakuan sewajarnya menurut Firman Tuhan (Roma 13:13-14), dan jika jiwa mereka berkembang sebagai akibat mereka hidup dipandukan oleh Roh (Galatia 5:16), dan jika mereka setia melaksanakan tugas dan misi mereka!

Sama juga, Yesus menebus semua dosa-dosa anda yang berpunca daripada pemikiran anda dengan memakai mahkota duri dan mengalirkan darah. Anda harus bersyukur kerana Dia menyediakan mahkota yang lebih baik di syurga untuk diberi kepada anda berdasarkan kepada ukuran iman dan perlaksanaan misi anda!

Oleh itu, anda harus menyedari betapa mulianya dapat layak menerima mahkota-mahkota itu. Kemudian anda harus mempunyai hati seperti Tuhan anda dengan membuang semua jenis kejahatan, melaksanakan misi anda dengan baik dan beriman dalam semua rumah Tuhan. Saya berharap anda akan menerima mahkota terbaik yang anda mampu di syurga.

Pakaian dan Jubah Yesus

Yesus, yang sedang memakai mahkota duri dan berdarah di seluruh badan-Nya akibat dicambuk dengan teruk, datang ke

Golgota, tempat penyaliban. Apabila askar-askar Roma menyalibkan Yesus, mereka mengambil pakaian-Nya, membahagikannya kepada empat bahagian, satu untuk setiap orang daripada mereka. Mereka tidak membahagikan jubah tetapi membuang undi untuk memilikinya.

Setelah askar-askar itu menyalibkan Yesus, mereka mengambil pakaian-Nya lalu membahaginya menjadi empat bahagian; dan masing-masing mendapat sebahagian. Mereka juga mengambil jubah-Nya yang dibuat daripada sehelai kain yang ditenun dari atas sampai ke bawah tanpa jahitan. Askar-askar bercakap sesama sendiri, "Jangalah koyak jubah ini. Marilah kita buang undi untuk menentukan orang yang boleh mendapatnya." Hal ini berlaku supaya apa yang tertulis di dalam Alkitab terjadi, "Mereka membahagi-bahagi pakaian-Ku, dan membuang undi bagi jubah-Ku" (Yohanes 19:23-24).

Mengapa Firman Tuhan menerangkan secara terperinci tentang pakaian serta jubah Yesus? Sejarah Israel semenjak 70 Masihi berkait begitu mendalam dengan implikasi kerohanian kejadian itu.

Dibogelkan dan Disalibkan

Berdasarkan Matius 27:22-26, atas permintaan orang-orang Israel yang tidak mengaku Yesus sebagai Mesias, Yesus dijatuhkan hukuman penyaliban oleh Pontius Pilatus setelah Dia telah dihina dan dimalukan dengan pelbagai cara.

Setelah dipakaikan mahkota diperbuat daripada duri dan dihina dan dicaci, Dia memikul salib ke Golgota dan disalibkan di sana. Pilatus mengarahkan askar-askarnya menulis tuduhan terhadap Yesus di atas kepalaNya, yang berbunyi, *"INILAH YESUS, RAJA ORANG YAHUDI"* (Matius 27:37).

Notis tersebut ditulis dalam bahasa Ibrani, Latin dan Yunani. Bahasa Ibrani merupakan bahasa ibunda orang-orang Yahudi, umat terpilih Tuhan. Bahasa Latin pula merupakan bahasa rasmi Empayar Roma, negara yang terkuat pada waktu itu, dan bahasa Yunani merupakan bahasa yang paling kuat mendominasi kebudayaan dunia pada waktu itu. Oleh itu, notis yang tertulis dalam tiga bahasa terkenal itu menunjukkan bahawa seluruh dunia mengenali Yesus sebagai Raja orang Yahudi dan Raja segala raja.

Menurut Yohanes 19:21-22, setelah membaca notis tersebut, ramai orang Yahudi mula memprotes Pilatus supaya tidak menulis "Raja Orang Yahudi" pada notis tersebut, sebaliknya menulis, "Orang ini berkata, Aku Raja Orang Yahudi" Namun demikian, Pilatus menjawab kepada mereka, "Apa yang sudah aku tulis tidak boleh diubah," dan membiarkan notis itu tanpa sebarang perubahan. Hal ini bermaksud Pilatus sendiri mengakui Yesus sebagai raja orang-orang Yahudi.

Sepertimana Pilatus telah mengakui Yesus sebagai raja orang-orang Yahudi, Dia sememangnya Anak tunggal Tuhan, Raja segala Raja dan Tuhan segala tuhan. Walau bagaimanapun, di hadapan ramai orang yang hadir menonton, Yesus telah dilucutkan pakaian dan jubah-Nya dan telah disalibkan di atas salib. Dengan cara itu, Dia telah melalui perasaan malu yang sungguh menyayatkan hati.

Kita tinggal di dalam dunia yang penuh kejahatan ini, dengan melupakan tugas sebenar manusia. Dan untuk menebus kita daripada semua jenis malu, perkara-perkara yang kotor, kejahatan, maksiat, dan kegiatan tidak bermoral, Yesus Raja segala raja telah dilucutkan pakaian dan jubah dan menanggung malu sambil disaksikan orang ramai. Sekiranya anda memahami maksud rohani pengorbanan ini, anda pasti akan bersyukur atas perkara ini.

Membahagikan Pakaian Yesus kepada Empat Bahagian

Askar-askar Roma menyalibkan Yesus setelah menanggalkan pakaian-Nya. Mereka membahagikan pakaian itu kepada empat bahagian tetapi mereka membuang undi untuk menentukan siapa yang mendapat jubah-Nya.

Logiknya pakaian Yesus sudah tentu tidak cantik ataupun mahal. Jadi mengapa askar-askar tersebut membahagikan pakaianNya kepada empat bahagian?

Adakah mereka tahu, mempunyai naluri, bahawa Yesus akan dimuliakan sebagai Mesias dan mereka inginkan walaupun secebis pakaian untuk diwasiatkan kepada keturunan mereka sebagai harta keluarga? Tidak, itu bukan tujuan mereka.

Mazmur 22:19 meramalkan, *"mereka membahagi-bahagikan pakaianku dan membuang undi untuk jubahku."*

Tuhan membiarkan askar-askar Roma mengambil pakaian Yesus untuk menggenapi ramalan ayat ini (Yohanes 19:24).

Jadi, apakah implikasi kerohanian yang dipunyai oleh pakaian-pakaian Yesus? Mengapa mereka membahagikan pakaian-Nya kepada empat bahagian, satu untuk setiap orang? Mengapa mereka tidak membahagikan jubah tersebut? Mengapa Tuhan membenarkan cerita ini ditulis terlebih awal?

Oleh kerana Yesus merupakan Raja kaum Yahudi, pakaian Yesus melambangkan negara Israel ataupun kaum Yahudi. Sewaktu pakaian tersebut dibahagi kepada empat bahagian oleh askar-askar Roma, pakaian tersebut kehilangan bentuk asalnya. Hal ini membawa implikasi bahawa negara Israel akan dimusnahkan. Hal ini juga menunjukkan bahawa nama Israel itu akan kekal seperti kekalnya empat bahagian pakaian tersebut. Lagipun, Firman yang tertulis mengenai pakaian-Nya meramalkan bahawa kaum Yahudi akan berselerak ke semua arah disebabkan oleh kemusnahan negara mereka. Sejarah negara Israel telah pun membuktikan bahawa ramalan tersebut telah menjadi kenyataan.

Dalam masa 40 tahun kematian Yesus di atas kayu salib, seorang panglima kerajaan Roma bernama Titus telah memusnahkan Yerusalem. Bait Tuhan telah dimusnahkan sepenuhnya tanpa meninggalkan batu atas batu. Oleh kerana negara Israel tidak wujud lagi, orang Yahudi bertaburan di merata-rata tempat, dianiaya dan juga dibunuh secara ramai-ramai. Hal ini menerangkan mengapa orang Yahudi tinggal di merata-rata tempat di dunia sehingga ke hari ini.

Matius 27:23 menggambarkan senario mengerikan di mana Pilatus memberitahu orang ramai yang jahat bahawa Yesus adalah tidak bersalah, tetapi mereka semua terus menjerit dengan kuat meminta supaya Yesus disalibkan. Pada saat ini, Pilatus mengambil air dan mencuci tangannya sebagai menunjukkan bahawa dia tidak bertanggungjawab atas kematian Yesus yang tidak bersalah itu, sambil berkata, *"Aku tidak bertanggungjawab terhadap kematian orang ini! Kamulah yang bertanggungjawab!"* (ayat 24) Kemudian, sekumpulan orang ramai itu menjawab, *"Kami dan keturunan kami bertanggungjawab terhadap kematiannya!"* (ayat 25)

Suatu elemen sejarah Israel yang luar biasa jelas menunjukkan bahawa ramai orang Yahudi dan keturunan mereka telah tertumpah darah mereka seolah-olah seperti menunaikan kenyataan mereka kepada Pontius Pilatus. Dalam masa empat puluh tahun kematian Yesus, seramai 1.1 juta orang Yahudi telah dibunuh. Tambahan pula, sewaktu Perang Dunia Kedua, pemerintahan negara Nazi German telah membunuh lebih kurang enam juta orang Yahudi. Filem *"The Schindler's List"* menggambarkan adegan-adegan mengerikan di mana orang Yahudi, baik lelaki, wanita, tua, muda, dan kanak-kanak dibunuh dalam keadaan tidak berpakaian. Walau seorang banduan sekalipun dibenarkan mengenakan pakaian bersih sebelum dijatuhkan hukuman, tetapi orang Yahudi dibogelkan apabila mereka dibunuh.

Orang Yahudi tidak mengakui Yesus sebagai Mesias dan telah

menanggalkan pakaian-Nya dan menyalibkan-Nya. Seperti mana mereka telah menjerit, "Kami dan keturunan kami bertanggungjawab terhadap kematiannya," rakyat Israel telah ditimpa pelbagai musibah sepanjang beberapa abad selepas itu.

Jubah Tidak Berjahit Yang Ditenun Sehelai

Yohanes 19:23 menggambarkan Jubah Yesus: *"jubah-Nya yang dibuat daripada sehelai kain yang ditenun dari atas sampai ke bawah tanpa jahitan."* Di sini, tidak berkelim membawa maksud bahawa jubah tersebut tidak dijahit daripada gabungan beberapa kepingan kain. Kebanyakan orang tidak begitu berminat dengan cara pakaian mereka dihasilkan ataupun sama ada ia ditenun daripada atas ke bawah atau bawah ke atas. Jadi mengapa Alkitab menggambarkan jubah Yesus dengan begitu terperinci?

Alkitab memberitahu kita bahawa moyang semua manusia ialah Adam, moyang iman ialah Abraham, dan moyang Israel ialah Yakub. Tuhan mengajar kita bahawa moyang Israel bukan Abraham tetapi Yakub kerana dua belas suku Israel datang daripada 12 orang anak lelaki Yakub Pengasas negara Israel ialah Yakub walaupun moyang iman ialah Abraham.

Tuhan juga memberkati Yakub dalam Kejadian 35:10-11 dengan cara begini:

"Namamu Yakub, tetapi mulai sekarang engkau akan disebut Israel." Demikianlah Tuhan menamakan dia Israel. Tuhan berfirman lagi, "Akulah Tuhan yang

Maha Kuasa. Hendaklah engkau mempunyai anak cucu yang banyak! Keturunanmu akan menjadi bangsa-bangsa dan engkau akan menjadi nenek moyang raja-raja."

Berdasarkan kepada firman Tuhan yang disebut di dalam ayat-ayat itu, dua belas orang anak lelaki Yakub membentuk tulang belakang negara Israel dan merupakan negara yang bersatu sehingga berpecah pada era pemerintahan Raja Rehoboam di Utara dan Judah di sebelah Timur

Kemudian, Israel di bahagian Utara bercampur aduk dengan kaum bukan Yahudi namun Judah kekal bersatu padu. Pada zaman sekarang, mereka yang berasal dari Judah dipanggil orang Yahudi. Hakikat bahawa jubah Yesus tidak berjahit, ditenun sehelai dari atas sampai bawah, bermaksud negara Israel telah mengekalkan perpaduan mereka serta identiti sebagai anak cucu Yakub sehingga ke hari ini.

Membuang Undi untuk Jubah Yesus Tanpa Mengoyaknya

Di sini, jubah melambangkan hati masyarakat. Memandangkan Yesus merupakan raja Israel, jubah-Nya melambangkan hati rakyat Israel.

Orang Israel, kaum pilihan Tuhan yang dipilih menerusi bapa iman mereka Abraham, telah menyembah Tuhan yang benar melebihi segalanya. Hakikat bahawa mereka tidak cuba membahagikan jubah menggambarkan bahawa roh orang

Yahudi Israel yang beriman kepada Tuhan masih terjaga dan tidak musnah walaupun bangsa atau kerajaan Israel sendiri telah musnah.

Malah, Alkitab meramalkan bahawa orang bangsa lain tidak akan dapat memusnahkan roh Israel yang kekal jauh di lubuk hati mereka. Dalam kata lain, hati mereka terhadap Tuhan telah dikekalkan dengan kejap, walaupun jika bangsa Israel dimusnahkan oleh bangsa yang tidak mengenal Tuhan. Memandangkan mereka mempunyai hati yang tidak dapat diubah, Tuhan memilih orang Israel sebagai bangsa pilihan-Nya dan menggunakan mereka untuk membangunkan kerajaan Tuhan dan kebenaran.

Pada hari ini pun, bangsa Israel cuba mematuhi peraturan tanpa hati yang berubah. Ini kerana mereka adalah waris Yakub yang juga mempunyai hati yang tidak berubah. Bangsa Israel mengejutkan dunia dengan mencapai kemerdekaan pada 14 Mei 1948, masa yang lama selepas mereka kehilangan negara sendiri. Selepas itu, mereka berkembang dengan pesat sebagai sebuah negara berpengaruh dan maju, dan mereka telah menunjukkan semangat kebangsaan dan kecemerlangan sekali lagi.

Memandangkan tentera Rom tidak dapat membahagikan jubah Yesus, yang tidak mempunyai jahitan dan ditenun sebagai satu helai dari atas ke bawah, bangsa yang tidak mengenal Tuhan tidak dapat memusnahkan roh orang Israel yang menyembah Tuhan. Tambahan pula, orang Israel yang merupakan keturunan Yakub telah menubuhkan sebuah negara bebas dan memenuhi kehendak Tuhan sebagai bangsa pilihan-Nya.

Israel Pada Akhir Zaman Seperti yang Diramalkan dalam Alkitab

Apabila Tuhan meramalkan sejarah Israel melalui pakaian dan jubah Yesus, Dia juga memberikan kita petanda akhir zaman di dunia.

Yehezkiel 38:8-9 menyatakan:

> *"Selepas bertahun-tahun, Aku akan memerintah dia menyerang Israel, negeri yang sudah dibangun semula setelah musnah kerana perang. Negeri itu telah lama dibiarkan menjadi tandus dan lengang, kemudian orang Israel kembali dari negeri-negeri asing ke pergunungan negeri mereka. Sekarang mereka semua hidup dengan aman. Gog dan tenteranya, serta banyak bangsa yang mengiringinya akan menyerang seperti badai dan meliputi seluruh negeri itu seperti awan."*

"Selepas bertahun-tahun" dalam ayat merujuk kepada tempoh dari masa kelahiran Yesus sehingga Kedatangan Kedua, dan "hari yang terkemudian" merujuk kepada tahun-tahun akhir yang dekat dengan Kedatangan Kedua Yesus. "Pergunungan negeri mereka" menandakan Yerusalem, yang terletak di kawasan tinggi kira-kira 760 meter di atas aras laut. Oleh itu, Firman yang menyatakan pada masa hadapan ramai orang akan kembali dari negeri-negeri asing meramalkan bangsa Israel akan pulang ke tanah mereka dari seluruh dunia apabila Kepulangan Yesus semakin hampir.

Ramalan ni menjadi kenyataan apabila Israel dimusnahkan oleh Empayar Rom pada 70 S.M, dan mendapat kemerdekaan pada 1948. Israel mundur sehinggalah ia mencapai kemerdekaan, namun berkembang menjadi salah satu negara paling maju di dunia.

Perjanjian Baru juga meramalkan kemerdekaan Israel. Yesus dalam Matius 24:32-34 menyatakan hal berikut:

"Biarlah pokok ara memberikan pelajaran kepada kamu. Apabila dahan-dahannya hijau, lembut, dan mula bertunas, kamu tahu bahawa musim panas sudah dekat. Demikian juga apabila kamu melihat semua perkara ini, kamu tahu bahawa waktunya sudah dekat dan segera akan bermula. Ingatlah! Segala perkara ini akan berlaku sebelum orang yang hidup sekarang ini mati semuanya."

Ini merupakan jawapan Yesus kepada para pengikut-Nya yang bertanyakan kepada-Nya tentang tanda-tanda Kedatangan Kedua-Nya dan tanda-tanda akhir zaman.

Pokok ara dalam ayat ini merujuk kepada Israel. Apabila daun pokok luruh dan angin sejuk bertiup, anda tahu bahawa musim sejuk telah tiba. Sama juga, sebaik sahaja ranting pokok ara menjadi lembut dan daunnya mula tumbuh, anda tahu bahawa musim panas telah tiba. Dengan perumpamaan ini, Yesus menerangkan bahawa apabila Israel kembali dipulihkan selepas sekian lama musnah, iaitu apabila rakyat Israel mendapat kemerdekaan, Kedatangan Kedua Yesus akan sangat hampir.

Anda tidak tahu berapa lama "orang yang hidup sekarang ini" yang dimaksudkan oleh Yesus dalam ayat itu, tetapi anda tahu apa yang dikatakan-Nya pasti akan menjadi kenyataan. Anda telah menyaksikan kemerdekaan Israel, jadi mudah untuk anda mengetahui bahawa Kedatangan Kedua Yesus amat hampir.

Tanda-tanda Akhir Zaman

Dalam Matius 24, apabila para pengikut bertanyakan tentang tanda-tanda akhir zaman, Yesus menerangkan dengan terperinci. Namun begitu, Dia tidak memberitahu hari atau masa yang tepat, dan berkata, *"Meskipun demikian, tidak seorang pun mengetahui hari atau waktunya, sama ada malaikat-malaikat di syurga ataupun Anak; hanya Bapa yang tahu"* (Matius 24:36).

Hal ini bermaksud bahawa Dia sebagai Anak Manusia yang datang ke dunia dalam bentuk tubuh badan yang hidup tidak mengetahui masa atau hari yang tepat. Hal ini tidak bermaksud bahawa Yesus yang merupakan salah satu daripada Triniti tidak mengetahuinya selepas Dia disalib, dihidupkan semula, dan diangkat ke syurga.

Yesus yang menyatakan banyak perkara tentang tanda-tanda akhir zaman, memberi amaran, *"Kejahatan semakin merebak sehingga kasih kebanyakan orang hampir lenyap. Tetapi sesiapa yang bertahan hingga akhir akan diselamatkan"* (Matius 24:12-13).

Pada hari ini, anda dapat rasakan dengan jelas kejahatan semakin meningkat dan kasih sayang bertambah dingin. Sukar untuk anda mencari kehangatan hati. Yesus berkata dalam Matius 24:14, "Berita Baik tentang bagaimana Tuhan memerintah akan dikhabarkan ke seluruh dunia supaya semua orang mendengarnya. Setelah itu barulah tiba akhir zaman." Ajaran telah disebarkan ke seluruh dunia.

Tambahan pula, kita tinggal dalam "perkampungan global" yang mana setiap penjuru dunia dapat diakses melalui pengangkutan atau komunikasi. Fenomena ini juga telah diramalkan dalam Daniel 12:4: *"Sekarang, hai Daniel, tutuplah dan meteraikanlah kitab itu, sehingga akhir zaman. Sementara itu banyak orang akan cuba memahami hal yang sedang berlaku, tetapi usaha mereka sia-sia saja."* Ajaran telah disebarkan dengan cepat ke seluruh dunia dalam persekitaran ini.

Adalah benar bahawa walaupun ajaran telah disebarkan ke seluruh dunia, mungkin ada sesetengah orang yang tidak menerima Yesus kerana mereka tidak membuka hati mereka. Atau, mungkin ada sesetengah tempat terpencil di mana benih Injil belum disebarkan lagi.

Ramalan dalam Perjanjian Lama kesemuanya telah dilaksanakan dan kebanyakan ramalan dalam Perjanjian Baru juga telah dilaksanakan. Keseluruhan Perjanjian telah diinspirasikan oleh Roh Kudus. Oleh itu, Firman Tuhan adalah benar dan tidak mengandungi kesilapan. Tiada satu huruf pun atau calitan pen akan diubah dalam Firman Tuhan. Tuhan telah melaksanakan Firman dan janji-Nya, dan hanya beberapa perkara yang belum ditunaikan, termasuklah Kedatangan Kedua Yesus Kristus, Bencana Besar Tujuh Tahun, Milenium Baru dan

Pengadilan Takhta Putih Agung.

Dipaku Tangan dan Kaki-Nya

Penyaliban merupakan salah satu kaedah hukuman paling kejam bagi pembunuh atau pengkhianat. Kedua-dua belah tangan didepangkan pada kayu salib. Orang ini akan dipakukan tangan dan kakinya pada kayu salib. Dia akan digantung pada salib untuk jangka masa yang lama sehingga dia mati. Oleh itu, dia akan menderita kesakitan yang amat sangat sehingga nafas terakhir.

Yesus Anak Tuhan hanya melakukan kebaikan dan tidak mempunyai cacat cela dalam dunia ini. Jadi, mengapakah Yesus dipaku kedua-dua belah tangan dan kaki-Nya dan menumpahkan darah pada salib?

Kesakitan Dipaku Tangan dan Kaki-Nya

Yesus dijatuhkan hukuman mati dengan disalib dan tiba di tempat penjatuhan hukuman, Golgota. Seorang askar Rom yang memegang sebatang paku besi yang besar dan seorang lagi yang memegang penukul mula menukul tangan dan kaki-Nya atas arahan orang atasan. Kemudian, mereka menegakkan salib. Dapatkah anda bayangkan betapa sakitnya keadaan ini?

Yesus yang tidak bersalah mengalami kesakitan apabila paku besar ditukul ke badan-Nya dan apabila berat badan menarik-Nya ke bawah dan bahagian badan yang dipaku koyak.

Jika seseorang dihukum pancung, kesakitan akan berakhir dengan serta-merta. Namun demikian, kematian di atas salib adalah lebih sakit kerana badan seseorang akan digantung, berdarah, dan menderita kekurangan air dan keletihan sehingga dia menghembuskan nafas terakhir.

Tambahan pula, jika matahari terik di padang pasir, banyak serangga dan kutu akan terbang ke seluruh badan-Nya yang tersiat untuk menghisap darah daripada luka pada tangan dan kaki yang dipaku. Tambahan lagi, orang-orang jahat menuding jari kepada-Nya, meludah, mencerca, mengutuk dan menghina-Nya. Sesetengah orang berasa benci kepada-Nya dan berkata, *"Kamu mahu merobohkan Rumah Tuhan lalu membinanya semula dalam tiga hari! Jika kamu Anak Tuhan, selamatkanlah dirimu dan turunlah dari salib!"* (Matius 27:40)

Kesakitan yang tidak terkira dirasai Yesus semasa Dia disalib. Namun begitu, Yesus tahu bahawa Dia menanggung dosa dan kutukan dengan mati di atas salib untuk membuka jalan bagi manusia untuk diselamatkan daripada dosa dan menjadikan mereka anak Tuhan. Kesakitan sebenar-Nya datang daripada sumber lain. Masih ada sesetengah orang yang tidak mengetahui rencana Tuhan ini dan tidak menerima penyelamatan atas kejahatan mereka. Hal ini membawa kesakitan yang hebat bagi Yesus.

Dosa yang Dilakukan Dengan Tangan dan Kaki

Apabila satu fikiran berdosa terdetik di hati, hati menggesa tangan dan kaki untuk melakukan dosa. Memandangkan ada peraturan kerohanian yang menyatakan balasan dosa adalah kematian, apabila anda melakukan dosa, anda akan jatuh ke dalam neraka dan menderita di dalamnya selama-lamanya.

Itu sebabnya Yesus berkata, *"Jika kakimu menyebabkan kamu berdosa, potonglah kaki itu! Lebih baik kamu hidup tanpa sebelah kaki daripada kamu dengan kedua-dua belah kaki dibuang ke dalam neraka. Di sana ulat tidak dapat mati dan api tidak pernah padam.Jika matamu menyebabkan kamu berdosa, cungkillah mata itu! Lebih baik kamu menikmati Dunia Baru Tuhan dengan hanya sebelah mata, daripada kamu dengan kedua-dua belah mata dibuang ke dalam neraka"* (Markus 9:45-47).

Sudah berapa kali anda melakukan dosa dengan tangan dan kaki sejak lahir? Sesetengah orang memukul orang lain kerana marah. Sesetengah orang mencuri dan ada juga yang kehilangan harta akibat berjudi. Orang menjadi kejam dengan kaki dan mereka pergi ke tempat yang tidak sepatutnya. Oleh itu, jika kaki menyebabkan anda berdosa, lebih baik anda memotong kedua-dua kaki dan masuk ke syurga daripada dihumban ke neraka dengan dua kaki.

Juga, berapa banyak dosa yang telah anda lakukan dengan mata? Ketamakan dan zina menyelubungi anda apabila anda melihat sesuatu yang tidak sepatutnya dengan mata. Itu sebabnya Yesus menyatakan, apabila mata menyebabkan anda berdosa, lebih baik korek mata anda keluar dan dapat masuk ke syurga, daripada dihumban ke neraka selepas membuat dosa dengan mata.

Semasa zaman Perjanjian Lama, jika seseorang melakukan dosa dengan mata, ia akan dikorek; jika seseorang melakukan dosa dengan tangan atau kaki, tangan atau kakinya akan dipotong; jika seseorang membunuh atau melakukan zina; dia akan direjam sampai mati (Ulangan 19:19-21).

Tanpa penderitaan Yesus Kristus di atas salib, sehingga hari ini pun, anak-anak Tuhan harus memotong tangan dan kaki mereka jika mereka melakukan dosa dengan anggota badan ini. Namun begitu, Yesus disalib, dipaku melalui tangan dan kaki-Nya dan telah menumpahkan darah-Nya. Dengan berbuat demikian, Dia telah membasuh semua dosa yang dilakukan oleh tangan dan kaki anda, dan anda tidak perlu menderita dan dihukum oleh dosa kita sendiri.

Anda perlu ingat bahawa Dia menyucikan anda daripada semua dosa jika anda berjalan dalam cahaya kerana Dia ada dalam cahaya, dan jika anda mengakui segala dosa dan berpaling kepada-Nya (1 Yohanes 1:7).

Oleh itu, adalah penting untuk anda memenuhi hati anda dengan kebenaran untuk menjalani kehidupan penuh kejayaan, berserta hati yang bersyukur dan baik yang sentiasa menumpukan perhatian kepada Tuhan.

Kaki Yesus Tidak Dipatahkan tetapi Rusuk-Nya Ditusuk Tombak

Yesus meninggal dunia pada hari Jumaat, satu hari sebelum hari Sabat. Pada waktu itu, hari Sabtu dianggap sebagai hari

Sabat, dan orang Yahudi tidak mahu mayat dibiarkan di atas salib pada hari Sabat.

Jadi, seperti yang anda dapat baca dalam Yohanes 19:31, orang Yahudi meminta Pontius Pilatus mematahkan kaki dan menurunkan mayat. Dengan kebenaran Pontius Pilatus, askar mematahkan kaki perompak yang telah disalib di bahagian kiri dan kanan Yesus tetapi mereka tidak mematahkan kaki Yesus kerana Dia telah pun meninggal dunia. Pada waktu itu, orang yang disalib dianggap terkutuk dan itu sebabnya para askar mematahkan kaki mereka. Oleh itu, kita lihat rencana suci di mana mereka tidak mematahkan kaki Yesus.

Mengapa Kaki Yesus Tidak Dipatahkan?

Yesus, yang tidak mempunyai dosa, telah dikutuk dan disalib untuk menyelamatkan umat manusia daripada kutukan hukum. Iblis tidak dapat mematahkan kaki-Nya kerana Yesus meninggal dunia bukan atas dosa-Nya tetapi menurut rencana Tuhan.

Tambahan pula, Tuhan melindungi Yesus daripada dipatahkan tulang untuk memenuhi ayat dalam Mazmur 34:21, yang menyatakan, *"Ia melindungi segala tulangnya, tidak satupun yang patah"* (*Alkitab,* Lembaga Alkitab Indonesia).

Dalam Bilangan 9:12, Tuhan memberitahu orang Israel supaya jangan mematahkan tulang biri-biri apabila mereka memakannya. Dia juga menyatakan dalam Keluaran 12:46 bahawa orang Israel boleh makan daging domba tetapi tidak boleh mematahkan tulangnya.

"Domba" merujuk kepada Yesus yang tiada cela dan tidak bersalah, namun mengorbankan diri-Nya sebagai korban penebusan manusia daripada dosa mereka disebabkan kasih-Nya kepada kita. Selaras dengan Firman dalam Keluaran 12:46, menyatakan, *Seluruh makanan Paska itu mesti dimakan di dalam rumah, di tempat makanan itu disediakan. Makanan itu tidak boleh dibawa keluar. Jangan patahkan satu pun tulang binatang itu,"* tiada tulang Yesus yang dipatahkan.

Rusuk-Nya Ditusuk dengan Tombak

Yohanes 19:32-34 menceritakan satu lagi kisah kejam:

Oleh itu askar-askar pergi mematahkan kaki kedua-dua orang yang disalibkan bersama-sama Yesus. Tetapi apabila mereka sampai kepada Yesus, mereka melihat bahawa Dia sudah meninggal. Oleh itu mereka tidak mematahkan kaki-Nya. Tetapi salah seorang askar menusuk rusuk Yesus dengan tombak, dan pada ketika itu juga keluarlah darah dan air.

Walaupun askar itu tahu bahawa Yesus telah meninggal dunia, mengapakah dia masih menikam rusuk-Nya dengan tombak, dan mengeluarkan darah dan air? Hal ini menggambarkan kekejaman manusia.

Walaupun Dia adalah Tuhan, Yesus tidak mendesak atau menunjukkan hak-Nya sebagai Tuhan. Sebaliknya, Dia menjadikan diri-Nya biasa; Dia merendahkan diri-Nya sebagai hamba dan muncul dalam bentuk manusia biasa. Dia merendahkan diri-Nya sekali lagi dengan meninggal dunia sebagai penjenayah di atas salib. Dengan cara ini, Yesus membuka pintu penyelamatan untuk anda (Filipi 2:6-8).

Semasa hidup-Nya dalam dunia ini, Yesus memberikan kebebasan kepada banduan, kekayaan kepada orang miskin, dan menyembuhkan orang sakit dan lemah. Dia tidak mempunyai cukup masa untuk makan atau tidur kerana Dia melakukan yang terbaik untuk menyebarkan Firman Tuhan, untuk menyelamatkan sebanyak mungkin jiwa yang dapat diselamatkan oleh-Nya. Dia pergi ke sebuah bukit untuk berdoa walaupun para pengikut-Nya sedang berehat.

Ramai orang Yahudi menghina-Nya walaupun Dia hanya melakukan kebaikan. Pada akhirnya, mereka menyalib-Nya atas kejahatan mereka. Tambahan pula, walaupun telah mengetahui bahawa Dia telah meninggal dunia, seorang askar Roma menusuk-Nya dengan tombak. Ini menunjukkan kepada kita bahawa orang-orang ini melakukan kejahatan demi kejahatan.

Tuhan menunjukkan anda kasih yang hebat dengan menghantar satu-satunya Anak-Nya Yesus Kristus dan membenarkan Dia disalib untuk menebus anda daripada dosa, tanpa mengira kejahatan manusia.

Mengeluarkan Darah dan Air Daripada Rusuk-Nya

Seperti yang telah disebutkan, seorang askar Rom telah menusuk rusuk Yesus dengan tombak dalam kekejamannya, walaupun dia tahu bahawa Yesus telah meninggal dunia. Apabila askar itu menusuk rusuk-Nya, darah dan air keluar daripada tubuh Yesus. Episod ini mempunyai tiga maksud.

Pertama, ia menunjukkan kepada kita bahawa Yesus datang dalam bentuk tubuh badan sebagai Anak Manusia. Yohanes 1:14 menyatakan, *"Firman itu sudah menjadi manusia dan tinggal antara kita. Kita nampak kemuliaan-Nya, kemuliaan yang diterima-Nya sebagai anak tunggal Bapa. Melalui Dia, kasih Tuhan dan Tuhan sendiri ditunjukkan kepada kita."* Tuhan datang ke dunia dalam bentuk manusia dan Dia ialah Yesus.

Orang yang berdosa tidak dapat melihat Tuhan kerana mereka akan musnah apabila melihat-Nya. Oleh itu, Tuhan tidak boleh muncul secara terus di hadapan mereka dan inilah sebabnya Yesus datang ke dunia dalam bentuk manusia dan menunjukkan banyak bukti yang membawa kita untuk percaya kepada Tuhan.

Alkitab memberitahu kita bahawa Yesus ialah manusia seperti anda juga. Markus 3:20 menyebutkan, *"Kemudian Yesus pulang. Tetapi orang ramai datang berkumpul lagi, sehingga Yesus dan pengikut-pengikut-Nya tidak sempat makan."* Matius 8:24 menceritakan, *"Tiba-tiba ribut membadai dan melanda tasik itu sehingga ombak memenuhi perahu. Tetapi Yesus sedang tidur."*

Sesetengah orang mungkin tertanya-tanya bagaimanakah Yesus Anak Tuhan boleh berasa lapar atau merasai kesakitan. Namun begitu, memandangkan Yesus dalam bentuk darah dan daging mempunyai tulang dan otot, Dia perlu makan dan tidur. Dia juga mengalami kesakitan seperti kita.

Hakikat bahawa darah dan air mengalir daripada tubuh-Nya apabila Dia ditusuk dengan tombak memberikan bukti nyata bahawa Yesus datang ke dunia ini dalam bentuk darah dan daging, walaupun Dia merupakan Anak Tuhan.

Yang kedua, ia merupakan satu lagi bukti bahawa anda juga boleh terlibat dalam perkara suci walaupun anda tercipta daripada darah dan daging. Tuhan mahukan anak-anak-Nya menjadi suci dan sempurna seperti-Nya. Tuhan menyatakan, *"Hendaklah kamu suci, kerana Aku suci"* (1 Petrus 1:16) dan *"Karena itu haruslah kamu sempurna, sama seperti Bapamu yang di sorga adalah sempurna"* (Matius 5:48) (Alkitab, Lembaga Alkitab Indonesia). Tuhan juga menggalakkan anda dengan berkata, *"Dengan cara ini Dia telah mengurniai kita berkat-berkat yang sangat baik dan berharga yang dijanjikan-Nya. Dengan berkat-berkat itu kamu terlepas daripada keinginan jahat yang membinasakan, yang terdapat di dunia ini, dan kamu menerima sifat Tuhan sendiri"* (2 Petrus 1:4), dan *"Sikap kamu hendaklah seperti sikap Kristus Yesus"* (Filipi 2:5).

Yesus datang ke dunia ini dalam bentuk darah dan daging dan menjadi hamba berdasarkan kehendak Tuhan, dan menyempurnakan keseluruhan tugas-Nya. Dia juga menyempurnakan hukum dengan kasih, dengan cara mengatasi semua ujian dan masalah, dan hidup berdasarkan Firman Tuhan.

Walaupun Dia hanyalah manusia seperti anda, Dia dengan rela menerima semua kesakitan, menurut kehendak Tuhan dengan kecekalan dan kawalan diri, dan mengorbankan diri-Nya dalam kasih untuk meninggal dunia di atas salib tanpa tentangan atau rungutan.

Jadi, bagaimanakah dapat kita turut serta dalam kehidupan suci dengan hati Yesus Kristus?

Anda perlu menyalibkan semua sifat dosa, termasuklah keghairahan dan keinginan, mempunyai kasih kerohanian dan berdoa dengan tekun untuk dapat terlibat dalam kehidupan suci dengan mempunyai sikap yang sama seperti Yesus.

Pada satu sudut, kasih fizikal mementingkan diri, dan kasih jenis ini semakin lama akan menjadi dingin. Orang yang mempunyai kasih jenis ini saling mengkhianati dan menderitai kesakitan apabila mereka tidak sehaluan.

Pada satu sudut pula, Tuhan mahu anda mempunyai kasih yang bersifat sabar, baik hati dan tidak mementingkan diri. Oleh itu, kasih rohani tidak akan berubah dan berkembang setiap hari. Anda dapat mempunyai sikap Yesus sebanyak mana anda mempunyai kasih rohani, dan sebanyak mana anda membuang segala jenis kejahatan melalui doa yang tekun.

Begitu juga, semua orang dapat menerima kasih kurnia dan kuasa Tuhan jika dia meminta bantuan Tuhan dengan berpuasa dan berdoa dengan tekun. Tuhan juga akan membantunya dengan menyingkirkan semua jenis kejahatan. Anda akan bersinar seperti matahari dalam kerajaan syurga jika anda memiliki kasih sayang rohani, menghasilkan sembilan buah Roh Kudus (Galatia 5) dan menerima Ajaran (Matius 5).

Ketiga, darah dan air yang ditumpahkan oleh Yesus amat berkuasa dan mampu membimbing anda ke arah kehidupan yang benar dan abadi.

Darah dan air Yesus adalah bersih dan suci memandangkan dia tidak mempunyai dosa asal dan tidak pernah berdosa. Secara rohani, inilah darah dan air-Nya ini yang dapat dihidupkan semula. Memandangkan Dia menumpahkan darah suci-Nya, dosa-dosa anda diampunkan dan anda dapat memiliki kehidupan yang benar menuju kepada penyelamatan. kebangkitan semula dan kehidupan abadi.

Air, yang mengalir daripada tubuh Yesus, melambangkan air abadi, iaitu Firman Tuhan. Anda akan dipenuhi kebenaran dan menjadi anak Tuhan yang sejati sehinggakan anda dapat memahami Firman-Nya, serta membuang dosa-dosa dan hidup berpandukan Firman itu.

Yesus, yang tidak mempunyai cacat atau cela, mengorbankan segala-galanya untuk memberikan anda kehidupan sebenar sehingga sanggup menumpahkan darah dan air, walaupun keadaan anda lebih kurang sama seperti haiwan.

Saya harap anda faham bahawa anda diselamatkan tanpa perlu membayar apa-apa harga, dan membuang dosa dengan berdoa dengan tekun dalam iman, supaya anda dapat menjalani kehidupan yang bermakna dalam Yesus Kristus.

Bab 7

Tujuh Perkataan Terakhir Yesus Di Atas Salib

- Ya Bapa, ampunilah mereka
- Pada Hari Ini Kamu akan Bersama-sama Aku di Firdaus
- Puan, dia anak puan; Dia Ibumu
- *Eloi, Eloi, Lama Sabakhtani?*
- Aku Dahaga
- Sudah Selesai
- Ya Bapa, Aku Serahkan Diri-Ku Ke Dalam Tangan-Mu

Yesus berkata, "Ya Bapa, ampunilah mereka! Mereka tidak mengetahui apa yang dilakukan oleh mereka" (ayat 34).

Lalu dia berkata kepada Yesus, "Ya Yesus, ingatlah akan saya, apabila Tuan menjadi Raja!" Yesus berkata kepadanya, "Percayalah, pada hari ini kamu akan bersama-sama Aku di Firdaus." Kira-kira pukul dua belas tengah hari, matahari tidak bersinar dan seluruh negeri itu diliputi kegelapan sehingga pukul tiga petang. Pada waktu itu tirai yang tergantung di dalam Rumah Tuhan koyak menjadi dua helai. Lalu Yesus berseru dengan suara lantang, "Ya Bapa, Aku serahkan diri-Ku ke dalam tangan-Mu!" Setelah berkata demikian, Dia pun meninggal (ayat 42-46).

Lukas 23:34, 42-46

Kebanyakan orang akan mengingati semula kehidupan mereka apabila kematian hampir tiba. Mereka akan meninggalkan kata-kata terakhir kepada ahli keluarga dan rakan-rakan.

Dengan cara yang sama, Yesus menjadi darah daging, dan datang ke dunia menurut rencana Tuhan, dan menyebutkan tujuh perkataan di atas salib semasa Dia menghembuskan nafas terakhir. Perkataan ini dinamakan "Tujuh Kata-kata Terakhir Yesus Di Atas Salib."

Mari kita teliti makna rohani tujuh kata-kata terakhir Yesus di atas salib.

Ya Bapa, ampunilah mereka

Penulis Filipi menggambarkan Yesus dengan cara begini. Yesus:

Sikap kamu hendaklah seperti sikap Kristus Yesus: Sebenarnya Dia ilahi, tetapi Dia tidak menganggap keadaan-Nya yang ilahi harus dipertahankan-Nya. Sebaliknya Dia rela melepaskan segala-galanya, lalu menjadi seperti seorang hamba. Dia datang sebagai manusia, dan hidup seperti manusia. Dia merendahkan diri dan hidup dengan taat kepada Tuhan sehingga mati – iaitu mati di atas salib (Filipi 2:5-8).

Yesus disalib di atas salib untuk menunjukkan kasih dan kepatuhan-Nya terhadap Tuhan supaya Dia dapat membuka jalan penyelamatan untuk orang yang berdosa. Orang yang berdiri berdekatan salib mengejek Yesus bersama para pemimpin, *"Dia telah menyelamatkan orang lain. Jika dia benar-benar Penyelamat yang dipilih oleh Tuhan, biarlah dia menyelamatkan dirinya sendiri"* (Lukas 23:35).

Para askar juga mengejek-Nya, menawarkan wain masam kepada-Nya dan berkata, *"Jika kamu raja orang Yahudi, selamatkanlah dirimu sendiri!"* (ayat 37) Salah seorang penjenayah yang digantung bersama juga melemparkan kata-kata kesat terhadap-Nya, dan berkata, *"Bukankah kamu Penyelamat yang diutus oleh Tuhan? Selamatkanlah dirimu sendiri dan juga kami!"* (ayat 39)

Apabila tiba di tempat yang disebut "Tengkorak", mereka menyalibkan Yesus dan kedua-dua orang penjahat itu – seorang di sebelah kanan Yesus dan seorang lagi di sebelah kiri-Nya. Yesus berkata, "Ya Bapa, ampunilah mereka! Mereka tidak mengetahui apa yang dilakukan oleh mereka (Lukas 23:33-34).

Yesus berdoa kepada Tuhan untuk mengampunkan dosa mereka, *"Ya Bapa, ampunilah mereka! Mereka tidak mengetahui apa yang dilakukan oleh mereka,"* apabila menghembuskan nafas-Nya yang terakhir. Yesus memohon supaya Tuhan Bapa menunjukkan belas ihsan dan keampunan kepada orang yang tidak tahu bahawa Yesus Anak Tuhan telah disalib untuk mengampunkan dosa-dosa mereka. Mungkin mereka tidak menyedari bahawa tindakan mereka berdosa. Inilah kata-kata Yesus yang pertama dari salib.

Yesus Berdoa Dengan Kasih untuk Orang yang Menyalib-Nya

Yesus, Anak Tuhan, berdoa untuk orang yang menyalib-Nya walaupun Dia tidak mempunyai sebarang kecacatan atau kecelaan. Betapa hebatnya kasih Yesus! Yesus dengan mudah sahaja mampu turun dari salib untuk mengelak daripada disalib, memandangkan Dia satu dengan Tuhan dan diperkasakan oleh Tuhan Bapa. Namun demikian, Dia disalib untuk memenuhi rencana penyelamatan menurut kehendak Tuhan. Oleh itu, Dia mampu berhadapan dengan semua kesengsaraan dan penghinaan, berdoa untuk mereka dengan perasaan kasih yang terdesak dan memohon pengampunan bagi pihak mereka.

Yesus berdoa dengan tekun, *"Ya Bapa, ampunilah mereka! Mereka tidak mengetahui apa yang dilakukan oleh mereka."* Perkataan "mereka" di sini tidak hanya bermaksud orang yang menyalib dan memperolok-olokkan-Nya, tetapi merangkumi semua manusia yang tidak menerima Yesus Kristus dan terus hidup dalam kegelapan. Seperti orang yang menyalib Yesus Anak Tuhan, ramai orang berdosa kerana mereka tidak mengenali Yesus Kristus dan kebenaran.

Musuh kita Iblis kekal di dalam kegelapan dan benci akan cahaya lalu dia menyalib Yesus, iaitu cahaya yang benar. Hari ini, Iblis mengawal orang yang tinggal dalam kegelapan dan membuatkan mereka berlaku zalim terhadap orang yang tinggal dalam cahaya.

Bagaimanakah reaksi kita terhadap orang zalim yang tidak mengenal erti kebenaran?

Yesus mengajarkan kita tentang kehendak Tuhan dan apakah sikap Kristian yang sepatutnya diamalkan, melalui perkataan pertama dari salib. Matius 5:44 menyatakan, *"Tetapi sekarang Aku berkata kepada kamu: Kasihilah musuh kamu dan berdoalah bagi orang yang menganiaya kamu."*

Jadi kita perlu mampu berdoa untuk semua orang yang menzalimi kita, dan menyatakan, "Ya Bapa, ampunilah mereka! Mereka tidak mengetahui apa yang dilakukan oleh mereka. Berkatilah mereka supaya mereka juga dapat menerima Yesus dan kami dapat bertemu lagi di syurga."

Pada Hari Ini Kamu Akan Bersama-sama AKu di Firdaus

Dua orang penjenayah turut disalib apabila Yesus digantung di atas salib yang dipacak tinggi di Golgota, iaitu "Tengkorak" (Lukas 23:33).

Salah seorang penjenayah itu melemparkan kata-kata penghinaan terhadap-Nya, tetapi penjenayah satu lagi memarahi penjenayah pertama, bertaubat dan menerima Yesus sebagai

Penyelamatnya. Kemudian, Yesus berjanji kepadanya bahawa dia akan berada di syurga bersama-sama Yesus. Ini merupakan kata-kata Yesus yang kedua di atas salib.

> *Salah seorang penjahat yang disalibkan di situ menghina Yesus. Dia berkata, "Bukankah kamu Penyelamat yang diutus oleh Tuhan? Selamatkanlah dirimu sendiri dan juga kami!" Tetapi penjahat yang seorang lagi menegur dia dan berkata, "Tidakkah kamu takut akan Tuhan! Kita semua sudah dihukum mati. Hukuman kita berdua memang setimpal dengan perbuatan kita, tetapi orang ini tidak bersalah!" Lalu dia berkata kepada Yesus, "Ya Yesus, ingatlah akan saya, apabila Tuan menjadi Raja!" Yesus berkata kepadanya, "Percayalah, pada hari ini kamu akan bersama-sama Aku di Firdaus* (Lukas 23:39-43).*

Yesus mengakui bahawa Dia merupakan Mesias yang mampu mengampunkan orang yang berdosa apabila mereka bertaubat dan menyelamatkan mereka menerusi kata-kata-Nya yang kedua dari salib.

Apabila anda membaca Empat Injil, jawapan kedua-dua penjenayah ini ditulis dengan cara berbeza. Matius 27:44 menyatakan, *"Bahkan kedua-dua orang penjahat yang disalibkan bersama-sama Yesus pun menghina Dia seperti itu."* Markus 15:32 menyatakan, *"'Jika dia raja Israel, Penyelamat yang diutus oleh Tuhan, biarlah dia turun dari salib, supaya kami melihat dan percaya kepadanya!' Kedua-*

dua orang yang disalibkan bersama-sama Yesus pun menghina Dia." Daripada dua Injil ini, kita dapati kedua-dua penjenayah melemparkan penghinaan terhadap Yesus.

Namun begitu, dalam Lukas 23, kita dapati salah seorang penjenayah memarahi yang satu lagi dan bertaubat atas dosanya, menerima Yesus dan diselamatkan. Hal ini bukan bermakna keempat-empat Injil ini saling bercanggah. Sebaliknya Tuhan, dengan rencana-Nya, membenarkan para penulis untuk menulis dengan cara yang berbeza. Dalam Alkitab, kehendak Tuhan dan elemen sejarah ditulis dengan padat. Jika semuanya ditulis secara terperinci, seribu Alkitab tidak akan mencukupi untuk menulisnya.

Pada hari ini, jika anda merakam sesuatu dengan kamera video, anda akan dapat menontonnya semula, tetapi pada zaman Yesus, peralatan ini tidak wujud dan mereka tidak dapat mengambil foto, walaupun kesemuanya merupakan kejadian penting. Mereka hanya mampu menulis tentang kejadian-kejadian ini. Dengan sedikit perbezaan, anda dapat mengalami dan melihat semula situasi tertentu dengan lebih realistik.

Pemahaman yang Lebih Jelas Tentang Penyaliban Yesus

Apabila Yesus menyebarkan ajaran agama, ramai orang menjadi pengikut-Nya. Sesetengah daripada mereka mahu mendengar ajaran-Nya, ada yang mahu melihat keajaiban dan tanda-tanda daripada syurga, ada yang mahukan makanan, dan ada yang menjual harta benda mereka untuk berkhidmat dan mengikuti Yesus.

Dalam Lukas 9, Yesus mengucapkan syukur atas lima buku roti dan dua ekor ikan. Jumlah orang yang makan adalah kira-kira lima ribu orang (Lukas 9:12-17). Bayangkan betapa ramai orang, termasuklah orang yang menyayangi atau membenci Yesus, dan orang-orang lain berada dalam khalayak yang hadir di tempat Dia disalibkan. Orang ramai mengelilingi salib jadi para askar menghalang mereka dengan menggunakan tombak dan perisai. Bayangkan orang yang menjerit kepada Yesus dalam bulatan yang berhampiran salib. Orang ramai mencaci-Nya. Salah seorang daripada dua penjenayah yang digantung di sebelah kanan dan kiri Yesus juga mencaci-Nya.

Siapa yang dapat mendengar apa yang dikatakan oleh penjenayah pertama dalam situasi ini? Keadaan mungkin begitu tidak terkawal, dan hanya orang yang berdiri hampir dengan Yesus sahaja yang dapat mendengar kata-kata-Nya. Salah seorang penjenayah berkata sesuatu kepada Yesus dengan riak wajah yang tidak menyenangkan. Penjenayah ini sebenarnya memarahi penjenayah satu lagi yang menghina Yesus. Tetapi orang yang berada jauh di sebelah sana mungkin menganggap bahawa penjenayah yang bertaubat ini sedang memarahi Yesus yang berada di tengah-tengah.

Pada satu sisi, dalam keadaan yang bising, penulis Injil Matius dan Markus yang tidak dapat mendengar kata-kata penjenayah yang bertaubat, jelas sekali menganggap bahawa dia juga memarahi Yesus. Jadi mereka mencatatkan bahawa kedua-dua penjenayah memarahi Yesus.

Namun demikian, penulis Injil Lukas mendengar dengan

jelas, jadi dia tahu bahawa salah seorang daripada penjenayah itu tidak menghina Yesus, malah telah bertaubat. Penulis yang berbeza berada di lokasi yang berlainan dan menuliskan perkara yang berbeza.

Tuhan, yang mengetahui segala-galanya, membenarkan mereka menulis dalam versi yang berbeza supaya generasi akan datang dapat memahami sesuatu situasi dengan lebih jelas.

Syurga bagi Penjenayah yang Bertaubat

Yesus berjanji kepada penjenayah yang bertaubat di atas salib sebelum mati, *"kamu akan bersama-sama Aku di Firdaus."* Hal ini mempunyai makna rohani.

Syurga, iaitu kerajaan Tuhan, sangat luas dan sukar dijangkau dengan imaginasi anda. Dalam Yohanes 14:2 Yesus menyatakan, *"Di dalam rumah Bapa-Ku terdapat banyak tempat kediaman, dan Aku akan pergi menyediakan tempat untuk kamu. Aku tidak akan berkata demikian kepada kamu, sekiranya hal itu tidak begitu."* Penulis Mazmur menggalakkan kita dengan menyatakan *"Pujilah Dia, hai langit yang tertinggi, pujilah Dia, hai air yang di atas langit!"* (Mazmur 148:4). Nehemia 9:6 memuji Tuhan yang menciptakan syurga, malah syurga pada tingkat paling tinggi. 2 Korintus 12:2 bercakap tentang seorang Kristian yang empat belas tahun yang lalu diangkat ke syurga yang tertinggi. Wahyu 21:2 menyatakan bahawa Yerusalem Baru adalah tempat terletaknya takhta Tuhan.

Seperti itu juga, ada banyak tempat tinggal di syurga. Namun demikian, anda tidak dibenarkan untuk tinggal di mana-mana sahaja yang anda suka. Tuhan yang Maha Adil memberikan ganjaran kepada setiap anda berdasarkan apa yang telah anda lakukan di dunia: berapa banyak anda menyerupai Tuhan dan bekerja untuk kerajaan Tuhan, serta berapa banyak anda simpan di syurga, dll (Matius 11:12; Wahyu 22:12).

Yohanes 3:6 menyatakan, *"Secara jasmani manusia dilahirkan oleh manusia, tetapi secara rohani manusia dilahirkan oleh Roh Tuhan."* Bergantung kepada sejauh mana seseorang itu menjauhi perkara hawa nafsu dan menjadi seorang yang bersifat rohani, tempat tinggal di syurga akan dibahagikan kepada kumpulan dalam tahap kerohanian yang sama.

Sudah tentu semua tempat di dalam syurga adalah sangat cantik kerana Tuhan yang memerintahnya. Namun demikian, terdapat beberapa perbezaan walaupun kesemuanya berada dalam syurga. Contohnya, gaya hidup, hobi, standard kehidupan dan sebagainya adalah berbeza bagi kawasan bandar dan luar bandar. Dalam keadaan yang sama, bandar suci iaitu Yerusalem Baru, adalah tempat yang paling gemilang di syurga di mana terletaknya takhta Tuhan dan tempat tinggal kanak-kanak yang paling menyerupai Tuhan.

Namun begitu, ada juga tempat di syurga di mana penjenayah yang bertaubat pada saat-saat akhir sebelum kematiannya di salib tinggal dan ia terletak di kawasan pinggir syurga. Ramai orang lain yang menerima penyelamatan yang memalukan akan tinggal di sana. Orang ini menerima Yesus tetapi tidak berusaha untuk berubah secara rohani.

Mengapakah penjenayah yang bertaubat ini dapat masuk ke syurga?

Dia mengakui dari hati bahawa dia seorang yang berdosa, dan menerima Yesus sebagai Penyelamatnya. Namun demikian, dia tidak menghapuskan dosa-dosanya, tidak hidup berpandukan Firman Tuhan, atau menginjili orang lain. Dia tidak bekerja untuk Tuhan. Dia tidak melakukan apa-apa untuk menerima ganjaran daripada syurga. Itu sebabnya dia tinggal di tempat yang paling bawah di syurga.

Yesus Naik ke Kubur Atas

Walaupun Yesus berjanji kepada penjenayah bahawa, *"Percayalah, pada hari ini kamu akan bersama-sama Aku di Firdaus,"* ini tidak bermaksud bahawa Yesus hanya tinggal di syurga paling bawah dalam syurga. Yesus, Raja segala raja dan Tuan segala tuan, memerintah dan tinggal bersama anak-anak Tuhan dalam semua tahap syurga, termasuklah Firdaus dan Yerusalem Baru. Hal ini bermaksud Dia tinggal di Firdaus serta tempat-tempat lain di dalam syurga.

Apabila Yesus memberitahu penjenayah yang diselamatkan *"Percayalah, pada hari ini kamu akan bersama-sama Aku di Firdaus,"* "hari ini" bukanlah merujuk kepada hari spesifik Yesus meninggal dunia di atas salib atau mana-mana hari tertentu. Yesus menyatakan bahawa Dia akan bersama penjenayah yang bertaubat ini di mana-mana sahaja dia berada sejak saat dia menjadi anak Tuhan.

Apabila anda merujuk Alkitab, Yesus tidak pergi ke firdaus selepas kematian-Nya. Dalam Matius 12:40, Yesus memberitahu beberapa orang Farisi *"Sebagaimana Yunus tinggal tiga hari dan tiga malam di dalam perut ikan besar, demikian juga Anak Manusia akan tinggal tiga hari tiga malam di dalam perut bumi."* Efesus 4:9 menyatakan, *"'Dia naik': Mula-mula Dia turun ke tempat yang serendah-rendahnya di bumi ini."*

Sebagai tambahan, 1 Petrus 3:19 menyatakan, *"Dalam keadaan roh Dia pergi mengisytiharkan berita daripada Tuhan kepada roh-roh yang dipenjarakan."* Yesus pergi ke Kubur Atas dan menyampaikan ajaran agama kepada roh-roh sebelum Dia dibangkitkan pada hari ketiga. Mengapakah hal ini perlu?

Sebelum Yesus datang ke dunia, ramai orang semasa zaman Perjanjian Lama dan malah orang dalam zaman Perjanjian Baru tidak berpeluang mendengar ajaran agama, namun mereka hidup dengan cara yang baik dan menerima Tuhan. Adakah ini bermaksud mereka akan dihumban ke neraka, hanya kerana mereka tidak mengenali siapa Yesus?

Tuhan mengutus satu-satu Anak-Nya ke dunia dan sesiapa yang menerima-Nya akan diselamatkan. Tuhan tidak akan memulakan pemupukan manusia hanya untuk menyelamatkan orang yang menerima Yesus Kristus selepas Penyaliban-Nya. Orang yang tidak berpeluang mendengar ajaran Tuhan tetapi hidup dengan niat dan cara yang betul akan diadili berdasarkan hati nurani mereka semasa hidup.

Pada satu sisi, orang yang berhati mulia seperti ini akan berkumpul di "Kubur Atas." Pada sisi lain, "Kubur Bawah" yang juga dikenali sebagai "Dunia Orang Mati" adalah tempat di mana jiwa-jiwa yang jahat berkumpul dan tinggal sehingga Hari Pengadilan. Selepas Penyaliban-Nya, Yesus pergi ke Kubur Atas dan menyampaikan ajaran kepada roh yang tidak mengetahui tentang injil, namun telah hidup dengan hati nurani yang baik dan betul, dan layak untuk diselamatkan.

Tiada nama lain di bawah syurga yang diberikan kepada manusia, yang mana mereka mesti diselamatkan oleh Yesus. Itu sebabnya Yesus pergi dan berdakwah tentang Diri-Nya kepada roh supaya mereka dapat menerima-Nya dan diselamatkan.

Alkitab menyatakan bahawa roh-roh yang diselamatkan sebelum penyaliban Yesus akan dibawa ke sisi Abraham (Lukas 16:22), tetapi akan dibawa ke sisi Yesus selepas Dia dibangkitkan semula.

Penyelamatan Berdasarkan Pengadilan Hati Nurani

Sebelum Yesus datang ke dunia untuk menyebarkan injil, orang-orang yang baik hidup berpandukan hati nurani mereka. Ini merupakan hukum hati nurani. Orang yang baik tidak melakukan kejahatan walaupun mereka mempunyai masalah dan berhadapan dengan kesukaran, kerana mereka mendengar suara hati mereka.

Roma 1:20 menyatakan, *"Sejak Tuhan menciptakan dunia, sifat-sifat Tuhan yang tidak kelihatan, baik kuasa-Nya yang kekal mahupun keadaan-Nya sebagai Tuhan, dapat difahami oleh manusia melalui segala yang sudah diciptakan-Nya. Oleh itu manusia sama sekali tidak mempunyai dalih untuk membela diri."*

Dengan melihat dunia dan segala-galanya yang begitu harmoni, orang yang mempunyai hati yang baik percaya bahawa wujud kehidupan yang abadi. Itu sebabnya mereka tidak hidup berdasarkan sifat berdosa dan mereka mengawal diri untuk tidak menikmati keseronokan duniawi kerana takut akan Tuhan.

Roma 2:14-15 menyatakan, *"Orang bukan Yahudi tidak mempunyai Taurat, tetapi apabila mereka dengan kemahuan sendiri melakukan apa yang diperintahkan oleh Taurat, hal itu menunjukkan bahawa mereka mengetahui apa yang patut dan yang tidak patut dilakukan, walaupun mereka tidak mempunyai Taurat. Kelakuan mereka menunjukkan bahawa apa yang diperintahkan oleh Taurat tertulis di dalam hati mereka. Hati nurani mereka pun membuktikan hal itu, kerana fikiran mereka kadangkala menyalahkan dan kadangkala membenarkan perbuatan mereka."*

Tuhan memberikan hukum hanya kepada bangsa Israel sahaja dan bukannya bangsa-bangsa lain. Namun begitu, bangsa lain seperti hidup dalam hukum apabila mereka hidup berdasarkan hukum dalam hati mereka, hati nurani mereka yang dicapai dan diamalkan oleh mereka sendiri. Kita tidak boleh menyatakan bahawa orang yang tidak percaya kepada Yesus tidak dapat diselamatkan kerana mereka tidak pernah mendengar tentang injil dalam hidup mereka.

Dalam kalangan orang yang meninggal dunia sebelum mengenali Yesus Kristus, ada juga orang yang dapat mengawal diri mereka apabila berhadapan dengan fikiran yang jahat kerana hati mereka suci. Orang-orang ini akan diselamatkan berdasarkan pengadilan Tuhan terhadap hati nurani mereka.

Puan, dia anak puan; Dia Ibumu

Rasul Yohanes menuliskan apa yang dia lihat dan dengar dari palang salib di mana Yesus digantung. Di sana terdapat ramai wanita, termasuklah Maria, ibu Yesus; Salome, ibu saudara-Nya; Maria isteri Klopas; dan Maria Magdalena. Dalam Yohanes 19:26-27, Yesus memberitahu ibu-Nya Maria supaya menganggap Yohanes seperti anak lelakinya sendiri dan menyuruh Yohanes menjaga ibu-Nya seperti dia menjaga ibunya sendiri:

> Yesus nampak ibu-Nya dan pengikut yang dikasihi-Nya berdiri di situ. Oleh itu Yesus berkata kepada ibu-Nya, "Puan, dia anak puan." Kemudian Yesus berkata kepada pengikut itu, "Dia ibumu." Sejak itu, ibu Yesus tinggal di rumah pengikut itu.

Mengapa Yesus Memanggil Maria "Puan," Bukan "Ibu"?

Perkataan "ibu" tidak disebutkan oleh Yesus, tetapi ditulis oleh rasul Yohanes daripada perspektifnya. Mengapakah Yesus memanggil ibu-Nya sendiri yang telah melahirkan-Nya, "puan"?

Apabila anda merujuk Alkitab, Yesus tidak memanggilnya "ibu."

Contohnya, dalam Yohanes 2:1-11, Yesus melakukan mukjizat pertama iaitu menukar air kepada wain selepas Dia memulakan dakwah-Nya. Mukjizat ini berlaku dalam sebuah perkahwinan di Kana, di Galilea. Yesus dan para pengikut-Nya juga telah dijemput ke majlis perkahwinan ini. Apabila wain habis, Maria memberitahu-Nya, "Mereka sudah kehabisan wain" kerana dia tahu, sebagai Anak Tuhan, Yesus mampu menukarkan air menjadi wain. Kemudian Yesus berkata kepadanya, *"Puan, janganlah suruh Aku. Saat-Ku belum tiba"* (ayat 4).

Yesus menjawab bahawa masa-Nya untuk menunjukkan diri sebagai Penyelamat masih belum tiba walaupun Maria berasa kasihan akan tetamu, kerana wain sudah kehabisan. Menukar air menjadi wain secara rohaninya bermaksud Yesus akan menumpahkan darah pada salib.

Yesus menyatakan bahawa Dia datang ke dunia sebagai Penyelamat kita dengan cara melengkapkan rancangan suci untuk penyelamatan manusia di atas salib. Jadi Yesus memanggil Maria "puan," bukan "ibu."

Tambahan pula, Penyelamat kita Yesus adalah Tuhan Triniti dan Pencipta. Tuhan Pencipta ialah DIA (Keluaran 3:14), dan Dia adalah yang Pertama dan Terakhir (Wahyu 1:17, 2:8). Oleh itu, Yesus tidak mempunyai ibu dan itu sebabnya Yesus memanggilnya "puan," bukan "ibu."

Pada hari ini, ramai anak Tuhan menggelar Maria sebagai "ibu suci" Yesus, malah mengukir patung untuknya dan berdoa di hadapannya. Anda perlu faham bahawa amalan ini adalah sepenuhnya salah dan dia bukannya ibu Penyelamat kita (Keluaran 20:4).

Kewarganegaraan Syurga

Yesus menenangkan Maria yang begitu sedih akibat penyaliban-Nya dan memberitahu pengikut yang disayangi, Yohanes, untuk menjaga Maria seperti ibunya sendiri. Walaupun Yesus mengalami kesakitan yang amat dahsyat di atas salib, Dia masih risau tentang apa yang akan berlaku kepada Maria selepas Dia disalib. Anda dapat lihat kasih-Nya di sini.

Melalui kata-kata ketiga Yesus di atas salib, kita sedar bahawa dalam iman, kita semuanya bersaudara, iaitu keluarga Tuhan. Dalam Matius 12, terdapat satu kisah tentang keluarga Yesus yang datang menemui-Nya. Apabila Yesus diberitahu bahawa ibu dan saudara lelaki-Nya sedang menunggu di luar, dia memberitahu para hadirin:

> *Tetapi Yesus berkata, "Siapakah ibu-Ku? Siapakah saudara-saudara-Ku?" Lalu Dia menunjuk kepada pengikut-pengikut-Nya dan berkata, "Lihat, inilah ibu-Ku dan saudara-saudara-Ku. Sesiapa melakukan kehendak Bapa-Ku yang di syurga, orang itu saudara lelaki, saudara perempuan, dan ibu-Ku"* (Matius 12:48-50).

Apabila iman anda bertambah selepas menerima Yesus Kristus, kewarganegaraan anda di syurga semakin jelas dan anda menyayangi saudara lelaki dan perempuan seagama lebih daripada saudara kandung sendiri. Jika ahli keluarga anda bukan anak-anak Tuhan, keluarga anda tidak akan kekal sebagai "keluarga" selamanya. Hubungan kekeluargaan anda akan berakhir dengan kematian. Jika mereka tidak mempercayai Yesus Kristus atau tidak hidup berpandukan kehendak Tuhan, walaupun mereka menyatakan bahawa mereka percaya kepada Tuhan, mereka akan ke neraka kerana balasan dosa ialah kematian (Matius 7:21).

Darah daging fizikal kita akan kembali menjadi tanah selepas kematian tetapi anda akan mempunyai roh yang abadi. Jika Tuhan mengambil roh anda, anda hanya akan menjadi mayat yang akan cepat reput. Tuhan Pencipta mencipta manusia pertama daripada tanah dan menghembuskan nafas kehidupan ke dalam hidungnya, jadi rohnya kekal abadi. Tuhanlah yang memberikan nyawa kepada roh abadi dan menciptakan daging yang akan kembali menjadi tanah. Oleh itu, Dia ialah Bapa kita yang sebenar.

Matius 23:9 menyatakan *"Janganlah panggil sesiapa pun di dunia ini 'Bapa', kerana kamu hanya mempunyai satu Bapa yang di syurga."* Hal ini tidak bermaksud bahawa kita tidak seharusnya menyayangi ahli keluarga yang bukan Kristian. Anda perlu menyayangi mereka, sebarkan injil kepada mereka dan memimpin mereka untuk menerima Yesus Kristus.

Eloi, Eloi, Lama Sabakhtani?

Yesus disalibkan pada jam ketiga, dan dari jam keenam, kegelapan menyelubungi seluruh dunia sehingga jam kesembilan, apabila Dia menghembuskan nafas yang terakhir.

Untuk menukarkan konsep ini kepada masa moden, Dia disalibkan pada jam sembilan pagi dan tiga jam kemudian, pada waktu tengah hari, kegelapan menyelubungi seluruh dunia sehingga jam tiga petang.

> *Pada tengah hari, selama tiga jam, seluruh negeri itu menjadi gelap. Pada pukul tiga petang, Yesus berseru dengan suara lantang, "Eloi, Eloi, lama sabakhtani?" yang bererti, "Ya Tuhan-Ku, ya Tuhan-Ku, mengapa Engkau meninggalkan Aku?"* (Markus 15:33-34)

Enam jam kemudian, pada pukul tiga petang, Yesus berseru kepada Tuhan, *"Eloi, Eloi, lama sabakhtani?"* Ini merupakan kata-kata Yesus yang keempat di atas salib.

Yesus amat penat, kerana Dia telah digantung di atas salib selama enam jam, menumpahkan darah dan air, di bawah sinar terik matahari di padang pasir. Dia benar-benar keletihan. Lalu, mengapakah Dia berseru?

Setiap kata-kata yang diucapkan oleh Yesus di atas salib mempunyai makna kerohanian. Jika kata-kata ini tidak didengari, ia tidaklah berguna. Tujuh kata-kata ini memang ditujukan untuk ditulis di dalam Alkitab dengan jelas, supaya semua orang memahami kehendak Tuhan.

Oleh itu, Dia menyerukan tujuh kata-kata dari salib dengan sedaya-upaya supaya semua orang yang berdekatan dengan salib dapat mendengar dengan jelas dan menuliskan kata-kata ini.

Ada orang berkata Yesus berseru dengan kebencian kepada Tuhan, kerana Dia terpaksa datang ke dunia dalam bentuk darah daging dan menderitai kesakitan yang amat perit. Namun demikian, hal ini tidak benar.

Mengapa Yesus Berseru, *"Eloi, Eloi, Lama Sabakhtani?"*

Sebab Yesus datang ke dunia adalah untuk memusnahkan kerja Iblis dan membuka pintu penyelamatan untuk kita.

Oleh itu, Yesus menurut kehendak Tuhan sehingga menyebabkan kematian-Nya dan mengorbankan Diri-Nya sendiri. Sebelum penyaliban-Nya, Dia berdoa dengan lebih tekun dan air peluh-Nya menitik seperti darah ke tanah (Lukas 22:42-44). Dia memikul beban-Nya, dengan mengetahui penderitaan yang bakal dialami-Nya di salib.

Dia dilayan dengan teruk dan menderita di atas salib kerana Dia mengetahui rancangan Tuhan untuk manusia. Lalu, bagaimana mungkin Yesus berperasaan benci apabila berhadapan dengan kematian-Nya? Suara nyaring-Nya bukanlah kerana keluhan hiba atau celaan kepada Tuhan. Yesus mempunyai alasan berbuat begitu.

Pertama, Yesus ingin memberitahu dunia bahawa Dia disalib untuk menebus dosa semua orang yang berdosa.

Dia mahu semua orang faham bahawa Dia meninggalkan kemuliaan-Nya di syurga dan tidak dipedulikan oleh Tuhan walaupun Dia merupakan satu-satunya Anak Tuhan. Dia berseru supaya semua orang tahu bahawa Dia menderita kesakitan yang amat sangat di atas salib untuk menyelamatkan dan menebus dosa manusia yang berdosa. Alkitab menunjukkan bahawa Dia sering menggelar Tuhan sebagai "Bapa-Ku," tetapi di atas salib Yesus memanggil-Nya, "Tuhan-Ku." Hal ini kerana Yesus berada di atas salib bagi pihak orang yang berdosa dan orang berdosa tidak boleh memanggil Tuhan sebagai "Bapa."

Pada saat itu, Tuhan menganggap Yesus sebagai orang berdosa yang menanggung beban dosa semua manusia, dan Yesus tidak berani memanggil Tuhan dengan gelaran "Bapa." Sama seperti anda memanggil Tuhan dengan gelaran "Tuhan Bapa" apabila saling mengasihi, tetapi memanggil-Nya "Tuhan" dan bukan "Bapa" apabila anda jauh daripada Tuhan, kerana anda telah berdosa atau mempunyai iman yang lemah.

Tuhan mahu semua manusia untuk menjadi anak-Nya yang sejati dan memanggil-Nya "Bapa" dengan menerima Yesus Kristus dan berjalan dalam cahaya.

Kedua, Yesus mahu memberi amaran kepada orang yang tidak mengetahui kehendak Tuhan dan masih hidup dalam kegelapan.

Tuhan mengutus satu-satunya Anak-Nya ke dunia dan membenarkan-Nya dikeji dan disalib oleh ciptaan-Nya sendiri. Yesus tahu mengapa Tuhan tidak mempedulikan Anak-Nya tetapi orang yang menyalib-Nya tidak mengetahui kehendak Tuhan. Dia berseru "TuhanKu, TuhanKu, mengapakah Kau lupakan Aku?" supaya orang yang tidak memahami sedar akan kasih Tuhan dan bertaubat, supaya mereka dapat kembali ke jalan penyelamatan.

Aku Dahaga

Dalam Perjanjian Lama, banyak nubuat tentang penderitaan Yesus di atas salib. Mazmur 69:22 menyatakan, *"Ketika aku lapar, mereka memberi aku racun sebagai makanan; ketika aku dahaga, mereka memberi aku cuka sebagai minuman."* Seperti yang diramalkan dalam Mazmur, apabila Yesus berkata, "Aku dahaga," mereka menyerapkan air anggur masam dalam bunga karang, mencucukkan bunga karang ke ranting pokok hisop, dan menyuakannya ke mulut Yesus.

> *Yesus tahu bahawa sekarang semuanya sudah selesai, dan supaya apa yang tertulis di dalam Alkitab berlaku, Dia berkata, "Aku dahaga." Di situ ada sebuah mangkuk yang penuh dengan wain murah. Sebuah bunga karang dicelupkan ke dalam wain itu, lalu dicucukkan pada hujung batang hisop, dan kemudian dihulurkan ke mulut Yesus* (Yohanes 19:28-29).

Lama sebelum Yesus Kristus lahir di kota Betlehem, pemazmur melihat visi bahawa Yesus akan disalib dan meninggal dunia di atas salib, dan menulis tentangnya. Yesus berkata, "Aku dahaga" supaya Alkitab akan digenapi.

Mari kita teliti makna rohani kata-kata kelima Yesus di atas palang salib, "Aku dahaga."

Yesus Menyatakan Kedahagaan Rohani-Nya

Ramai orang boleh menahan lapar tetapi tidak dahaga. Yesus amat penat kerana Dia telah dipakukan di atas salib selama enam jam, menumpahkan darah dan air, di bawah terik matahari di padang pasir. Tahap dahaga-Nya tidak dapat digambarkan.

Apabila Yesus berkata, "Aku dahaga", hal ini tidak bermaksud bahawa Dia tidak dapat menahan dahaga -Nya. Dia tahu bahawa Dia akan kembali kepada Tuhan dengan damai tidak lama lagi.

Malah, Dia menanggung kesakitan yang lebih disebabkan dahaga secara rohani berbanding dahaga fizikal. Inilah keinginan Yesus yang amat mendalam terhadap anak-anak Tuhan. "Aku dahaga kerana Aku telah menumpahkan darah-Ku. Legakan dahaga-Ku dengan membayar bagi darah-Ku."

2,000 tahun telah berlalu sejak Yesus meninggal dunia di atas salib, namun Dia masih memberitahu kita bahawa Dia dahaga. Dahaga ini datang daripada darah yang telah ditumpahkan-Nya. Dia menumpahkan darah untuk mengampunkan dosa anda semua dan memberikan anda kehidupan abadi.

Yesus memberitahu anda bahawa Dia dahaga untuk menunjukkan bahawa Dia sanggup menyelamatkan semua roh yang sesat. Oleh itu, anak-anak Tuhan yang diselamatkan oleh darah Yesus perlu membayar ganti rugi darah-Nya.

Cara untuk anda membayar balik darah Yesus dan melegakan dahaga-Nya adalah dengan memimpin orang yang berada di jalan yang tidak diketahuinya menuju neraka ke jalan menuju syurga.

Oleh itu, anda perlu bersyukur kepada Yesus yang

menumpahkan darah-Nya dan melegakan dahaga-Nya dengan memimpin orang lain ke arah jalan penyelamatan.

Sudah Selesai

Dalam Yohanes 19:30, Yesus menerima minuman dan berkata, "Sudah selesai" dan menundukkan kepala-Nya, lalu melepaskan roh-Nya. Yesus menerima span yang dicucuk pada batang pokok hisop. Hal ini bukanlah kerana Dia tidak dapat menahan dahaga-Nya. Terdapat makna kerohanian dalam perbuatan Yesus ini.

Yesus datang ke dunia dalam bentuk darah daging untuk disalib untuk menebus dosa manusia. Dalam kasih-Nya yang besar kepada kita, Yesus memenuhi hukum dalam Perjanjian Lama dan menanggung semua dosa dan kutukan manusia bagi pihak mereka. Semasa zaman perjanjian Lama, orang menawarkan korban darah haiwan kepada Tuhan apabila mereka berdosa. Namun begitu, Yesus membuat satu korban bagi semua dosa sepanjang zaman dengan menumpahkan darah-Nya sendiri (Ibrani 10:11-12). Oleh itu, semua dosa anda akan diampunkan apabila anda menerima Yesus Kristus kerana Dia telah menebus anda. Kasih kurnia penebusan melalui Yesus Kristus merujuk kepada wain baru, dan Dia meminum wain masam untuk memberikan kita wain baru.

Makna Kerohanian Perkataan "Sudah selesai"

Yesus berkata, *"Sudah selesai"* dan melepaskan roh-Nya. Apakah makna rohani hal ini?

Yesus menjadi darah daging, datang ke dunia, menyebarkan ajaran, menyembuhkan semua kelemahan dan penyakit, dan membuka jalan penyelamatan dengan cara disalib bagi semua orang yang telah direncanakan untuk mati.

Dia menyempurnakan hukum Perjanjian Lama dengan kasih apabila Dia mengorbankan Diri-Nya sehingga meninggal dunia. Dia juga menang ke atas Iblis dengan cara memusnahkan kerja Iblis. Dia melengkapkan rancangan suci bagi penyelamatan manusia. Itu sebabnya Yesus berkata, "Sudah selesai" di atas salib.

Tuhan mahu anak-anak-Nya untuk memenuhi semuanya dengan hidup berpandukan kehendak Tuhan, seperti satu-satunya Anak Tuhan memenuhi semua rencana penyelamatan, dengan cara mematuhi perintah Tuhan Bapa sehingga mengorbankan nyawa-Nya. Ini semua menurut kehendak dan perancangan Tuhan.

Oleh itu, anda perlu pertama sekali meniru hati Yesus dengan cara mendapatkan kasih rohani: menghasilkan sembilan buah Roh Kudus (Galatia 5:22-23) dan menerima Ajaran (Matius 5:3-10). Kemudian anda perlu setia dengan kerja yang diberikan kepada anda oleh Tuhan. Anda perlu memimpin seramai orang yang mungkin ke jalan Tuhan dengan berdoa dengan bersungguh-sungguh, menyebarkan injil dan berkhidmat kepada gereja.

Saya berharap agar setiap seorang daripada anda, anak Tuhan, akan melepaskan hal keduniaan dengan iman yang teguh, berharap mendapat syurga dan kasih Tuhan, dan mengakui, "Sudah selesai" dengan mematuhi Tuhan dan kehendak-Nya, seperti yang ditunjukkan oleh Yesus Kristus.

Ya Bapa, Aku Serahkan Diri-Ku Ke Dalam Tangan-Mu

Apabila Dia mengucapkan kata-kata terakhir di atas salib, Yesus sudah begitu penat. Dalam keadaan ini, Yesus berseru dengan suara nyaring: *"Ya Bapa, Aku serahkan diri-Ku ke dalam tangan-Mu!."*

Lalu Yesus berseru dengan suara lantang, "Ya Bapa, Aku serahkan diri-Ku ke dalam tangan-Mu!" Setelah berkata demikian, Dia pun meninggal (Lukas 23:46).

Anda mungkin menyedari bahawa Yesus memanggil Tuhan dengan gelaran "Bapa" dan bukan "Tuhan-Ku." Hal ini menandakan bahawa Yesus telah menyelesaikan misi-Nya sebagai korban penebusan.

Yesus Menyerahkan Roh dan Jiwa Kepada Tuhan

Mengapakah Yesus, yang datang ke dunia sebagai Penyelamat kita, menyerahkan roh dan jiwa-Nya ke tangan Bapa-Nya?

Manusia terdiri daripada roh, jiwa dan tubuh (1 Tesalonika

5:23). Apabila seseorang meninggal dunia, roh dan jiwa akan meninggalkan tubuhnya. Roh dan jiwanya akan kembali kepada sisi Tuhan, jika dia merupakan anak Tuhan. Jika tidak, roh dan jiwanya akan ke neraka (Lukas 16:19-31). Tubuhnya akan dikuburkan dan kembali menjadi tanah.

Yesus Anak Tuhan, menjadi darah daging dan datang ke dunia ini. Dia mempunyai roh, jiwa dan tubuh seperti kita. Semasa Dia disalib, tubuh-Nya mati tetapi tidak roh dan jiwa-Nya; Dia menyerahkan roh dan jiwa-Nya ke tangan Tuhan.

Tuhan menerima roh dan jiwa anda apabila anda meninggal dunia. Jika Tuhan hanya menerima jiwa tetapi tidak roh, anda tidak akan dapat mengalami kegembiraan sebenar di syurga atau bersyukur dari lubuk hati anda. Mengapa? Anda tidak akan ingat perkara yang keluar daripada jiwa anda seperti air mata, kesedihan, penderitaan dan perkara lain yang anda alami di dunia ini. Itu sebabnya Tuhan menerima roh dan jiwa.

Jadi mengapakah Yesus menyerahkan jiwa dan rohNya kepada Tuhan? Ini kerana Tuhan ialah Pencipta, yang memerintah semua perkara dalam dunia dan menjaga kehidupan, kematian, kutukan dan berkat anda. Dalam erti kata lain, semuanya milik Tuhan dan di bawah kekuasaan-Nya. Tuhan sahajalah yang menjawab doa-doa anda. Oleh itu, Yesus sendiri perlu berdoa untuk menyerahkan roh dan jiwa-Nya kepada Tuhan Bapa (Matius 10:29-31).

Yesus Berdoa Dengan Suara yang Kuat

Mengapakah Yesus berdoa dengan suara yang kuat walaupun

Dia berada dalam kesakitan yang amat sangat, berkata, *"Ya Bapa, Aku serahkan diri-Ku ke dalam tangan-Mu!"*? Hal ini kerana Dia mahu orang ramai mendengar dan mengetahui bahawa berseru dengan suara yang kuat adalah kehendak Tuhan. Doanya untuk menyerahkan roh-Nya kepada Tuhan adalah sama sungguh-sungguh seperti doa-Nya di Getsemani sejurus sebelum Dia ditangkap.

Doa Yesus, *"Ya Bapa, Aku serahkan diri-Ku ke dalam tangan-Mu!,"* membuktikan bahawa Yesus telah menurut semua kehendak Tuhan. Hal ini bermaksud Dia kini dapat menyerahkan roh-Nya kepada Tuhan dengan bangga selepas Dia menyelesaikan kerja-Nya dengan penuh kepatuhan kepada Tuhan.

Rasul Paulus mengakui, *"Aku sudah berusaha dengan sebaik-baiknya dalam perlumbaan dan aku sudah sampai di garis akhir. Aku tetap setia kepada Kristus sampai akhir. Sekarang hadiah kemenangan menantikan aku. Pada Hari Kiamat, Tuhan, Hakim yang adil akan menyerahkan hadiah itu kepadaku, kerana aku telah hidup menurut kehendak-Nya. Bukan aku sahaja yang akan menerimanya, tetapi juga semua orang yang menantikan kedatangan-Nya dengan penuh kerinduan* (2 Timotius 4:7-8).

Deacon Stefanus juga hidup berdasarkan kehendak Tuhan dan mengekalkan keimanannya. Itu sebabnya dia berdoa, *"Sementara mereka melempari Stefanus dengan batu, Stefanus berseru kepada Tuhan, "Tuhan Yesus, terimalah diriku!"* (Kisah Para Rasul 7:59). Rasul Paulus dan Stefanus tidak dapat berdoa dengan cara itu sekiranya mereka hidup dengan cara keduniaan, dan mencari keseronokan yang datang daripada sifat berdosa.

Anda juga boleh berkata dengan bangga, "Sudah selesai" dan "Ya Bapa, Aku serahkan diri-Ku ke dalam tangan-Mu!," seperti yang dikatakan oleh Yesus, apabila anda juga hidup berdasarkan kehendak Tuhan Bapa.

Apa Yang Berlaku Selepas Kematian Yesus?

Yesus meninggal dunia di atas salib selepas mengucapkan kata-kata terakhir dengan suara yang kuat. Ia merupakan jam kesembilan (jam tiga petang). Walaupun hari siang, kegelapan meliputi seluruh daerah itu dari jam keenam (tengah hari) sehingga jam kesembilan dan tirai Rumah Tuhan terbelah dua (Lukas 23:44-45).

Kemudian tirai yang tergantung di dalam Rumah Tuhan koyak dari atas sampai ke bawah, sehingga menjadi dua helai. Bumi bergoncang, gunung batu terbelah, kubur terbuka, dan banyak umat Tuhan yang sudah meninggal dihidupkan semula. Mereka meninggalkan kubur, dan setelah Yesus bangkit daripada kematian, mereka masuk ke Yerusalem. Di sana banyak orang nampak mereka (Matius 27:51-53).

Terdapat makna kerohanian yang penting dalam frasa *"tirai yang tergantung di dalam Rumah Tuhan koyak dari atas sampai ke bawah, sehingga menjadi dua helai."* Tirai Rumah

Tuhan yang panjang bertujuan mengasingkan Tempat Suci dan Tempat Paling Suci. Tiada sesiapa yang dibenarkan masuk ke Tempat Suci kecuali imam dan hanya imam agung yang dibenarkan masuk ke Tempat Paling Suci sekali setahun.

Tirai yang terbelah di Rumah Tuhan menandakan bahawa Yesus telah menawarkan diri-Nya sebagai korban untuk meruntuhkan dinding dosa. Sebelum tirai terbelah dua, imam agung memberikan korban dosa bagi pihak manusia dan memberikannya kepada Tuhan.

Anda boleh mempunyai hubungan terus dengan Tuhan kerana dinding dosa telah diruntuhkan melalui kematian Yesus. Hal ini bermaksud, sesiapa sahaja yang mempercayai Yesus Kristus dapat masuk ke tempat suci dan dan menyembah dan berdoa kepada Tuhan tanpa orang tengah iaitu imam agung atau para nabi.

Oleh itu, penulis Ibrani menyatakan, *"Oleh itu, saudara-saudaraku, dengan kematian Yesus kita mempunyai kebebasan penuh untuk masuk ke Bilik Maha Suci. Yesus sudah membuka satu jalan baru bagi kita, jalan yang memberikan kehidupan. Jalan itu melalui tirai, iaitu tubuh Yesus sendiri"* (Ibrani 10:19-20).

Bumi bergegar dan batu terbelah. Semua peristiwa luar biasa ini menyatakan kepada kita bahawa satu dunia ini bergegar. Ini merupakan tanda kesedihan Tuhan yang disebabkan oleh kejahatan manusia. Tuhan menunjukkan bahawa Dia begitu terluka kerana hati manusia terlalu keras untuk menerima Yesus Kristus walaupun Dia telah memberikan satu-satunya Anak-Nya untuk menyelamatkan mereka.

Kubur terbuka dan jasad ramai orang suci yang disemadikan di situ dibangkitkan semula. Hal ini merupakan bukti kebangkitan semula bahawa sesiapa yang mempercayai Yesus Kristus akan diampunkan dan hidup semula.

Oleh itu, saya harap anda faham makna kerohanian dan kasih Yesus dalam tujuh kata-kata terakhirnya di atas salib, supaya anda dapat menjalani kehidupan Kristian yang berkemenangan, dan mempunyai kerinduan kedatangan semula Yesus, seperti nenek moyang iman kita.

Bab 8

Iman Sebenar
dan Kehidupan Abadi

- Satu Misteri Besar!
- Pengakuan Palsu Tidak Membawa
  Kepada Penyelamatan
- Darah dan Daging Anak Manusia
- Pengampunan Hanya Dengan Berjalan
  di dalam Cahaya
- Iman Disertakan Tindakan Adalah
  Iman Sebenar

"Sesiapa yang makan tubuh-Ku dan minum darah-Ku mempunyai hidup sejati dan kekal, lalu Aku akan membangkitkan dia pada Hari Kiamat. Tubuh-Ku ini makanan sebenar dan darah-Ku ini minuman sebenar. Sesiapa yang makan tubuh-Ku dan minum darah-Ku, hidup bersatu dengan Aku dan Aku dengan dia. Bapa yang hidup mengutus Aku; dan Aku hidup, kerana Dia hidup. Begitu juga orang yang makan tubuh-Ku akan hidup kerana Aku."

Yohanes 6:54-57

Matlamat utama mempercayai Yesus Kristus dan menghadiri gereja adalah untuk diselamatkan dan mendapat kehidupan abadi. Namun begitu, ramai orang berpendapat yang mereka akan diselamatkan hanya dengan pergi ke gereja pada hari Ahad dan menyatakan bahawa mereka mempercayai Yesus Kristus, tanpa hidup berpandukan Firman Tuhan.

Seperti yang dinyatakan dalam Galatia 2:16, *"Meskipun demikian kami tahu bahawa orang berbaik semula dengan Tuhan kerana percaya kepada Yesus Kristus, dan bukan kerana mengikut Taurat,"* anda tidak dapat masuk syurga atau dibenarkan hanya dengan mematuhi hukum secara luaran, terutamanya jika hati anda penuh dengan kejahatan. Anda tidak mempunyai hubungan dengan Yesus Kristus, jika anda terus melakukan dosa dan tidak mematuhi Firman Tuhan walaupun setelah mengetahuinya.

Oleh itu, anda perlu sedar bahawa sukar untuk anda diselamatkan hanya dengan mengakui iman dengan lidah sahaja. Darah Yesus Kristus menyucikan anda daripada dosa untuk menyelamatkan anda, hanya apabila anda berjalan dalam cahaya dan hidup dalam kebenaran. Anda harus mempunyai iman yang benar dan diikuti dengan amalan (1 Yohanes 1:5-7).

Mari kita teliti cara mendapatkan keimanan sebenar untuk menerima penyelamatan sepenuhnya dan kehidupan abadi sebagai anak-anak Tuhan yang benar.

Satu Misteri Besar!

Efesus 5:31-32 menyatakan, *"Di dalam Alkitab tertulis 'Itulah sebabnya seorang lelaki akan meninggalkan ibu bapanya untuk bersatu dengan isterinya, dan kedua-duanya akan menjadi satu.' Ayat itu mengandungi erti yang dalam. Menurut pengertianku, ayat itu berkaitan dengan hubungan antara Kristus dan jemaah."*

Memang lazim kita meninggalkan ibu bapa dan hidup bersama suami atau isteri apabila kita dewasa. Jadi, mengapakah Tuhan menyatakan hal ini misteri yang besar? Jika anda mentafsir dan memahami ayat ini secara harfiah, anda tidak akan memahami apakah misteri yang "besar" ini, tetapi anda akan gembira jika dapat memahami makna kerohanian di sebaliknya.

Perkataan "jemaah" di sini bermaksud anak-anak Tuhan yang telah menerima Roh Kudus. Tuhan membandingkan hubungan antara Yesus Kristus dan orang yang percaya dengan hubungan suami dan isteri.

Bagaimanakah anda dapat meninggalkan dunia dan bersatu dengan Pengantin anda Yesus Kristus?

Jika Anda Menerima Yesus Kristus dengan Iman

Sejak manusia pertama, Adam, melakukan dosa dengan mengingkari Tuhan, dosa telah masuk ke dunia ini. Semua keturunannya menjadi hamba dosa dan anak-anak kepada Iblis yang memerintah dunia.

Sebelum ini, anda dimiliki dunia dan Iblis, yang mempunyai kuasa di dunia ini terhadap kegelapan, sebelum anda menerima Yesus Kristus. Hal ini dinyatakan dalam Yohanes 8:44, *"Bapa kamu Iblis dan kamu anak-anaknya. Kamu lebih suka menurut kehendak bapa kamu. Sejak permulaan, Iblis itu pembunuh. Dia tidak pernah memihak kebenaran, kerana tidak ada kebenaran padanya. Apabila Iblis berdusta, hal itu memang sudah sewajarnya, kerana dia pendusta dan asal segala dusta,"* dan daripada 1 Yohanes 3:8, yang menyatakan, *"Sesiapa terus-menerus berbuat dosa, dia anak Iblis, kerana Iblis berdosa sejak permulaan. Justeru untuk hal inilah Anak Tuhan datang bagi memusnahkan pekerjaan Iblis."*

Namun begitu, apabila anda menerima Yesus Kristus sebagai Penyelamat dan masuk ke dalam cahaya, anda menerima kuasa sebagai anak Tuhan dan bebas daripada dosa, kerana dosa anda diampunkan melalui darah Yesus Kristus.

Jika anda memiliki iman bahawa Yesus Kristus telah menebus anda daripada dosa, dengan disalib, Tuhan memberikan Roh Kudus kepada anda sebagai hadiah, dan Roh Kudus melahirkan roh dalam hati anda. Roh Kudus memberitahu dan mengajarkan anda kehendak Tuhan, supaya anda berkelakuan baik dan hidup dalam kebenaran.

Anda kemudiannya menjadi anak Tuhan yang dipimpin oleh Roh Kudus, dan anda berseru, "Abba Bapa" (Roma 8:14-15), dan mewarisi kerajaan syurga.

Bukankah indah dan misteri, anak Iblis yang jatuh ke dalam

kematian kekal kini menjadi anak Tuhan yang dipimpin ke syurga menerusi iman!

Apabila anda bersatu dengan Yesus Kristus dengan mempercayaiNya, Roh Kudus akan masuk ke dalam hati anda dan bersatu dengan benih kehidupan. Tuhan mencipta manusia pertama dari tanah dan menghembuskan nafas kehidupan ke dalam hidungnya. Nafas kehidupan adalah benih kehidupan, iaitu hidup itu sendiri. Jadi, ia tidak akan mati dan diwariskan kepada generasi seterusnya melalui sperma dan ovum manusia, dari satu generasi ke satu generasi.

Benih kehidupan ini dibalut hati. Selepas Tuhan menciptakan Adam, Dia menanamkan pengetahuan tentang kehidupan, pengetahuan tentang roh ke dalam hati Adam. Seperti bayi yang baru lahir perlu belajar tentang hidup ini untuk menjadi manusia yang berbudaya dan berpekerti mulia serta hidup sebagai manusia, manusia memerlukan pengetahuan tentang kehidupan untuk menjadi manusia yang sejati, walaupun dia sendiri merupakan kehidupan.

Adam dahulunya hanya dipenuhi pengetahuan tentang roh, terutamanya tentang kebenaran. Namun begitu, selepas dia mengingkari Tuhan, semua komunikasi dengan Tuhan telah terputus. Dia mula hilang pengetahuan roh sedikit demi sedikit, dan dusta mula mengambil tempat dalam hatinya.

Sejak itu, hati yang dahulunya hanya dipenuhi kebenaran mempunyai dua bahagian: kebenaran dan dusta. Contohnya, Adam mempunyai kasih dalam hatinya, tetapi Iblis menanam dusta yang dinamakan kebencian dalam hatinya. Kesannya, seperti yang dapat diperhatikan dalam Kejadian 4, Kain, yang merupakan anak Adam yang dilahirkan selepas dia melakukan dosa, membunuh saudara lelakinya Habel disebabkan cemburu dan iri hati.

Dengan berlalunya masa, satu bahagian mula terbina dalam hati, yang dipenuhi dengan kebenaran dan dusta. Bahagian ini dinamakan "sifat semula jadi." Anda mewarisi perwatakan dan sifat daripada ibu bapa anda. Anda memasukkan apa yang anda lihat, dengar dan pelajari bersama-sama perasaan ke dalam minda. Kedua-duanya membentuk "sifat semula jadi" dalam mencari kebenaran.

Sifat semula jadi ini sering dinamakan "hati nurani," dan ia terbentuk dengan cara berbeza mengikut jenis orang yang anda jumpa, buku yang anda baca, dan keadaan hidup semasa anda dibesarkan. Contohnya, apabila melihat satu keadaan atau individu yang sama, sesetengah orang berkata, "Ini jahat" manakala orang lain berkata, "Ini baik" atau "Ini dianggap kebaikan."

Oleh itu, apabila meneliti hati seseorang, ada bahagian benar yang dimiliki Tuhan, bahagian dusta yang diberikan oleh Iblis, dan sifat semula jadi seseorang yang terbentuk hasil daripada kedua-dua bahagian ini.

Roh Kudus Bersatu Dengan Benih Kehidupan dalam Hati

Dalam kes Adam, ketiga-tiga bahagian ini membalut benih kehidupan yang telah diberikan oleh Tuhan dalam hatinya. Keadaan ini adalah apabila Firman Tuhan "engkau pasti mati" telah dipenuhi selepas Adam makan daripada pokok pengetahuan tentang kebaikan dan kejahatan. Walaupun ada benih kehidupan, ia sama seperti mati jika ia tidak berfungsi.

Contohnya, apabila anda menanam benih di atas tanah, bukan semua benih akan bertunas kerana ada sesetengahnya yang telah mati. Namun begitu, jika benih itu hidup, ia tentu akan bertunas.

Sama juga kisahnya seperti manusia. Jika benih kehidupan yang diberikan oleh Tuhan telah mati, ia tidak boleh hidup semula, dan Tuhan tidak perlu menyediakan Yesus Kristus untuk menyelamatkan manusia atau mencipta syurga dan neraka.

Namun demikian, benih kehidupan yang diberikan kepada manusia apabila Tuhan menghembuskan nafas kehidupan ke dalam Adam adalah abadi. Apabila anda menerima injil, benih kehidupan dibangkitkan; lebih luas bahagian kebenaran dalam hati anda, lebih mudah anda dapat menerima ajaran. Sesiapa yang mendengar pesanan salib dan menerima Yesus Kristus akan menerima Roh Kudus. Pada masa ini, benih kehidupan dalam hati anda bersatu dengan Roh Kudus.

Sebaliknya, orang yang mempunyai hati nurani yang panas membara tidak mempunyai ruang untuk dimasuki injil kerana hati dusta membaluti dan menyembunyikan sepenuhnya benih kehidupan dalam hati mereka. Benih kehidupan yang telah mati mendapat kuasa untuk menjalankan fungsinya apabila ia bergabung dengan kuasa agung Tuhan, iaitu Roh Kudus.

Untuk Menjadi Manusia Dipenuhi Roh

Apabila anda menghadiri kebaktian penyembahan gereja, memahami Firman Tuhan, dan berdoa, kasih kurnia dan kuasa agung Tuhan akan datang kepada anda dan membolehkan anda menurut sifat semula jadi Roh Kudus.

Melalui proses ini, hati dan roh anda menjadi satu apabila hati anda menjadi bertambah penuh dengan kebenaran dengan membuang dusta daripada hati, dan mengisikannya dengan kebenaran. Jika hati seseorang betul-betul dipenuhi pengetahuan tentang roh dan kebenaran, hati ini menjadi roh sendiri seperti mana manusia pertama, Adam dicipta.

Walaupun anda kelihatan beriman, anda sebenarnya mengikut sifat semula jadi jika anda tidak berdoa. Roh Kudus dalam diri anda tidak dapat melahirkan roh dan anda masih lagi manusia darah dan daging. Anda juga tidak dapat mengikut sifat semula jadi Roh Kudus jika anda tidak membuang fikiran dan hujah diri sendiri, walaupun anda berdoa dengan tekun atau untuk jangka masa yang lama. Oleh itu, anda tidak dapat berubah menjadi manusia yang dipenuhi roh.

Roh Kudus membolehkan anda berfikir menurut kebenaran dalam diri anda. Hal ini bermaksud, anda hidup berdasarkan kehendak Roh Kudus. Iblis juga melakukan kerja yang sama untuk membawa anda ke jalan kemusnahan dengan menggoda anda untuk mengikut fikiran duniawi, selagi anda mempunyai dusta dalam hati anda.

Oleh itu, anda perlu menyingkirkan fikiran duniawi dan sikap menganggap diri betul, seperti yang dinyatakan dalam 2

Korintus 10:5, *"dan mengatasi setiap alasan yang diajukan oleh orang sombong untuk menentang pengetahuan tentang Tuhan. Kami menawan fikiran orang supaya taat kepada Kristus."*

Apabila anda mematuhi Firman Tuhan dengan berkata, "Ya" dan menurut kehendak Roh Kudus, hati anda hanya boleh dipenuhi kebenaran, dan anda akan menjadi manusia yang dipenuhi roh.

Anda Dapat Menerima Apa-apa Sahaja Yang Anda Minta

Anda menjadi satu dengan Tuhan apabila anda membuang semua dusta dan menyingkirkan "sikap diri sentiasa betul" dengan melahirkan roh dengan Roh Kudus, dan menjadikan hati anda sebersih hati Tuhan Yesus Kristus.

Lelaki dan wanita menjadi satu dan melahirkan bayi dengan penyatuan sperma dan ovum. Sama juga, apabila anda keluar ke dunia dan menjadi satu dengan Yesus Kristus, iaitu pengantin anda, dengan menerima-Nya, anda akan melahirkan roh dengan Roh Kudus dan menerima berkat yang melimpah ruah dengan menjadi anak Tuhan.

Seperti yang dinyatakan dalam Roma 12:3, ada ukuran iman, dan anda menerima jawapan berdasarkan ukuran iman anda. Dalam 1 Yohanes 2:12 dan seterusnya, pertumbuhan iman dibandingkan dengan proses pertumbuhan manusia.

Orang yang menerima Yesus Kristus, menerima Roh Kudus, dan diselamatkan mempunyai iman seperti kanak-kanak (1

Yohanes 2:12). Orang yang mengaplikasikan kebenaran kepada tindakan mempunyai iman seperti kanak-kanak (1 Yohanes 2:13). Apabila mereka berkembang daripada peringkat ini dan mengaplikasikan kebenaran kepada tindakan, mereka mempunyai iman anak-anak muda (1 Yohanes 2:13). Jika mereka terus berkembang, mereka akan mempunyai iman seperti para bapa (1 Yohanes 2:13).

Apabila anda membaca tentang Ayub dalam Perjanjian Lama, Tuhan mengenalinya sebagai lelaki yang tidak bersalah dan benar, tetapi apabila Iblis mencabar, Tuhan membenarkan Iblis menguji Ayub. Pada mulanya, Ayub berpendirian bahawa dia orang yang beriman. Namun begitu, dia akhirnya sedar kejahatan yang ada dalam dirinya dan bertaubat di hadapan Tuhan, apabila sifat jahatnya terserlah semasa diuji. Sifat diri sentiasa betul yang ada pada Ayub telah disingkirkan dan hatinya menjadi patuh dan suci di mata Tuhan. Hanya selepas itulah baru Tuhan dapat memberkatinya dua kali ganda berbanding sebelumnya.

Sama juga, jika anda mempunyai tahap iman seperti bapa, iaitu tahap iman tertinggi dengan menyingkirkan sikap diri sentiasa betul dan menjadi satu dengan Tuhan, anda akan menerima berkat yang berlimpah-limpah sebagai anak Tuhan. Inilah yang telah dijanjikan Tuhan kepada anda, dalam 1 Yohanes 3:21-22: *"Oleh itu, sahabat-sahabat yang aku kasihi, jika hati nurani kita tidak menyalahkan kita, kita dapat menghadap Tuhan dengan keberanian. Kita menerima apa yang kita minta daripada-Nya, kerana kita taat kepada perintah-Nya dan kita melakukan apa yang menyenangkan hati-Nya.* "

Anda Dapat Menikmati Berkat Sebagai Anak Tuhan

Dengan cara ini, anda menjadi satu dengan Yesus Kristus sehingga anda menjadi seorang yang rohani. Anda juga menerima berkat bersatu dengan Tuhan apabila anda mencapai tahap kepatuhan kepada Tuhan.

Yesus berjanji kepada anda dalam Yohanes 15:7 iaitu, *"Jika kamu tetap bersatu dengan Aku, dan ajaran-Ku kamu simpan di dalam hati, mintalah apa sahaja yang kamu kehendaki daripada Bapa, dan permintaan kamu itu akan dipenuhi."* Juga, dalam Yohanes 17:21, Dia memberitahu kita *"Ya Bapa, Aku berdoa supaya mereka semua menjadi satu, sebagaimana Engkau bersatu dengan-Ku, dan Aku dengan-Mu. Semoga mereka menjadi satu dengan Kita supaya dunia percaya bahawa Engkau mengutus Aku."*

Jika anda bersatu dengan Yesus dengan keluar daripada dunia yang dikuasai oleh kuasa kegelapan Iblis, anda akan menjadi satu dengan Tuhan Bapa. Berkenaan hal ini, Galatia 4:4-7 menyatakan:

Tetapi pada saat yang tepat, Tuhan mengutus Anak-Nya sendiri ke dunia. Anak-Nya itu dilahirkan oleh seorang wanita dan hidup di bawah Taurat. Dia diutus untuk membebaskan orang yang hidup di bawah Taurat, supaya kita boleh menjadi anak-anak Tuhan. Kerana kamu anak-anak Tuhan, Tuhan menyuruh Roh Anak-Nya masuk ke dalam hati kita. Roh itulah yang menyebabkan kita berseru, "Bapa, ya Bapaku." Dengan demikian kamu bukan lagi abdi, tetapi anak. Kerana kamu anak-Nya, Tuhan mengurniai kamu segala yang telah disediakan untuk anak-anak-Nya.

Seperti cara orang mewarisi harta daripada ibu bapa mereka, anda mewarisi kerajaan Tuhan apabila anda menjadi anak-Nya dengan menerima Yesus Kristus. Iaitu, anak-anak Iblis mewarisi neraka daripada Iblis, dan anak-anak Tuhan mewarisi syurga daripada Tuhan.

Namun begitu, anda perlu ingat bahawa orang yang tidak melahirkan roh daripada Roh Kudus akan ke neraka kerana syurga adalah tempat suci yang hanya dipenuhi kebenaran, dan jika roh anda makmur dan menjadi satu dengan Tuhan, anda akan mendapat kemuliaan dengan hidup lebih dekat dengan Tuhan di syurga.

Oleh itu, saya harap anda akan menerima berkat kehidupan abadi dengan menerima Yesus Kristus sebagai pengantin anda dan menjadi satu dengan Tuhan Yesus dan Tuhan Bapa, dengan cara menyingkirkan semua dusta dan membuang rasa diri sentiasa betul. Dengan cara ini, anda akan memberikan semua kemuliaan kepada Tuhan.

Pengakuan Palsu Tidak Membawa
Kepada Penyelamatan

Yesus Kristus menjadi pengantin anda yang benar, yang memimpin anda ke jalan kehidupan abadi dan berkat apabila anda disatukan dengan-Nya melalui iman. Jika anda mempunyai hati serupa Yesus Kristus, pengantin anda, dan mencapai iman yang sempurna, anda bukan sahaja mewarisi kerajaan syurga tetapi anda juga akan bersinar seperti matahari di sana.

Apabila anda membaca Alkitab dengan teliti, anda akan dapati bahawa sesetengah orang yang mengakui percaya kepada Yesus tidak diselamatkan. Dalam Matius 25, terdapat sebuah perumpamaan tentang 10 orang gadis. Lima orang gadis yang bijaksana yang telah menyediakan minyak telah diselamatkan tetapi lima orang gadis yang tidak bijak tidak dapat diselamatkan.

Tuhan memberitahu kita dengan jelas dalam Alkitab siapa yang dapat diselamatkan dan siapa yang tidak, walaupun setiap seorang daripada mereka mengatakan bahawa mereka beriman. Anda akan tahu jenis kehidupan yang anda perlu jalani supaya dapat diselamatkan.

Matius 7:21 menyatakan dengan jelas, *"Tidak semua orang yang memanggil Aku, 'Ya Tuhan, ya Tuhan,' akan menikmati Pemerintahan Tuhan, tetapi hanya orang yang melakukan kehendak Bapa-Ku yang di syurga."* Jika anda memanggil Yesus 'Tuhan, Tuhan', ini bermaksud anda percaya bahawa Yesus adalah Kristus. Namun demikian, anda tidak dapat diselamatkan dengan hanya memanggil nama Yesus dan menghadiri gereja setiap Ahad.

Orang Jahat Tidak Dapat Diselamatkan

Tuhan memberitahu kita tentang Hari Kiamat dalam Matius 13:40-42:

Sebagaimana lalang dikumpulkan dan dibakar di dalam api, demikian juga halnya pada Hari Kiamat kelak. Anak Manusia akan menyuruh malaikat-malaikat-Nya mengumpulkan semua orang antara umat-Nya yang menyebabkan orang berdosa, dan semua orang lain yang melakukan kejahatan. Mereka semua akan dibuang ke dalam tempat pembakaran yang berapi. Di situ mereka akan menangis dan menderita.

Apabila petani menuai, dia akan mengumpulkan gandum di dalam bangsal, tetapi dia membakar sekam dengan api. Dengan cara yang sama, Tuhan memberitahu kita bahawa orang yang tidak benar di hadapan Tuhan mesti menerima hukuman.

"Semua orang antara umat-Nya yang menyebabkan orang berdosa" merujuk kepada orang yang mengakui percaya kepada Tuhan, tetapi menggoda orang yang beriman dan menyebabkan mereka hilang iman. Jadi, anda tidak akan diselamatkan jika anda menyebabkan orang lain berdosa dan berbuat jahat.

Jadi apakah itu kejahatan? 1 Yohanes 3:4 menyatakan, "*Sesiapa yang berbuat dosa, melanggar hukum Tuhan, kerana dosa itu pelanggaran terhadap hukum Tuhan."*

Sama seperti semua negara mempunyai undang-undang sendiri, kerajaan Tuhan juga mempunyai hukum kerohanian sendiri. Hukum dunia rohani adalah Firman Tuhan yang ditulis dalam Alkitab. Sesiapa yang melanggar Firman Tuhan akan dihukum seperti mana orang yang melanggar undang-undang dihukum. Oleh itu, melanggar Firman Tuhan adalah kejahatan dan dosa.

Hukum Tuhan boleh dibahagikan kepada empat kategori. "Buat," "Jangan Buat," "Kekalkan," dan "Singkirkan." Memandangkan Tuhan ialah cahaya, Dia menyuruh anak-anak-Nya melakukan perkara yang betul, jangan melakukan perkara yang salah, mengekalkan tanggungjawab sebagai anak Tuhan, dan menyingkirkan perkara yang dibenci Tuhan kerana Dia mahu anak-anak-Nya untuk hidup dalam cahaya.

Dalam Ulangan 10:12-13 Tuhan menggesa kita, *"Hormatilah TUHAN dan laksanakanlah segala perintah-Nya. Kasihilah Dia dan mengabdilah kepada-Nya dengan segenap hati; patuhilah segala hukum-Nya."* Pada satu pihak, anda akan menerima berkat jika anda melaksanakan Firman Tuhan. Pada satu pihak lagi, anda akan menerima kematian abadi disebabkan kejahatan dan dosa jika anda tidak hidup berpandukan Firman Tuhan.

Galatia 5:19-21 menyatakan tentang kerja tubuh yang berdosa:

Keinginan tabiat manusia nyata dalam semua

perbuatan cabul, lucah, dan tidak senonoh; dalam
penyembahan berhala dan penggunaan ilmu sihir.
Orang bermusuhan dan berkelahi; mereka cemburu,
lekas marah, dan mementingkan diri sendiri. Mereka
berpecah dan berpihak-pihak, mereka iri hati, suka
mabuk, berpesta liar, dan sebagainya. Aku
memperingatkan kamu sekarang sebagaimana aku telah
memperingatkan kamu dahulu: Orang yang melakukan
perbuatan-perbuatan itu tidak akan menikmati
Pemerintahan Tuhan.

"Perbuatan cabul," merujuk kepada semua jenis kekotoran seksual dan tidak menjaga kehormatan diri, termasuklah mengadakan hubungan seksual sebelum berkahwin. "Lucah" di sini bermakna tindakan tidak betul yang melampaui batasan akal budi akibat sifat semula jadi berdosa.

"Tidak senonoh" adalah apabila anda selalu menurut sifat cabul dan berdosa dan hidup dengan kata-kata dan perbuatan sumbang. "Penyembahan berhala" adalah pemujaan objek yang diperbuat daripada emas, perak, tembaga, atau apa-apa juga bahan lain, atau apabila anda mengasihi sesuatu yang lain melebihi kasih kepada Tuhan.

"Penggunaan ilmu sihir" adalah memujuk seseorang dengan penipuan. "Bermusuhan" adalah keinginan untuk memusnahkan orang lain melalui perseteruan, iaitu bertentangan dengan kasih. "Berkelahi;" merujuk kepada tindakan berusaha keras mendapatkan manfaat diri dan kuasa. "Cemburu" adalah kebencian terhadap orang lain kerana anda fikir dia lebih baik daripada anda. "Lekas marah" bukan sahaja bermaksud marah, tetapi menyebabkan kerosakan kepada orang lain disebabkan kemarahan yang melampau.

"Mementingkan diri sendiri" merujuk kepada mencipta kumpulan atau cawangan berasingan dan mengikut kerja Iblis kerana anda tidak bersetuju dengan orang lain. "Berpihak-pihak" adalah membuat satu pihak dan memisahkan dengan mengikut fikiran sendiri, bukannya fikiran Roh Kudus. "Berpecah" merujuk kepada menolak Tuhan Triniti dan Yesus yang datang dalam bentuk darah daging, menumpahkan darah-Nya untuk menyelamatkan manusia dan menjadi Kristus.

"Iri hati" adalah merosakkan atau melakukan tindakan berbahaya terhadap seseorang disebabkan iri hati. "Suka mabuk" adalah tindakan meminum alkohol, dan "berpesta liar" bermakna bukan sahaja mabuk, tetapi kehidupan suka menurut nafsu dan kurang kawalan, serta gagal melaksanakan tanggungjawab sebagai suami, isteri atau ibu bapa.

Sebagai tambahan, "dan sebagainya" bermakna ada banyak lagi tindakan berdosa yang serupa dengannya, dan sesiapa yang melakukannya tidak akan diselamatkan.

Dosa yang Membawa kepada Kematian dan Dosa yang Tidak Membawa kepada Kematian

Dalam dunia ini, "dosa" dianggap "dosa" apabila kesan dosa itu jelas dan kerosakan fizikal terhadap orang lain disokong oleh bukti yang kukuh. Namun begitu, Tuhan, iaitu Cahaya, memberitahu kita bahawa bukan hanya tindakan berdosa, malah semua kegelapan yang bertentangan dengan cahaya juga merupakan dosa.

Walaupun ia tidak kelihatan atau disaksikan, semua keinginan berdosa dalam hati anda seperti kebencian, iri hati, nafsu, menghakimi orang lain, mengutuk, tiada belas ihsan dan minda yang tidak jujur adalah perkara jahat dan berdosa juga.

Itu sebabnya Tuhan memberitahu kita, *"Tetapi sekarang Aku berkata kepada kamu: Sesiapa memandang seorang wanita dengan perasaan berahi, orang itu sudah berzina dengan dia di dalam hati"* (Matius 5:28), dan *"Sesiapa membenci saudaranya, dia pembunuh."* (1 Yohanes 3:15). Roma 14:23 menyatakan, *"Dan segala sesuatu yang tidak berdasarkan iman, adalah dosa,"* dan Yakobus 4:17 menyatakan, *"Oleh itu, seseorang yang tidak melakukan apa yang baik dan yang harus dilakukan, orang itu berdosa."* Oleh itu, anda perlu sedar bahawa adalah berdosa dan tidak mematuhi hukum jika tidak melakukan kehendak dan perintah Tuhan.

Namun demikian, adakah semua orang akan mati jika mereka melakukan dosa-dosa ini? Anda perlu sedar bahawa orang yang berdosa dan cuba menjadi manusia yang benar adalah hidup dalam iman. Walaupun masih belum menyingkirkan semua dusta dalam hati mereka disebabkan iman yang lemah, mereka tidak akan dikecualikan daripada penyelamatan disebabkan dosa ini.

1 Yohanes 5:16-17 menyatakan, *"Jika kamu melihat seorang saudara seiman melakukan dosa yang tidak mengakibatkan orang itu kehilangan hidup sejati dan kekal, hendaklah kamu berdoa kepada Tuhan supaya memberi dia*

hidup itu. Hal ini berkenaan dengan orang yang dosa mereka tidak mengakibatkan mereka kehilangan hidup itu. Tetapi ada dosa yang mengakibatkan orang kehilangan hidup itu. Aku tidak berkata bahawa kamu harus berdoa kepada Tuhan tentang hal itu. Semua perbuatan salah itu dosa, tetapi ada dosa yang tidak mengakibatkan orang kehilangan hidup sejati dan kekal."

Dosa dibahagikan kepada dua kategori: dosa yang mendatangkan maut dan dosa yang tidak mendatangkan maut. Orang yang melakukan dosa yang tidak mendatangkan maut dapat diselamatkan jika anda memberi sokongan kepada mereka, berdoa untuk mereka, dan membantu mereka bertaubat. Namun begitu, jika seseorang melakukan dosa yang mendatangkan maut, dia tidak boleh diselamatkan walaupun anda berdoa untuk mereka.

Orang yang dianggap jujur kadang kala menipu untuk kepentingan diri, atau melakukan banyak perkara penipuan, walaupun hal ini tidak mendatangkan bahaya kepada orang lain. Anda mengakui anda berdosa apabila menyedari kebenaran, walaupun anda fikir anda hidup di jalan yang benar sebelum percaya kepada Tuhan. Tuhan menunjukkan kepada anda bukan sahaja dosa yang nampak, malah fikiran jahat dalam hati, yang juga merupakan dosa.

Semua kejahatan adalah dosa, dan balasan dosa adalah maut. Namun begitu, Yesus Kristus telah mengampunkan semua dosa anda yang lepas, kini dan pada masa hadapan dengan menumpahkan darah-Nya di atas salib. Ada dosa yang dapat diampunkan dengan kuasa darah Yesus apabila anda bertaubat dan berhenti berbuat dosa. Hal ini adalah dosa yang tidak mendatangkan maut.

Jika anda tidak bertaubat dan terus berdosa, hati nurani anda akan menjadi keras. Akhirnya, anda tidak akan menerima roh pertaubatan jika anda melakukan dosa yang membawa maut. Oleh itu, dosa anda tidak dapat diampunkan walaupun anda cuba bertaubat.

Mari kita lihat tiga jenis dosa yang membawa kepada maut: kekufuran terhadap Roh Kudus, berulang kali memalukan Anak Tuhan secara terbuka berulang kali, dan sengaja mengulangi perbuatan dosa secara rela.

Kekufuran terhadap Roh Kudus

Terdapat tiga perkara berkaitan kekufuran terhadap Roh Kudus. Anda kufur terhadap Roh apabila anda bercakap menentang Roh Kudus, apabila anda menentang kerja Roh Kudus, dan apabila anda mengaibkan Roh Kudus.

Oleh itu ketahuilah, orang yang berbuat dosa attaupun mengatakan kata-kata kufur, akan diampuni. Tetapi sesiapa mengkufuri Roh Tuhan, tidak akan diampuni! Sesiapa yang dengan kata-katanya menentang Anak Manusia dapat diampuni, tetapi sesiapa yang menghina Roh Tuhan tidak dapat diampuni, baik sekarang mahupun di akhirat (Matius 12:31-32).

Sesiapa yang menentang Anak Manusia dengan kata-katanya, dapat diampuni; tetapi sesiapa yang mengkufuri Roh Tuhan tidak dapat diampuni (Lukas 12:10).

Pertama, "bercakap menentang orang lain" adalah memfitnah dan menghalang kerja mereka. **"Menentang Roh Kudus"** adalah cuba menghalang pencapaian kerajaan Tuhan dengan mengganggu kerja Roh Kudus berdasarkan kehendak dan pemikiran seseorang. Contohnya, kata-kata anda menentang Roh Kudus apabila anda menentang kerja Tuhan kerana ia tidak selari dengan pemikiran anda, walaupun ia adalah kerja Roh Kudus.

Jika anda menuduh hamba Tuhan sebagai pembidaah walaupun dia sebenarnya bukan, dan mengganggu kerja Roh Kudus, hal ini merupakan dosa yang berat di mata Tuhan dan tidak dapat diampunkan. Oleh itu, anda mesti tahu membezakan roh menurut kebenaran.

Anda semestinya perlu memberi amaran keras kepada orang lain dan melarang kelakuan mereka jika mereka membuatkan orang lain menerima roh jahat, atau mereka benar-benar pembidaah di mata Tuhan. Titus 3:10 menyatakan, *"Berikanlah amaran kepada orang yang menyebabkan perpecahan dalam jemaah. Nasihatilah orang itu sekurang-kurangnya dua kali, setelah itu jauhilah dia."*

Pada hari ini, banyak pihak suka menuduh sesetengah gereja sebagai bidaah malah menghukum mereka dengan banyak cara, gereja yang mengakui Tuhan Triniti dan disertakan dengan kerja

Roh Kudus, kerana mereka tidak dapat membezakan antara roh baik dan jahat. Walaupun mereka mengakui percaya kepada Tuhan, mereka tidak mempunyai pengetahuan yang cukup tentang bidaah daripada Alkitab. Kadang kala, mereka tidak tahu pun makna bidaah.

Dalam hal menghukum orang lain disebabkan kurangnya pengetahuan, jika orang ini bertaubat dan berhenti melakukannya, mereka dapat diampunkan. Namun begitu, jika mereka mengganggu kerja Tuhan dengan niat jahat dan iri hati walaupun mereka tahu ini adalah kerja Roh Kudus, mereka tidak mungkin dapat diampunkan.

Anda dapat lihat contoh dalam Alkitab. Dalam Markus 3, apabila Yesus melakukan mukjizat dan tanda, orang yang iri hati kepada-Nya menyebarkan khabar angin bahawa Dia gila. Khabar angin ini tersebar dengan meluas sehinggakan ahli keluarga yang tinggal jauh datang untuk membawa-Nya keluar daripada khalayak ini.

Guru-guru hukum dan orang Farisi mengkritik Yesus dengan berkata, "'Dia dirasuk oleh Beelzebul!,' dan: 'Dia diberikan kuasa oleh ketua roh jahat untuk mengusir roh jahat'" (Markus 3:22). Mereka mempunyai pengetahuan penuh tentang Firman Tuhan. Mereka tahu hukum Taurat dan mengajarkannya kepada orang lain namun mereka masih menentang kerja Tuhan disebabkan cemburu dan iri hati dengan Yesus.

Kedua, "menentang kerja Roh Kudus" adalah menentang suara Roh Kudus yang telah diberikan Tuhan, atau menghakimi dan mengutuk kerja Roh Kudus dan cuba mengapa-apakan orang lain.

Contohnya, adalah berkata-kata menentang Roh Kudus jika seseorang menyebarkan khabar angin atau memalsukan dokumen, atau mengecam pastor atau gereja sebagai "bidaah" di mana kerja Roh Kudus diperlihatkan, untuk mengganggu pertemuan atau perhimpunan kebangkitan.

Jadi, apakah maksud "Sesiapa yang menentang Anak Manusia dengan kata-katanya, dapat diampuni"? "Anak Manusia" dalam ayat ini merujuk kepada Yesus yang datang dalam bentuk manusia sebelum disalib.

Bercakap menentang Anak Manusia bermaksud tidak mematuhi Yesus, mengenali dan mengakui-Nya hanya sebagai manusia kerana Dia datang dalam bentuk darah daging. Ketidakupayaan mengenali Yesus sebagai Penyelamat berpunca daripada tidak mempunyai pengetahuan. Dalam hal ini, anda akan diampunkan dan dapat diselamatkan hanya jika anda benar-benar bertaubat dan menerima Yesus.

Oleh itu, jika anda melakukan dosa jenis ini tanpa mengetahui kebenaran atau sebelum anda menerima Roh Kudus, Tuhan memberikan anda peluang untuk bertaubat dan diampunkan berkali-kali.

Namun begitu, jika anda tidak mematuhi dan menentang Yesus apabila telah mengetahui siapakah Yesus Kristus, anda perlu sedar bahawa anda tidak akan diampunkan kerana ia sama seperti menentang Roh Kudus dan berkata-kata menentang kerja Roh Kudus.

Ketiga, kekufuran juga bermaksud menghina perkara yang

suci, alim dan sempurna. Kekufuran terhadap Roh Kudus juga bermakna **menghina Roh Kudus,** iaitu Roh Tuhan, dan kesucian Tuhan. Adalah berdosa menghina kuasa abadi dan kesucian Tuhan jika anda memfitnah kerja Roh Kudus, dengan menyatakan bahawa ia kerja Iblis, atau jika anda berkeras bahawa sesuatu itu adalah kerja Roh Kudus walaupun ia bukan. Juga, menyebarkan kebenaran sebagai dusta, menyatakan perkara dusta sebagai benar dan mengecam kebenaran seolah-olah ia salah adalah "kekufuran terhadap Roh Kudus."

Pada zaman dahulu, jika seseorang ditangkap atas kata-kata atau tindakan kufur terhadap raja, ia dianggap pengkhianatan dan dia akan dihukum mati.

Jika anda kufur terhadap kesucian Tuhan, yang Maha Agung dan tidak dapat dibandingkan dengan mana-mana raja di dunia ini, anda tidak akan diampunkan.

Sekalipun Yesus, yang sifat-Nya ialah Tuhan dan datang ke dunia sebagai darah daging, tidak mengecam sesiapa. Jika anda masih mengecam saudara dan saudari seiman, dan juga menghina kerja yang dilakukan oleh Roh kudus, besar sekali dosa yang telah dilakukan! Jika anda mengagumi dan takut akan Tuhan, anda tidak akan menentang, berkata-kata menentang atau menghina Roh Kudus.

Jadi anda perlu sedar bahawa dosa-dosa ini tidak dapat diampunkan sama ada sekarang atau pada masa akan datang dan anda tidak sepatutnya melakukan dosa ini. Walaupun anda pernah melakukan dosa ini sebelum ini, anda perlu mencari kasih kurnia Tuhan dan bertaubat dengan sepenuh hati.

Penghinaan terbuka terhadap Anak Tuhan

Anda akan menuju maut jika anda menyalib Anak Tuhan sekali lagi dan menghina-Nya secara terbuka, seperti yang diterangkan dalam Ibrani 6.

Hal itu demikian, kerana orang yang tidak mahu percaya kepada Kristus lagi, tidak dapat dipimpin kembali supaya bertaubat. Mereka pernah berada dalam terang Tuhan; mereka pernah menikmati pemberian Tuhan, dan menerima Roh Tuhan yang menjadi bahagian mereka. Melalui pengalaman, mereka tahu bahawa firman Tuhan baik, dan mereka telah merasai kuasa daripada kurnia Tuhan pada zaman yang akan datang. Tetapi sesudah mereka itu mereka tidak mahu percaya kepada Kristus lagi! Tidak mungkin mereka dipimpin kembali supaya bertaubat, kerana mereka menyalibkan Anak Tuhan lagi dan mempermalukan Dia di hadapan umum (Ibrani 6:4-6).

Sesetengah orang meninggalkan gereja dan Tuhan disebabkan godaan dunia dan menghina Tuhan walaupun mereka telah menerima Roh Kudus, mengetahui wujudnya syurga dan neraka, dan percaya Firman kebenaran. Mereka melakukan dosa dengan menyalib Anak Tuhan sekali lagi dan menghina-Nya secara terbuka. Orang seperti ini bukan hanya melakukan banyak dosa yang dikawal oleh Iblis, tetapi juga menidakkan Tuhan dan menghukum serta memalukan gereja dan orang Kristian.

Mereka telah menyerahkan hati nurani kepada Iblis, jadi hati mereka dipenuhi kegelapan.

Oleh itu, mereka langsung tidak akan mahu bertaubat dan roh pertaubatan tidak akan datang kepada mereka. Mereka tidak akan ada peluang untuk bertaubat, dan oleh itu mereka tidak akan diampunkan.

Yudas Iskariot melakukan dosa ini. Dia merupakan salah seorang daripada 12 pengikut Yesus. Dia menyaksikan banyak tanda dan mukjizat, namun dia menjadi tamak dan menjual Yesus dengan harga 30 keping wang perak. Akhirnya, hati nuraninya kembali dan dia dipenuhi penyesalan, namun roh pertaubatan tidak datang kepada Yudas. Dosanya tidak dapat diampunkan, dan dia akhirnya membunuh diri kerana sangat terseksa dengan perasaan bersalah (Matius 27:3-5).

Terus melakukan dosa secara sengaja

Dosa terakhir yang membawa maut adalah terus melakukan dosa secara sengaja selepas mendapat pengetahuan tentang kebenaran.

Tidak ada lagi korban yang dapat menghapuskan dosa, jika kita dengan sengaja terus berdosa, setelah ajaran benar tentang Berita Baik sudah disampaikan kepada kita. Satu-satunya yang masih tinggal bagi kita adalah dengan takut menantikan pengadilan Tuhan dan api dahsyat yang akan membinasakan orang melawan

Tuhan (Ibrani 10:26-27).

Untuk "terus melakukan dosa secara rela selepas menerima pengetahuan tentang kebenaran" bermaksud mengulangi perkara berdosa yang tidak diampunkan oleh Tuhan. Ia juga bermaksud terus berdosa, dengan mengetahui bahawa ia dosa seperti *"Apa yang berlaku kepada mereka membuktikan bahawa peribahasa ini benar, 'Anjing akan makan semula apa yang sudah dimuntahkannya,' dan 'Babi yang sudah dimandikan, akan bergulingan semula di lumpur"* (2 Petrus 2:22).

Dari satu segi, apabila Daud yang begitu mengasihi Tuhan, melakukan zina, ia melahirkan banyak dosa lain dan menyebabkan dia membunuh salah seorang askarnya yang paling setia. Namun begitu, apabila nabi Yonatan mengingatkannya tentang dosanya, Raja Daud bertaubat dengan serta-merta.

Dari satu segi pula, Raja Saul terus menerus melakukan dosa walaupun selepas nabi Samuel telah menunjukkan dosanya. Daud bertaubat dan menerima berkat Tuhan, sementara Saul dilupakan kerana dia tidak bertaubat dan terus melakukan dosa.

Sebagai tambahan, Balaam merupakan nabi yang mempunyai kuasa berkat dan kutukan. Namun begitu, dia berkompromi dengan dunia ini untuk mendapatkan kemewahan dan kemasyhuran, dan hidupnya berakhir cara menyedihkan.

Dari satu segi, Roh Kudus yang berada dalam hati orang yang melakukan dosa secara sengaja akan pudar kerana telah telah memalingkan muka-Nya daripada mereka. Mereka kemudiannya hilang iman dan mula melakukan perbuatan jahat dan salah dan dikawal oleh Iblis. Akhirnya, Roh Kudus dalam diri mereka akan hilang, dan mereka tidak akan diselamatkan kerana mereka tidak boleh bertaubat dan nama mereka akan dipadamkan daripada Buku Kehidupan (Wahyu 3:5).

Dari satu segi lain, ada orang yang terus melakukan dosa kerana mereka mengenali Tuhan hanya dengan pengetahuan tetapi tidak percaya kepada-Nya dengan hati mereka. Dosa mereka dapat diampunkan dan mereka boleh dibawa ke jalan penyelamatan apabila mereka bertaubat sepenuhnya dan dengan seikhlas hati, serta mempunyai iman yang benar.

Oleh itu, anda perlu tahu bahawa anda tidak akan diselamatkan apabila anda melakukan dosa secara sengaja dan menjalankan kerja sifat berdosa walaupun anda mungkin telah tahu, percaya bahawa wujud syurga dan neraka, dan merasai kasih kurnia Tuhan yang berlimpah-limpah.

Saya harap anda akan memahami sepenuhnya bahawa semua dosa adalah tidak menurut hukum dan merupakan kegelapan, dan Tuhan membenci dosa, walaupun sesetengahnya tidak membawa kepada kematian. Jadilah orang Kristian yang bijak yang tidak membenarkan atau melakukan apa-apa jenis dosa.

Daging dan Darah Anak Manusia

Untuk mendapatkan hidup yang sihat, kita perlu mengambil makanan dan minuman yang sesuai. Dalam cara yang sama juga, untuk mendapatkan roh yang sihat dan kehidupan abadi, anda perlu makan daging dan minum darah Anak Manusia.

Kini, anda akan akan mempelajari daging dan darah Anak Manusia, dan mengapa anda mesti memakan daging-Nya dan meminum darah-Nya untuk mendapatkan kehidupan abadi, berdasarkan ayat berikut daripada Yohanes 6:53-55:

> *Yesus berkata kepada mereka, "Apa yang Aku katakan ini benar: Jika kamu tidak makan tubuh Anak Manusia dan minum darah-Nya, kamu tidak akan benar-benar hidup. Sesiapa yang makan tubuh-Ku dan minum darah-Ku mempunyai hidup sejati dan kekal, lalu Aku akan membangkitkan dia pada Hari Kiamat. Tubuh-ku ini makanan sebenar dan darah-Ku ini minuman sebenar."*

Apakah Daging Anak Manusia?

Yesus memberitahu kita dalam Alkitab tentang rahsia syurga dan kehendak Tuhan melalui banyak perumpamaan. Bagi manusia yang hidup dalam dunia tiga dimensi ini, susah untuk memahami dan menyedari kehendak Tuhan, yang hidup dalam dunia empat dimensi dan di atas. Oleh itu, Yesus membandingkan perkara syurgawi dengan benda bukan hidup, tumbuhan, haiwan dan hidupan lain di dunia ini untuk membantu kita lebih memahami kehendak suci.

Itu sebabnya Yesus satu-satunya Anak Tuhan dibandingkan dengan batu dan bintang, yang tiada dimensi, pokok anggur satu dimensi, domba dua dimensi, dan Anak Tuhan yang mempunyai tiga dimensi.

Yesus dinamakan Anak Tuhan, jadi daging Anak Manusia ialah daging Yesus.

Yohanes 1:1 menyatakan, *"Sebelum dunia ini diciptakan, Firman sudah ada. Firman itu bersama-sama Tuhan, dan Firman itu sama dengan Tuhan."* Yohanes 1:14 juga menyebutkan, *"Firman itu sudah menjadi manusia dan tinggal antara kita. Kita nampak kemuliaan-Nya, kemuliaan yang diterima-Nya sebagai anak tunggal Bapa. Melalui Dia, kasih Tuhan dan Tuhan sendiri ditunjukkan kepada kita."*

Yesuslah yang datang ke dunia dalam bentuk manusia sebagai Firman Tuhan. Oleh itu, daging Anak Manusia ialah Firman Tuhan, yang merupakan kebenaran itu sendiri, dan memakan daging Anak Manusia adalah mempelajari Firman Tuhan dalam Alkitab.

Cara Memakan Daging Anak Manusia

Dalam Keluaran 12:5 dan ayat seterusnya, Yesus digambarkan sebagai "Domba":

> *Kamu boleh memilih seekor domba ataupun seekor kambing, tetapi binatang itu mesti jantan yang berumur satu tahun, dan yang tidak ada cacat. Kamu harus menjaga binatang itu sehingga hari keempat belas bulan itu. Pada sebelah petang hari itu, segenap umat Israel akan menyembelih binatang-binatang itu. Mereka*

mesti mengambil sedikit darah binatang itu dan menyapukannya pada kedua-dua batang tiang pintu dan pada ambang pintu rumah, tempat mereka memakan binatang itu.

Secara umumnya, ramai orang Kristian percaya bahawa domba merujuk kepada orang Kristian baharu, tetapi apabila anda mengkaji Alkitab dengan teliti, domba merupakan simbol untuk Yesus.

Yohanes Pembaptis, melihat Yesus datang ke arahnya, berkata dalam Yohanes 1:29, *"Lihatlah Anak Domba Tuhan, yang menghapus dosa dunia!"* 1 Petrus 1:19 merujuk Yesus sebagai *"domba yang tidak bercacat cela."* Selain contoh ini, banyak lagi ayat yang membandingkan Yesus dengan domba.

Mengapakah Alkitab membandingkan Yesus dengan domba? Domba merupakan ternakan yang paling lembut dan patuh. Ia kenal akan suara penggembala dan mematuhinya. Tiada sesiapa yang dapat memperbodohkan domba walaupun jika mereka cuba meniru suara penggembala. Ia memberikan bulu yang putih dan lembut, susu, daging dan semua bahagian tubuhnya kepada manusia.

Sama seperti domba mengorbankan semuanya untuk manusia, Yesus mematuhi kehendak Tuhan dengan sempurna dan mengorbankan segala-galanya untuk kita.

Yesus datang ke dunia ini dalam bentuk daging walaupun Dia sebenarnya Tuhan, menyebarkan injil syurga, menyembuhkan banyak penyakit dan kecacatan, dan telah disalib. Yesus menyerahkan segala-galanya untuk menebus anda daripada dosa.

Yesus dibandingkan dengan domba kerana sifat dan tindakan-Nya menyerupai domba yang jinak, dan memakan domba adalah simbol memakan daging Yesus, iaitu daging Anak Manusia.

Bagaimanakah caranya memakan daging Anak Manusia? Mari kita lihat Keluaran 12:9-10 yang memberikan arahan berikut:

> *Janganlah kamu memakannya mentah atau direbus dalam air; hanya dipanggang di api, lengkap dengan kepalanya dan betisnya dan isi perutnya. Janganlah kamu tinggalkan apa-apa dari daging itu sampai pagi; apa yang tinggal sampai pagi kamu bakarlah habis dengan api (Alkitab, Lembaga Alkitab Indonesia).*

Pertama, anda tidak boleh makan Firman Tuhan secara mentah

Apakah maksudnya makan daging Anak Manusia secara "mentah"?

Secara umumnya, daging mentah tidak bagus untuk dimakan. Jika anda makan daging mentah, anda mungkin akan dijangkiti virus atau bakteria dan jatuh sakit. Dalam cara yang sama juga, Tuhan mengingatkan anda supaya tidak makan Firman Tuhan secara mentah kerana ia berbahaya.

Firman Tuhan ditulis dengan inspirasi daripada Roh Kudus, jadi anda perlu membacanya dan menjadikannya makanan dengan inspirasi Roh Kudus.

Apa akan jadi jika anda mentafsir Firman Tuhan secara harfiah? Anda mungkin akan salah faham tentang niat Tuhan, Oleh itu, memakan "Firman Tuhan secara mentah" bermaksud mentafsir Alkitab secara harfiah.

Seperti yang dinyatakan dalam Yohanes 1:1, *"Firman itu adalah Tuhan,"* (*Alkitab,* Lembaga Alkitab Indonesia). Alkitab mengandungi hati dan kehendak Tuhan dan segala-galanya berlaku berdasarkan Firman.

Firman Tuhan menerangkan cara kita dapat masuk ke syurga. Anda perlu benar-benar memahami Firman Tuhan untuk mendapat kehidupan abadi. Secara songsang, manusia fizikal tidak dapat melihat atau memahami dunia kerohanian.

Ia seperti cengkerik yang tidak menyedari adanya langit kerana ia berada di atas tanah. Seperti ayam yang tidak menyedari adanya dunia luar apabila ia berada di dalam telur. Seperti bayi yang tidak mengetahui apa-apa tentang dunia semasa ia masih berada di dalam rahim ibunya.

Sama juga, selagi anda berada dalam dunia fizikal, anda tidak akan mengetahui apa-apa tentang dunia rohani.

Tuhan memberitahu kita bahawa ada satu dunia lain yang menjangkaui dunia tiga dimensi ini. Seperti anak ayam yang akan memecahkan cangkerang, anda juga perlu memecahkan fikiran fizikal untuk memahami dan memasuki dunia rohani.

Sebagai contoh, Matius 6:6 menyatakan, *"Tetapi apabila kamu berdoa, masuklah ke bilik dan tutuplah pintu, lalu berdoalah kepada Bapa kamu yang tidak kelihatan itu. Bapa kamu yang mengetahui apa yang kamu lakukan secara tersembunyi itu, akan memberikan pahala kepada kamu."* Jika anda mentafsirkan ayat ini secara harfiah, anda akan sentiasa berdoa di dalam bilik sahaja. Namun demikian, anda tidak akan dapat mencari orang beriman sebelum ini yang berdoa di dalam bilik secara rahsia.

Yesus tidak berdoa di dalam bilik-Nya tetapi di atas gunung pada waktu malam (Lukas 6:12), dan di tempat sunyi pada awal pagi (Markus 1:35).

Sebagai tambahan, Daniel berdoa tiga kali sehari dengan tingkap yang terbuka menghadap Yerusalem (Daniel 6:10) dan rasul Petrus berdoa di atas bumbung (Kisah Para Rasul 10:9).

Jadi, apa yang dimaksudkan apabila Yesus berkata, *"masuklah ke bilik dan tutuplah pintu, lalu berdoalah kepada Bapa kamu yang tidak kelihatan itu"?*

Di sini, "bilik" secara rohaninya adalah simbol hati seseorang manusia. Jadi masuk ke bilik yang dalam bermakna melepasi fikiran dan masuk jauh ke lubuk hati, seperti anda melepasi ruang tamu atau bilik tidur untuk pergi ke bilik yang lebih dalam. Hanya dengan cara itulah anda dapat berdoa dengan sepenuh hati.

Apabila anda masuk ke bilik yang dalam, anda terasing daripada dunia luar. Begitu juga, semasa anda berdoa, anda perlu menghalang semua fikiran yang tidak perlu, kerisauan dan kebimbangan, dan berdoa dengan sepenuh hati.

Oleh itu, anda tidak boleh memakan daging Anak Manusia secara mentah. Anda tidak boleh mentafsir Firman Tuhan secara harfiah. Hal ini bermaksud, anda perlu mentafsir Firman Tuhan secara rohani dengan inspirasi Roh Kudus.

Kedua, jangan makan Firman Tuhan yang direbus dalam air

Apakah maksud "Jangan makan daging yang direbus dalam air"? Hal ini bermaksud kita tidak boleh menambah apa-apa kepada Firman Tuhan tetapi mengambilnya secara sedia ada.

Adalah salah untuk menyebarkan Firman Tuhan dan mencampurkannya dengan politik, kisah masyarakat, atau pepatah yang disukai atau individu dalam sejarah.

Tuhan yang menciptakan syurga dan bumi, serta mengawal hidup dan mati manusia, memberkati dan mengutuk, adalah agung dan tidak mempunyai apa-apa kekurangan.

1 Korintus 1:25 menyatakan, *"apa yang nampaknya seperti kebodohan Tuhan, sebenarnya lebih bijak daripada kebijaksanaan manusia; apa yang nampaknya seperti kelemahan Tuhan, sebenarnya lebih kuat daripada kekuatan manusia."* Hal ini dicatatkan untuk menyedarkan kita bahawa manusia yang paling bijak dan cemerlang pun tidak boleh dibandingkan dengan Tuhan.

Anda tidak dapat menyebarkan semua yang dicatatkan dalam Alkitab walaupun mencuba seumur hidup anda. Jadi, mengapakah anda berani mencampur-adukkan kata-kata manusia dengan Firman Tuhan apabila menyampaikan mesej?

Kata-kata manusia berubah apabila masa berubah. Jika ada kebenaran dalam kata-kata mereka, ia telah dinyatakan dalam Alkitab, dan ia dinyatakan dengan kebijaksanaan Tuhan.

Oleh itu, keutamaan anda mestilah Firman Tuhan yang suci dalam Alkitab. Sudah tentu anda boleh memberikan perumpamaan atau ilustrasi untuk membantu manusia memahami Firman Tuhan dan rahsia dunia rohani dengan lebih mudah.

Anda perlu sedar bahawa hanya Firman Tuhan yang abadi dan merupakan kebenaran yang sempurna dan lengkap yang membawa anda kepada kehidupan abadi. Oleh itu, anda tidak boleh memakan Firman Tuhan yang direbus dalam air.

Ketiga, makan Firman Tuhan yang dipanggang dengan api

Apakah maksudnya "dipanggang di api, lengkap dengan kepalanya dan betisnya dan isi perutnya"? (Keluaran 12:9) Ia bermaksud bahawa anda perlu menjadikan Firman Tuhan, daging Anak Manusia sebagai makanan rohani anda sepenuhnya tanpa meninggalkan apa-apa pun.

Contohnya, sesetengah orang ragu-ragu tentang hakikat bahawa Musa telah membelah Laut Merah. Sesetengah orang tidak cuba membaca Imamat kerana korban yang dilakukan semasa zaman Perjanjian Lama sukar untuk difahami. Sesetengah orang berkata mukjizat yang dilakukan oleh Yesus sukar untuk dipercayai dan mereka fikir mukjizat hanya boleh berlaku 2,000 tahun lalu, Mereka meninggalkan banyak perkara yang tidak sepadan dengan pemikiran manusia dan hanya cuba mengambil pengajaran moral.

Mereka tidak mengamalkan firman seperti "Kasihi musuh,"

atau "Hindari semua jenis kejahatan" kerana firman berikut kelihatan terlalu sukar untuk mereka patuhi. Adakah mungkin mereka akan diselamatkan?

Oleh itu, anda tidak sepatutnya hanya mengambil apa yang anda mahu sahaja daripada Alkitab seperti orang-orang bodoh ini. Anda mesti memakan semua firman dalam Alkitab yang dipanggang sepenuhnya di atas api daripada Kejadian sehingga Wahyu.

Jadi apakah maksudnya, memakan Firman Tuhan "yang dipanggang dengan api"? Api di sini bermaksud api Roh Kudus. Anda perlu dipenuhi dan mendapat inspirasi Roh Kudus apabila anda membaca dan mendengar Firman Tuhan kerana ia ditulis melalui inspirasi Roh Kudus. Jika tidak, firman ini hanyalah pengetahuan, dan bukan makanan rohani.

Untuk memakan Firman Tuhan yang dipanggang dengan api, anda perlu berdoa dengan tekun. Doa dianggap sebagai minyak yang menjadi sumber kepenuhan Roh Kudus. Jika anda memakan Firman Tuhan dengan inspirasi Roh Kudus, ia lebih manis daripada madu. Anda juga tidak akan bosan walaupun ceramah yang anda dengar amat panjang, kerana ia amat berharga dan anda suka mendengar Firman Tuhan, seperti rusa yang dahaga dan mencari air sungai.

Inilah caranya memakan Firman Tuhan yang dipanggang di atas api. Hanya dengan cara ini anda akan dapat memahami Firman Tuhan, menjadikannya darah dan daging rohani anda serta menyedari dan menurut kehendak Tuhan. Inilah caranya anda melahirkan roh daripada Roh Kudus, berkembang iman dan mendapatkan semula imej Tuhan yang hilang, dengan mengetahui keseluruhan tanggungjawab manusia.

Namun demikian, orang yang makan Firman Tuhan dengan pemikiran mereka tanpa memanggangnya di atas api berasa bahawa Firman Tuhan membosankan, dan mereka tidak dapat mengingatinya kerana mereka mendengar fikiran yang sia-sia. Mereka tidak akan berkembang dari segi rohani dan tidak akan mendapat kehidupan yang sebenar.

Keempat, anda tidak boleh meninggalkan Firman Tuhan sehingga pagi

Apa maksudnya *"Janganlah kamu tinggalkan apa-apa dari daging itu sampai pagi; apa yang tinggal sampai pagi kamu bakarlah habis dengan api"?*

Hal ini bermaksud bahawa anda perlu makan daging Anak Manusia, Firman Tuhan pada waktu malam. Dunia yang kita diami sekarang ialah dunia yang gelap dan dikawal oleh Iblis, dan ia boleh dinyatakan secara rohani sebagai malam atau waktu malam. Apabila Yesus kembali, semua kegelapan akan hilang dan semuanya akan kembali pulih; ia akan menjadi pagi, dunia cahaya.

Oleh itu, "janganlah kamu tinggalkan apa-apa dari daging itu sampai pagi" bermaksud anda perlu mempelajari Firman Tuhan untuk menyediakan diri sebagai pengantin Yesus sebelum Dia kembali.

Sebagai tambahan, tidak kira sama ada kepulangan Yesus

adalah dalam jangka masa terdekat atau tidak, anda hanya akan hidup sehingga umur 70 atau 80 tahun, dan anda tidak akan tahu bilakah anda akan bertemu dengan Yesus. Sehinggalah anda bertemu dengan Yesus, anda berkembang secara rohani sehingga tahap anda memakan daging dan meminum darah Anak Manusia. Jadi anda sepatutnya dengan tekun mempelajari Firman Tuhan dan berkembang secara rohani.

Jika anda mempunyai iman bapa dengan sentiasa meningkatkan perkembangan rohani, anda akan menerima kemuliaan seperti matahari yang bersinar berdekatan takhta Tuhan di kerajaan-Nya, kerana anda tahu siapa Tuhan dari mula, mempunyai sembilan buah Roh Kudus dan Ajaran, dan menyerupai imej Tuhan.

Meminum Darah Anak Manusia

Untuk mengekalkan kehidupan, anda mesti makan makanan dan minum air. Jika anda tidak minum air, makanan tidak dapat dihadam dan anda akan mati. Apabila makanan masuk ke perut dan bercampur dengan air, ia dihadamkan, nutrien diserap dan sisa buangan akan dikeluarkan.

Dengan cara yang sama, apabila anda makan daging Anak Manusia, jika anda tidak minum darah Anak manusia, anda tidak akan dapat menghadamkannya. Oleh itu, anda hanya dapat mengecapi kehidupan abadi dengan memakan daging Anak Manusia dan meminum darah Anak Manusia.

"Meminum darah Anak Manusia" adalah melakukan tindakan berdasarkan Firman Tuhan dengan penuh keimanan.

Selepas anda mendengar Firman Tuhan, adalah penting untuk anda melakukan tindakan yang betul, dan hal ini dinamakan iman. Jika anda tidak melakukan tindakan menurut Firman Tuhan selepas mendengar dan mengetahuinya, tiada gunanya anda mendengar firman itu.

Sama seperti nutrien diserap dan sisa dibuang apabila anda menghadamkan makanan, Firman Tuhan iaitu kebenaran, diserap dan perkara dusta dibuang apabila anda bertindak menurut Firman Tuhan untuk menyucikan hati anda yang kotor.

Apakah yang dimaksudkan dengan "kebenaran yang diserap" dan "dusta yang dibuang"? Katakanlah anda mendengar Firman Tuhan, "Jangan membenci, tetapi sayangilah antara satu sama lain." Jika anda menjadikannya makanan dan melakukan tindakan yang betul, nutrien yang dinamakan kasih diserap dan sisa yang dinamakan kebencian akan dibuang. Hati anda secara automatik akan menjadi lebih suci dan bersifat benar dengan membuang fikiran yang kotor.

Bertindak Menurut Firman Tuhan

Namun demikian, jika anda tidak bertindak menurut Firman Tuhan, anda tidaklah meminum darah Anak Manusia. Oleh tu, Firman Tuhan hanyalah satu pengetahuan di dalam kepala anda dan anda tidak boleh diselamatkan jika anda tidak melakukan tindakan berdasarkannya.

Meminum darah Anak Manusia, melakukan tindakan berdasarkan Firman Tuhan, tidak boleh dilakukan hanya dengan usaha manusia. Anda mesti mempunyai kehendak dan usaha untuk bertindak menurut Firman Tuhan, dan kemudian menerima kasih kurnia dan kuasa Tuhan, serta menerima bantuan Roh Kudus dengan berdoa secara tekun.

Jika anda dapat menyingkirkan dosa dengan usaha sendiri, Yesus tidak perlulah disalib, dan Tuhan tidak perlu menghantar Roh Kudus.

Yesus Kristus disalib untuk mengampunkan dosa anda kerana anda tidak boleh menyelesaikan masalah dosa dengan sendiri, dan Tuhan telah menghantarkan Roh Kudus untuk membantu anda mengubah hati yang kotor menjadi hati yang bersih.

Roh Kudus, iaitu Roh Tuhan, membantu anak Tuhan hidup dalam kebenaran dan cara yang betul. Oleh itu, dengan bantuan Roh Kudus, anak-anak Tuhan perlu hidup berdasarkan Firman Tuhan, dengan menyingkirkan dosa dan menerima kasih dan berkat Tuhan.

Pengampunan Hanya Dengan Berjalan di dalam Cahaya

Memakan daging dan meminum darah Anak Manusia bermaksud anda bertindak dalam cahaya menurut Firman Tuhan. Jadi, apakah tindakan yang dimaksudkan itu? Anda mesti berkelakuan dalam cahaya. Anda meninggalkan kegelapan dan bertindak dalam cahaya apabila anda makan daging Anak Manusia, menghadamkannya dan memenuhi hati dengan kebenaran. Apabila anda bertindak dalam cahaya, darah Yesus membersihkan dosa anda pada masa lalu, kini dan masa hadapan.

Walaupun anda mempunyai dosa yang masih belum disingkirkan, apabila anda bertaubat dengan sepenuh hati di hadapan Tuhan, dosa anda dapat diampunkan oleh kasih kurnia Tuhan. Orang yang benar-benar percaya kepada Tuhan dan cuba mencapai kebenaran dalam hati tidak lagi dianggap orang yang berdosa tetapi orang yang benar, dan mereka dapat diselamatkan dan mencapai kehidupan abadi.

Tuhan Adalah Cahaya

1 Yohanes 1:5 menyatakan, *"Inilah berita yang telah kami dengar daripada Anak-Nya yang kami isytiharkan kepada kamu; Tuhan itu cahaya, dan pada-Nya tidak ada kegelapan sama sekali."*

Rasul Yohanes, yang menulis 1 Yohanes, diajar secara langsung oleh Yesus, yang telah datang ke dunia ini dan menjadi cahaya kepada dunia ini dan jalan menuju Tuhan.

Oleh itu, Yohanes 1:4-5 menceritakan tentang Yesus, *"Firman itu sumber hidup, dan hidup itu memberikan cahaya kepada manusia. Cahaya ini bersinar dalam kegelapan, dan kegelapan tidak dapat memadamkannya."* Yesus mengakui Diri-Nya, *"Akulah jalan untuk mengenal Tuhan dan untuk mendapat hidup"* (Yohanes 14:6).

Oleh itu, para pengikut Yesus menjadi saksi bahawa "Tuhan adalah Cahaya" melalui Yesus, dan mesej yang disampaikan oleh mereka kepada anda adalah "Tuhan adalah Cahaya."

Cahaya Secara Rohani Bermaksud Kebenaran

Jadi apakah itu "cahaya"? Secara rohani, cahaya bermakna kebenaran dan kebenaran adalah bertentangan dengan kegelapan.

Tuhan memberitahu kita dalam Efesus 5:8, *"Dahulu kamu hidup dalam kegelapan, tetapi sekarang kamu telah menjadi umat Tuhan, maka kamu hidup dalam cahaya. Itulah sebabnya kamu mesti hidup seperti orang yang hidup dalam cahaya."* Orang yang mendengar mesej bahawa "Tuhan adalah Cahaya" dan mengetahui kebenaran daripada Tuhan, akan bersinar dan menerangi dunia ini, seperti cahaya yang menerangi kegelapan.

Anak-anak cahaya yang bertindak menurut kebenaran akan mendapat buah cahaya. Itu sebabnya dalam Efesus 5:9 dinyatakan, *"kerana cahaya itulah yang menyebabkan orang melakukan segala sesuatu yang baik, adil, dan tulus."* Kasih rohani yang diterangkan dalam 1 Korintus 13 dan buah Roh Kudus seperti kasih, kegembiraan, keamanan, kesabaran, baik hati, kebaikan, kesetiaan, kelembutan dan kawalan diri adalah buah cahaya.

Oleh itu, cahaya merujuk kepada semua perkataan tentang kebenaran berkenaan kebaikan, kebenaran, dan kasih seperti "saling menyayangi, berdoa, mengamalkan Sabat, mematuhi 10 Perintah" yang dinyatakan oleh Tuhan dalam Alkitab.

Kegelapan Secara Rohani Bermaksud Dosa

Kegelapan merujuk kepada keadaan di mana tiada cahaya,

dan secara rohaninya bermakna dosa.

Semua perkara dusta, yang bertentangan dengan kebenaran, adalah seperti yang ditulis dalam Roma 1:29, *"kejahatan, kekejaman, ketamakan, kebusukan dan kedengkian, keinginan untuk membunuh, berkelahi, menipu, dan mendendam"* Semua ini adalah kegelapan.

Alkitab menyuruh kita menyingkirkan semua perkara yang termasuk sebagai kegelapan seperti mencuri, membunuh, berzina dan segala jenis kejahatan.

Dari satu segi, sesetengah orang mengaku sebagai anak Tuhan, walaupun mereka tidak menurut apa yang Tuhan suruh lakukan atau simpan, tetapi melakukan perkara yang dilarang Tuhan. Kegelapan dikawal oleh musuh iaitu Iblis dan ia kepunyaan dunia ini, jadi ia tidak boleh bersama-sama dengan cahaya. Itu sebabnya orang yang bertindak dalam kegelapan tidak sukakan cahaya dan hidup jauh daripadanya.

Dari satu segi lain, anak Tuhan yang benar, yang merupakan cahaya dan di dalamnya tiada kegelapan, patut meninggalkan kegelapan dan bertindak dalam cahaya. Hanya dengan ini anda dapat berkomunikasi dengan Tuhan dan segala-galanya akan berjalan lancar dalam hidup anda.

Bukti Mempunyai Hubungan Dengan Tuhan

Lazimnya, hubungan erat terjalin antara ibu bapa dan anak berdasarkan perasaan kasih. Dengan cara yang sama, jelas bagi anda – yang mempercayai Yesus Kristus – untuk mempunyai hubungan dengan Tuhan yang merupakan Bapa kepada roh anda (1 Yohanes 1:3).

Hubungan di sini bermaksud bukan sekadar saling mengenali, tetapi kedua-duanya kenal rapat antara satu sama lain. Anda tidak boleh menyatakan bahawa anda ada hubungan dengan Presiden walaupun anda tahu banyak maklumat tentangnya. Sama juga seperti hubungan dengan Tuhan. Untuk mempunyai hubungan yang sejati dengan Tuhan, anda perlu mengenaliNya seperti mana Dia mengenali anda.

1 Yohanes 1:6-7 menyatakan, *"Jika kita berkata bahawa kita hidup bersatu dengan Dia, padahal kita hidup dalam kegelapan, maka kita berdusta baik dengan kata-kata mahupun dengan perbuatan. Tetapi jika kita hidup dalam cahaya, sebagaimana Tuhan ada dalam cahaya, maka kita hidup rukun dan darah Yesus, Anak-Nya, membersihkan kita daripada segala dosa."*

Hal ini bermaksud anda mempunyai hubungan dengan Tuhan hanya apabila anda menyingkirkan dosa dan bertindak dalam cahaya. Jika anda menyatakan bahawa anda mempunyai hubungan dengan Tuhan apabila masih bertindak dan hidup dalam kegelapan, itu adalah dusta.

Mempunyai hubungan dengan Tuhan bermakna mempunyai hubungan rohani dan benar, bukan hanya mempunyai hubungan mengenali Tuhan dengan pengetahuan dalam minda anda. Anda sendiri mestilah menjadi cahaya untuk mempunyai hubungan dengan Tuhan kerana Dia adalah cahaya. Roh Kudus, iaitu hati Tuhan, mengajarkan anda kehendak Tuhan dengan jelas sehinggakan anda kekal dalam kebenaran supaya anda dapat berkomunikasi dengan lebih mendalam dengan Tuhan apabila anda membaca Firman Tuhan dan berdoa.

Jika Anda Berjalan Dalam Kegelapan

Anda berdusta jika anda mengakui mempunyai hubungan dengan Tuhan tetapi berjalan dalam kegelapan dan melakukan dosa. Ini bukanlah berjalan dalam kebenaran, tetapi anda akhirnya akan menuju ke jalan maut.

Dalam 1 Samuel 2, anak-anak lelaki imam Eli bertindak dalam kejahatan dan melakukan dosa. Dia sepatutnya menghukum mereka, tetapi Eli hanya memberi amaran, *"Aku sudah diberitahu oleh setiap orang tentang kejahatan yang kamu lakukan. Mengapa kamu melakukan hal itu?"* (ayat 23)

Akhirnya, Tuhan menunjukkan kemarahan kepada mereka. Dua orang anak lelaki imam Eli mati di medan perang, dan Eli jatuh ke belakang dari atas kerusinya di tepi gerbang; lehernya patah dan dia mati. Kemarahan Tuhan ditunjukkan kepada keturunannya juga (1 Samuel 2:27-36, 4:11-22).

Oleh itu, seperti yang dinyatakan dalam Efesus 5:11-13, *"Janganlah lakukan perbuatan tidak berguna, yang biasa dilakukan oleh orang yang hidup dalam kegelapan. Sebaliknya, kamu harus mendedahkan perkara-perkara itu. Sebenarnya hal-hal yang dilakukan mereka dengan diam-diam amat memalukan untuk dicakapkan. Segala sesuatu akan kelihatan dengan jelas, apabila disinari cahaya."*

Jika ada sesiapa yang mengakui mempunyai hubungan dengan Tuhan tetapi tidak berjalan dalam cahaya, anda patut menasihatinya dengan kasih. Jika dia masih tidak mahu masuk ke dalam cahaya, anda perlu memarahinya untuk membawanya kepada cahaya supaya dia tidak akan menuju jalan kematian.

Pengampunan dengan Berjalan dalam Cahaya

Ada undang-undang di dunia ini dan apabila seseorang melanggarnya, dia akan dihukum berdasarkan perbuatannya. Namun begitu, hati nuraninya akan berasa bersalah kerana kerosakan telah dilakukan, walaupun dia telah membayar bagi perbuatan salah yang telah dilakukan dan dihukum.

Sama juga, anda masih mempunyai sifat dosa dalam hati walaupun anda telah menerima Yesus Kristus, dosa anda telah diampunkan dan anda kini orang yang benar. Oleh itu, Tuhan memerintahkan anda untuk menyunat hati anda supaya anda tidak berasa bersalah, walaupun hati nurani anda.

Seperti yang dikatakan dalam Yeremia 4:4, *"Sunatlah dirimu bagi TUHAN, dan jauhkanlah kulit khatan hatimu, hai orang Yehuda dan penduduk Yerusalem, supaya jangan murka-Ku mengamuk seperti api, dan menyala-nyala dengan tidak ada yang memadamkan, oleh kerana perbuatan-perbuatanmu yang jahat (Alkitab,* Lembaga Alkitab Indonesia)," bersunat hati bermakna memotong kulit pada hati anda.

Memotong kulit pada hati anda bermaksud menurut apa yang dikatakan oleh Tuhan dalam Alkitab seperti perkara yang patut, "dibuat," "ditegah," "diamalkan," atau "disingkirkan." Dalam erti kata lain, ia bermaksud menyingkirkan semua yang menentang Firman Tuhan seperti dusta, kejahatan, kesalahan, tidak mengikut hukum dan kegelapan, dan membersihkan hati anda serta memenuhinya dengan kebenaran.

Oleh itu, anda mesti tekun menjadikan Firman Tuhan sebagai makanan, menyerap nutrien dengan bertindak berpandukannya, dan membuang sisa kejahatan dan dusta yang merupakan kegelapan. Apabila anda menyunatkan hati, anda boleh berkembang secara rohani.

Apabila anda menjadi manusia bersifat rohani dan benar, yang membuang dosa dan kejahatan sebagai sisa, anda mempunyai hubungan dengan Tuhan. Kemudian, darah Yesus Kristus dapat membersihkan dosa anda memandangkan anda mempunyai hubungan ini.

Oleh itu, anda bukan hanya perlu menerima Yesus Kristus dan diakui hidup dalam kebenaran, malah berubah menjadi manusia yang benar dengan memakan daging dan meminum darah Anak Manusia, serta menyunatkan hati anda.

Iman Disertakan Tindakan Adalah Iman Sebenar

Agak memeranjatkan kerana ramai orang tidak begitu memahami makna iman. Ada yang berkata, "Mengapa anda tidak ke gereja sahaja? Anda masih dapat diselamatkan."

Jika anda mendengar Firman Tuhan dan mengetahuinya, tetapi tidak hidup berpandukannya, ia hanyalah iman di mana anda mengakui pengetahuan yang ada dalam minda, dan bukannya iman sebenar. Dengan cara ini, anda tidak dapat diselamatkan. Apakah jenis iman yang diakui Tuhan?

Bagaimanakah anda dapat diselamatkan melalui iman?

Taubat Sebenar Memerlukan Anda Menjauhi Dosa

1 Yohanes 1:8-9 menyatakan bahawa, *"Jika kita berkata bahawa kita tidak berdosa, kita menipu diri sendiri, dan Tuhan tidak ada di dalam hati. Tetapi jika kita mengakui dosa kita kepada Tuhan, Dia akan menepati janji-Nya dan melakukan apa yang adil. Dia akan mengampunkan dosa kita dan membersihkan kita daripada segala perbuatan yang salah."*

Jadi apa maksudnya mengakui dosa?

Katakanlah Tuhan memberitahu anda, "Pergi ke timur adalah jalan untuk kehidupan abadi dan kehendak-Ku, jadi pergilah ke timur." Namun begitu, jika anda terus menuju ke barat dan berkata, "Ya Tuhan, aku patut ke timur, tetapi aku sedang menuju ke barat, jadi ampunkanlah aku," ini tidak dianggap satu pengakuan. Hal ini tidak menunjukkan ada percaya atau takut kepada Tuhan, tetapi anda mempermainkan Tuhan. Pertaubatan sebenar dilakukan bukan hanya dengan mengakui dosa dengan lidah tetapi juga dengan menghindari dosa itu dengan sepenuhnya dalam kehidupan anda. Hanya dengan cara ini Tuhan akan menerimanya sebagai pertaubatan dan memberikan pengampunan kepada anda.

Cara anda akan mati jika anda tidak memakan makanan walaupun anda tahu anda perlu makan untuk terus hidup, anda tidak akan dibersihkan melalui darah Yesus jika anda hanya mengakui dosa dengan lidah dan tidak berpaling daripada dosa.

Iman Tanpa Amalan Adalah Iman Yang Mati

Yakobus 2:22 menyatakan, *"Kamu tidak nampakkah bahawa Abraham menunjukkan imannya dengan perbuatannya? Oleh itu, iman Abraham menjadi sempurna."* Ayat 26 meneruskan: *"Oleh itu, sebagaimana tubuh tanpa roh adalah tubuh yang mati, demikian juga iman tanpa perbuatan adalah iman yang sia-sia!"*

Ramai orang pergi ke gereja kerana mereka pernah mendengar tentang syurga dan neraka. Namun begitu, disebabkan mereka tidak betul-betul percaya akan hal ini dalam hati, mereka tidak menyertakannya dengan amalan.

Hal ini hanyalah iman berdasarkan pengetahuan dan merupakan iman yang mati.

Sebagai tambahan, jika anda mengakui sesuatu dengan lidah bahawa anda mempercayai sesuatu walaupun masih hidup dalam dosa, bagaimanakah anda dapat menyatakan bahawa anda mempunyai iman? Alkitab menyatakan bahawa dosa yang dilakukan dengan pengetahuan adalah lebih teruk daripada dosa yang dilakukan tanpa pengetahuan.

Apabila anda mengakui, "Saya percaya" tanpa amalan, anda mungkin fikir bahawa anda mempunyai iman tetapi Tuhan tidak mengakui ini sebagai iman sebenar.

Orang Israel yang keluar dari Mesir menyaksikan banyak kerja Tuhan. Tuhan membelah Laut Merah, memberikan mereka manna dan burung puyuh, dan melindungi mereka dengan tiang awan pada waktu siang dan tiang api pada waktu malam.

Namun begitu, apabila Tuhan memerintahkan mereka menyiasat tanah Kanan, hanya Yosua dan Kaleb yang percaya akan Firman dan kuasa Tuhan. Sebagai kesannya, orang Israel yang tidak mematuhi Tuhan kerana mereka tidak mempunyai iman yang cukup kuat untuk pergi ke Kanan, mengalami cubaan selama 40 tahun di padang pasir dan akhirnya mati di sana.

Anda perlu sedar bahawa tiada gunanya jika anda tidak percaya atau bertindak mengikut Firman Tuhan, walaupun anda menyaksikan dan mengalami begitu banyak kerja Tuhan. Iman dilengkapi dengan amalan.

Hanya Orang Yang Mengikut Hukum Dijadikan Orang Benar

Tuhan memberitahu kita dalam Roma 2:13 bahawa, *"Hal itu demikian, kerana orang berbaik semula dengan Tuhan, bukan dengan mendengar Taurat, tetapi dengan melakukan apa yang diperintahkan oleh Taurat."*

Anda tidak menjadi orang benar hanya dengan menghadiri jemaah gereja dan mendengar mesej. Anda menjadi orang benar apabila hati yang dusta berubah menjadi hati yang benar, dengan cara bertindak mengikut Firman Tuhan.

Sesetengah orang yang berkata anda dapat diselamatkan dengan hanya memanggil Yesus Kristus "Tuhan" dengan bibir anda, telah salah faham terhadap Roma 10:13, *"Setiap orang yag berseru kepada Tuhan akan diselamatkan."* Namun demikian, ini tidak benar. Seperti yang dinyatakan dalam Yesaya 34:16, *"Carilah di dalam kitab TUHAN dan bacalah. Tiada satu pun daripada semua makhluk itu akan hilang atau tanpa pasangan. TUHAN telah menetapkannya, dan DIA sendiri akan mengumpulkan semua makhluk itu."* Firman Tuhan mempunyai pasangan dan ia menjadi sempurna hanya jika ditafsir dengan pasangannya.

Roma 10:9-10 menyatakan, *"Jika kamu mengaku di hadapan orang bahawa 'Yesus itu Tuhan,' dan kamu sungguh-sungguh percaya bahawa Tuhan sudah membangkitkan Yesus daripada kematian, kamu akan diselamatkan. Kerana kita sungguh-sungguh percaya, kita diterima oleh Tuhan sebagai orang yang sudah berbaik semula dengan-Nya. Kerana kita mengakui Yesus di hadapan orang, kita diselamatkan."*

Hanya orang yang percaya dengan sepenuh hati bahawa Yesus telah dibangkitkan boleh membuat pengakuan benar dengan lidah, kerana mereka hidup berdasarkan Firman Tuhan. Mereka akan diselamatkan apabila mereka mengakui hal ini dengan iman benar ini dan semakin menjadi orang benar, tetapi orang yang tidak mengakui dengan iman ini tidak dapat diselamatkan.

Itu sebabnya Yesus menyatakan dalam Matius 13:49-50, *"Demikianlah halnya pada Hari Kiamat. Malaikat-malaikat akan datang untuk mengumpulkan orang jahat antara orang yang melakukan kehendak Tuhan. Lalu orang jahat akan dibuang ke dalam tempat pembakaran yang berapi. Di sana mereka akan menangis dan menderita."*

Di sini, "orang yang melakukan kehendak Tuhan" merujuk kepada semua orang yang mengenali Tuhan dan mengakui mempunyai iman. "Mengumpulkan orang jahat antara orang yang melakukan kehendak Tuhan" bermaksud orang yang tidak bertindak menurut Firman Tuhan tidak dapat diselamatkan walaupun mereka menghadiri gereja dan menjalani gaya hidup Kristian.

Tuhan Benar-benar Mahu Penyunatan Hati

Tuhan mahu anak-anak-Nya menjadi suci dan sempurna. Itu sebabnya Dia memberitahu kita dalam 1 Petrus 1:15, *"Sebaliknya, hendaklah kamu suci dalam segala sesuatu yang kamu lakukan, sebagaimana Tuhan yang memanggil kamu itu suci"* dan dalam Matius 5:48, *"Karena itu haruslah kamu sempurna, sama seperti Bapamu yang di sorga adalah sempurna (Alkitab, Lembaga Alkitab Indonesia)."*

Semasa zaman Perjanjian Lama, orang ramai diselamatkan dengan amalan sebagai tanda apa yang bakal datang, tetapi semasa zaman Perjanjian Baru, apabila Yesus Kristus melengkapkan hukum Taurat dengan kasih, anda diselamatkan oleh iman.

"Diselamatkan oleh amalan" bermaksud walaupun anda mempunyai, sebagai contohnya, hati yang kotor untuk membunuh, membenci, melakukan zina, menipu dan sebagainya, ia tidak dianggap sebagai dosa melainkan ia dilaksanakan.

Tuhan tidak mengutuk manusia melainkan mereka melakukan perkara yang berdosa kerana mereka tidak dapat menghapuskan dosa dengan sendiri tanpa bantuan Roh Kudus, semasa zaman Perjanjian Lama. Namun demikian, semasa zaman Perjanjian Baru, anda hanya akan diselamatkan sekiranya anda menyunatkan hati dalam iman dengan bantuan Roh Kudus, kerana Roh Kudus telah datang kepada anda. Roh Kudus membuatkan anda lebih menyedari tentang perbezaan antara dosa dan kebenaran, dan Pengadilan, serta membolehkan anda hidup berdasarkan Firman Tuhan. Oleh itu, anda boleh menyingkirkan dusta dan menyunatkan hati dengan bantuan Roh Kudus.

Anda perlu sedar bahawa Tuhan meminta anda menyunatkan hati, menyingkirkan dosa, menjadi lebih alim, dan mengambil bahagian dalam hidup suci. Rasul Paulus memahami kehendak Tuhan dan mengajarkan sunat hati, dan bukan fizikal (Roma 2:28-29). Dia menasihatkan supaya kita bertahan sehingga ke tahap menumpahkan darah dalam perjuangan menentang dosa, dengan pandangan tetap kepada Yesus, iaitu penyempurna iman anda (Ibrani 12:1-4).

Saya harap anda mempunyai iman sebenar disertai amalan, dan sedar bahawa anda tidak dapat masuk ke syurga hanya dengan memanggil "Tuhan, Tuhan," tetapi hanya dengan berjalan dalam cahaya dan menyunatkan hati.

Bab 9

Dilahirkan Daripada Air dan Roh

- Nikodemus Datang Kepada Yesus
- Yesus Membantu Pemahaman Rohani Nikodemus
- Apabila Dilahirkan daripada Air dan Roh
- Tiga Pengakuan: Roh, Air, dan Darah

Yohanes 3:1-5

Ada seorang pemimpin Yahudi bernama Nikodemus; dia daripada golongan Farisi. Pada suatu malam dia datang kepada Yesus lalu berkata kepada-Nya, "Guru, kami tahu bahawa guru diutus oleh Tuhan untuk mengajar kami. Tidak seorang pun dapat melakukan mukjizat seperti yang guru lakukan, kecuali Tuhan menyertai dia." Yesus menjawab, "Percayalah, tidak seorang pun dapat menikmati Pemerintahan Tuhan kecuali dilahirkan semula." Nikodemus bertanya, "Bagaimanakah seorang dewasa dapat dilahirkan semula? Tidak mungkin dia masuk semula ke rahim ibunya lalu dilahirkan untuk kali kedua!" Yesus menjawab, "Apa yang Aku katakan ini benar: Tidak mungkin seorang pun menikmati Pemerintahan Tuhan, kecuali dia dilahirkan daripada air dan daripada Roh Tuhan."

Tuhan menghantarkan Yesus Kristus, satu-satunya Anak-Nya, dan membuka jalan untuk penyelamatan. Sesiapa yang menerima-Nya mendapat hak untuk menjadi anak Tuhan dan menikmati kehidupan yang diberkati dan abadi. Namun demikian, hari ini kita lihat ramai orang tidak mempunyai jaminan penyelamatan walaupun mereka telah menerima Yesus Kristus. Tambahan lagi, sesetengah orang menyatakan bahawa mereka telah menerima penyelamatan tetapi tidak mempunyai iman untuk diselamatkan, atau ada yang menyatakan telah diselamatkan kerana mereka pernah menerima Roh Kudus, tetapi mereka tidak menjaga tindakan mereka selepas itu.

Untuk menyimpulkan pesanan salib, kita perlu benar-benar faham tentang cara mendapat penyelamatan yang sempurna dari saat anda menerima Yesus Kristus, melalui kisah Nikodemus.

Nikodemus Datang Kepada Yesus

Pada zaman Yesus, orang Farisi menghormati Hukum Musa, dan tetap berpegang kepada tradisi turun-temurun. Terdapat ketua-ketua agama antara orang Israel yang terpilih, yang percaya kepada keagungan Tuhan, kebangkitan, malaikat, hari Pengadilan, dan Penyelamat yang akan datang.

Namun begitu, Yesus mencela mereka berulang kali dan berkata, *"Alangkah malangnya kamu guru Taurat dan orang Farisi!."* Mereka hipokrit, dari luar kelihatan alim, tetapi di dalam mereka tamak dan mementingkan diri seperti kubur yang berwarna putih (Matius 23:25-36).

Nikodemus Mempunyai Hati Yang Baik

Nikodemus merupakan salah seorang Farisi yang memegang jawatan dalam majlis pentadbiran Yahudi yang dinamakan Majlis Agama. Namun begitu, dia tidak menghukum Yesus seperti orang Farisi lain. Dia percaya bahawa Yesus datang daripada Tuhan, dan melihat mukjizat dan tanda-tanda yang ditunjukkan oleh Yesus. Nikodemus mahu mengenali Yesus kerana dia mempunyai hati yang baik.

Dalam Yohanes 7:51, Nikodemus bertanya kepada orang Farisi yang mahu menangkap Yesus, sambil mempertahankan-Nya, *"Menurut Taurat, kita tidak boleh menghukum seseorang sebelum perkara didengar dan perbuatannya disiasat."*

Bukan mudah untuk bercakap begitu sebagai ahli Majlis Agama pada waktu itu. Malah pada zaman ini, sekiranya kerajaan melarang atau tidak menggalakkan agama Kristian dari segi undang-undang, pegawai kerajaan tidak boleh menyebelahi Kristian. Samalah juga, pada masa tu orang Israel menganggap semua agama selain agama Yahudi sebagai palsu. Nikodemus tahu dia mungkin akan disingkirkan sekiranya dia berpihak kepada Yesus.

Namun demikian, Nikodemus tetap menyebelahi Yesus. Ini

membuktikan bahawa dia jujur dan berdiri mempertahankan Yesus dalam iman.

Yohanes 19:39-40 menggambarkan keadaan sejurus selepas kematian Yesus di atas salib:

> *Nikodemus yang dahulu pernah datang kepada Yesus pada waktu malam pun pergi dengan Yusuf. Nikodemus membawa ramuan mur dan gaharu sebanyak kira-kira tiga puluh kilogram. Kedua-dua orang ini mengambil jenazah Yesus lalu membalutnya dengan kain linen dan ramuan menurut adat penguburan orang Yahudi.*

Oleh itu, Nikodemus percaya bahawa Yesus adalah utusan Tuhan, dan dia berkhidmat kepada Yesus tanpa perubahan hati walaupun selepas Dia disalib, dan mendapat penyelamatan dengan iman dalam kebangkitan semula Yesus.

Nikodemus Datang kepada Yesus

Dalam Yohanes 3, terdapat dialog di antara Yesus dengan Nikodemus sebelum dia memahami kebenaran dalam roh.

Pada satu malam, Nikodemus datang kepada Yesus dan mengaku, *"Guru, kami tahu bahawa guru diutus oleh Tuhan untuk mengajar kami. Tidak seorang pun dapat melakukan mukjizat seperti yang guru lakukan, kecuali Tuhan menyertai dia."* (ayat 2)

Pada mulanya Nikodemus tidak mengetahui bahawa Yesus adalah Mesias dan merupakan Anak Tuhan. Namun begitu, selepas menyaksikan mukjizat Yesus, Nikodemus sedar dan mengakui bahawa Yesus adalah utusan Tuhan kerana dia mempunyai hati nurani yang baik. Melalui hati nuraninya, dia tahu bahawa hanya Tuhan Maha Kuasa dapat membangkitkan orang mati, mencelikkan orang buta, membuatkan orang lumpuh berjalan, dan menyembuhkan penyakit kusta.

Jadi, mengapa dia datang berjumpa Yesus pada waktu malam? Dia seperti orang yang tidak mahu pergi gereja secara terbuka kerana mereka tidak mempunyai keyakinan terhadap Tuhan Pencipta.

Walaupun Nikodemus mempunyai hati yang baik, dia tidak mempunyai iman yang sebenar. Dia tidak mempunyai keyakinan terhadap Yesus sebagai Anak Tuhan dan Mesias, jadi dia tidak datang berjumpa Yesus pada waktu siang secara terbuka – dan datang pada waktu malam.

Yesus Membantu Pemahaman Rohani Nikodemus

Yesus memberitahu Nikodemus, *"Percayalah, tidak seorang pun dapat menikmati Pemerintahan Tuhan kecuali dilahirkan semula."* (Yohanes 3:3).

Nikodemus tidak memahami hal ini langsung. Dia bertanya lagi: *"Bagaimanakah seorang dewasa dapat dilahirkan semula?"* Dia tidak mempunyai iman rohani, jadi dia tertanya-tanya, "Seorang lelaki tua mati dan akan kembali ke tanah, jadi bagaimana dia akan dilahirkan semula?"

Yesus menerangkan tentang dilahirkan daripada air dan Roh: *"Apa yang Aku katakan ini benar: Tidak mungkin seorang pun menikmati Pemerintahan Tuhan, kecuali dia dilahirkan daripada air dan daripada Roh Tuhan. Secara jasmani manusia dilahirkan oleh manusia, tetapi secara rohani manusia dilahirkan oleh Roh Tuhan"* (Yohanes 3:5-6).

Apabila Nikodemus tertanya-tanya tentang kata-kata Yesus, Yesus menerangkan dalam satu perumpamaan: *"Angin bertiup ke mana sahaja angin mahu; kita mendengar bunyinya, tetapi tidak tahu dari mana datangnya dan ke mana perginya angin itu. Begitu juga halnya dengan setiap orang yang dilahirkan oleh Roh Tuhan"* (Yohanes 3:8).

Selepas Adam melanggar perintah Tuhan, roh setiap manusia mati dan semua orang selepas itu direncanakan untuk mati. Namun begitu, roh manusia dibangkitkan selepas dilahirkan oleh Roh Kudus. Apabila dia bertambah keyakinan rohani, dia mengembalikan imej Tuhan dan diselamatkan. Namun begitu, Nikodemus tidak faham apa yang Yesus maksudkan (Yohanes 3:9).

Jadi dia bertanya, *"Bagaimana perkara ini boleh berlaku?"* Yesus menjawab:

Aku memberitahu kamu perkara-perkara dunia ini, tetapi kamu tidak percaya; bagaimana kamu boleh percaya apabila Aku memberitahu kamu perkara-perkara syurga? Tidak seorang pun pernah naik ke syurga, kecuali Anak Manusia yang turun dari syurga. Sebagaimana ular gangsa ditinggikan oleh Musa pada

sebatang kayu di padang gurun, begitu jugalah Anak
Manusia harus ditinggikan, supaya semua orang yang
percaya kepada Anak Manusia beroleh hidup sejati dan
kekal (ayat 12-15).

Dalam Bilangan 21:4-9, orang Israel yang telah dibawa keluar
dari Mesir menentang Musa kerana perjalanan mereka ke
Kanaan menjadi bertambah sukar. Tuhan memalingkan muka-
Nya dan menghantar ular berbisa yang menggigit mereka.

Apabila mereka meminta tolong, Tuhan menyuruh Musa
membuat ular tembaga dan meletakkannya pada sebatang tiang.
Tuhan menyelamatkan sesiapa yang melihat ular ini, tetapi orang
yang degil mati kerana mereka tidak mahupun melihatnya dalam
keadaan tidak percaya.

Untuk Memahami Firman Tuhan Secara Rohani

Mengapakah Tuhan memerintahkan Musa membuat ular
tembaga dan meletakkannya pada sebatang tiang? Daripada
Kejadian 3:14, kita tahu bahawa ular itu telah dikutuk. Sebagai
tambahan, Galatia 3:13 menyatakan, *"Terkutuklah orang yang*
digantung pada kayu salib (Alkitab, Lembaga Alkitab
Indonesia)."

Oleh itu, meletakkan ular tembaga pada sebatang tiang
adalah simbol bahawa Yesus akan diletakkan pada salib kayu
seperti ular yang terkutuk untuk menebus kita semua.
Tambahan lagi, orang yang melihat ular tembaga ini hidup, dan
orang yang percaya kepada Yesus Kristus diselamatkan

Nikodemus tidak memahami maksud Firman Tuhan, kerana dia masih belum dilahirkan daripada air dan Roh, dan mata rohaninya masih belum dibuka.

Malah kini, melainkan anda dilahirkan daripada air dan Roh dan mata rohani anda dibuka, anda tidak dapat memahami maksud mesej rohani kerana anda mungkin mentafsir secara harfiah dan tersalah faham.

Anda perlu berdoa dengan tekun untuk memahami maksud rohani Firman Tuhan dengan inspirasi Roh Kudus. Kasih kurnia Tuhan akan membuka hati anda, dan anda akan memahami Firman Tuhan dan mempunyai iman yang benar.

Apabila Dilahirkan daripada Air dan Roh

Yesus memberitahu Nikodemus semasa dia datang pada waktu malam, *"Apa yang Aku katakan ini benar: Tidak mungkin seorang pun menikmati Pemerintahan Tuhan, kecuali dia dilahirkan daripada air dan daripada Roh Tuhan. Secara jasmani manusia dilahirkan oleh manusia, tetapi secara rohani manusia dilahirkan oleh Roh Tuhan"* (Yohanes 3:5-6).

Mari kita fahami maksud dilahirkan daripada air dan Roh. Bagaimanakah anda dapat dilahirkan semula daripada air dan Roh, dan mendapat penyelamatan?

Air Melambangkan Air Kehidupan Abadi

Air melegakan dahaga dan melancarkan organ dalaman

tubuh. Ia juga membersihkan badan dari segi dalaman dan luaran.

Jadi Yesus membandingkan air kehidupan abadi dengan air untuk menerangkan bahawa ia membersihkan anda dan membawa kehidupan.

Yesus memberitahu kita dalam Yohanes 4:14, *"tetapi sesiapa minum air yang akan Aku berikan kepadanya, dia tidak akan dahaga selama-lamanya. Air yang akan Aku berikan itu menjadi suatu mata air yang memancar di dalam dirinya, dan memberi dia hidup sejati dan kekal."*

Jika anda minum air, anda tidak akan dahaga buat seketika, tetapi lama-kelamaan anda akan dahaga semula. Air dalam ayat ini melambangkan air abadi. Sesiapa yang minum air yang Yesus berikan tidak akan berasa dahaga lagi. Hal ini bermaksud, *"mata air yang memancar di dalam dirinya, dan memberi dia hidup sejati dan kekal"* memberikan anda kehidupan.

Yohanes 6:54-55 menyatakan, *"Sesiapa yang makan tubuh-Ku dan minum darah-Ku mempunyai hidup sejati dan kekal, lalu Aku akan membangkitkan dia pada Hari Kiamat. Tubuh-Ku ini makanan sebenar dan dan darah-Ku ini minuman sebenar."* Hal ini bermaksud, daging dan darah Yesus adalah air abadi.

Tambahan lagi, "tubuh" Yesus merujuk kepada Firman Alkitab kerana Yesus adalah Firman yang datang ke dunia dalam bentuk manusia. Memakan tubuh-Nya merujuk kepada mengingati Firman-Nya dalam minda anda melalui pembacaan Alkitab.

Darah Yesus adalah kehidupan, dan kehidupan adalah

kebenaran. Kebenaran adalah Kristus, dan Kristus adalah kuasa Tuhan. Semua ini adalah darah Yesus. Memandangkan kuasa Tuhan datang dalam iman, meminum darah Yesus bermaksud mematuhi Firman-Nya dengan iman.

Anda belajar bahawa air secara rohaninya melambangkan tubuh Yesus – iaitu Firman Tuhan dan Anak Domba Tuhan. Seperti air membersihkan tubuh anda, dan Firman Tuhan membersihkan perkara kotor dalam hati anda.

Itu sebabnya anda dibaptiskan dengan air di gereja, dan pembaptisan melambangkan bahawa anda ialah anak Tuhan dan ia menghapuskan dosa. Tambahan lagi, ia bermaksud anda perlu meneliti Firman Tuhan dan dibersihkan dengannya setiap hari.

Dilahirkan Semula Dengan Air

Jadi bagaimanakah caranya anda mencuci kotoran dalam hati dengan Firman Tuhan yang merupakan air abadi?

Ada empat jenis perintah yang Tuhan berikan kepada kita: "Lakukan," "Jangan lakukan," "Amalkan," dan "Hindari sesuatu." Contohnya, Tuhan memberitahu kita untuk tidak melakukan perkara seperti iri hati, benci, menghakimi, mencuri, zina dan membunuh.

Dengan cara yang sama, anda tidak sepatutnya melakukan apa yang dilarang dan pada masa yang sama, anda perlu menyingkirkan semua jenis kejahatan. Anda juga perlu mengamalkan hari Sabat, menyebarkan agama, berdoa dan saing menyayangi. Hati anda lama-kelamaan akan dipenuhi kebenaran dengan bantuan Roh Kudus, dan Firman Tuhan akan membasuh segala kejahatan atau dosa. Dengan cara ini, hati anda akan disunatkan dan diubah menjadi benar dengan bertindak menurut Firman Tuhan, dan ini adalah "dilahirkan daripada air."

Oleh itu, untuk menerima penyelamatan menyeluruh, anda bukan hanya perlu menerima Yesus tetapi juga menyunatkan hati dengan mematuhi Firman Tuhan setiap saat dalam hidup anda.

Dilahirkan Semula Dengan Roh

Untuk menerima penyelamatan, anda perlu dilahirkan daripada air dan Roh juga. Bagaimana anda boleh dilahirkan daripada Roh? Dalam Kisah Para Rasul 19:2, rasul Paulus bertanya kepada beberapa orang pelajar, *"Sudahkah kamu menerima Roh Tuhan pada waktu kamu percaya kepada Yesus?"* Apa maksudnya menerima Roh Kudus?

Manusia pertama Adam terdiri daripada "roh," "jiwa," dan "tubuh" (1 Tesalonika 5:23), namun rohnya mati akibat melanggar perintah Tuhan. Dia kemudian menjadi ciptaan yang tidaklah lebih baik daripada haiwan yang diciptakan dengan roh dan jasad (Pengkhutbah 3:18).

Jika anda bertaubat, mengakui bahawa anda berdosa, Tuhan memberikan anda Roh Kudus sebagai hadiah dan petanda bahawa anda adalah anak-Nya (Kisah Para Rasul 2:38).

Mana-mana anak Tuhan, yang menerima Roh Kudus, dapat membezakan antara baik dan jahat dengan Firman Tuhan dan hidup berdasarkan Firman Tuhan dengan kuasa dan kekuatan syurga, melalui doa yang tekun dan berterusan.

Dengan cara ini anda berubah kepada kebenaran dan mempunyai iman rohani sehingga tahap anda dapat melahirkan roh melalui Roh Kudus. Yohanes 3:6 menyatakan, *"Secara jasmani manusia dilahirkan oleh manusia, tetapi secara rohani manusia dilahirkan oleh Roh Tuhan,"* dan Yohanes 6:63 menyatakan, *"Yang menyebabkan manusia hidup ialah Roh Tuhan. Dengan kekuatan sendiri, manusia tidak dapat melakukannya. Kata-kata yang Aku katakan kepada kamu datangnya daripada Roh Tuhan yang memberikan hidup."*

Menjadi Manusia Roh Menurut Roh Kudus

Apabila anda dilahirkan daripada air dan Roh Kudus, anda akan mendapat kewarganegaraan di syurga (Filipi 3:20). Sebagai anak Tuhan, anda menghadiri jemaah gereja, memuji-Nya dengan hati gembira, dan berusaha untuk hidup dalam cahaya.

Sebelum menerima Roh Kudus, anda hidup dalam kegelapan kerana anda tidak mengetahui kebenaran. Namun, selepas menerima Roh Kudus, anda berusaha untuk hidup dalam cahaya.

Apabila masa berlalu, anda akan dapati bahawa ketika anda bergembira dalam hati, anda sentiasa bergelut di dalam. Hal ini kerana hukum Roh yang menurut kehendak Roh Kudus bergelut dengan hukum sifat berdosa yang menurut nafsu manusia berdosa, nafsu daripada mata, dan sifat megah hidup (1 Yohanes 2:16).

Rasul Paulus berbincang tentang pergelutan ini: *"Batinku*

suka akan hukum daripada Tuhan. Tetapi aku sedar bahawa dalam diriku ada hukum lain yang bertentangan dengan hukum yang diakui oleh akal budiku. Itulah sebabnya aku ditawan oleh hukum dosa yang menguasai diriku. Beginilah keadaanku: aku mentaati hukum Tuhan dengan akal budi sahaja, sedangkan tabiatku sebagai manusia mengikut hukum dosa. Alangkah malangnya aku ini! Siapakah yang dapat menyelamatkan aku daripada tubuh ini yang membawa aku kepada kematian?" (Roma 7:22-24)

Apabila anda dilahirkan daripada air dan Roh, anda menjadi anak Tuhan. Hal ini tidak bermaksud bahawa anda seorang yang sempurna dari segi rohani.

Itu sebabnya Galatia 5:16-17 menyatakan, *"Inilah maksudku: Biarlah Roh Tuhan memimpin hidup kamu dan janganlah hidup menurut keinginan tabiat manusia. Hal itu demikian, kerana keinginan manusia bertentangan dengan keinginan Roh Tuhan, dan keinginan Roh Tuhan bertentangan dengan keinginan manusia. Kedua-duanya saling bermusuhan sehingga kamu tidak dapat melakukan apa yang kamu inginkan."*

Untuk menurut Roh Kudus, anda perlu hidup berdasarkan Firman Tuhan dan melakukan kehendak yang diterima dan menyenangkan Tuhan. Jadi, jika anda menurut kehendak Roh, anda tidak akan tergoda dan akan mampu mengalahkan musuh iaitu Iblis yang cuba menggoda anda untuk menurut kehendak sifat berdosa. Anda dapat hidup berdasarkan kebenaran dan mengabdikan diri dengan sepenuhnya kepada kerajaan Tuhan dan kebenaran-Nya.

Apabila anda menurut kehendak Roh Kudus, anda akan berada dalam sukacita dan damai. Namun begitu, anda akan terseksa dan terbeban apabila anda menurut kehendak sifat berdosa.

Apabila iman anda bertambah matang, anda menyingkirkan dosa dan menurut kehendak Roh Kudus dalam semua hal. Kehendak dalam diri anda yang mahu menurut sifat berdosa akan hilang. Tambahan pula, anda tidak perlu bergelut untuk menyingkirkan dosa dan terseksa lagi. Anda dapat sentiasa bersukacita dalam apa-apa keadaan.

Tuhan gembira dengan orang yang hidup berdasarkan kehendak Roh. Dia memberikan mereka kehendak hati mereka seperti janji-Nya kepada kita dalam Mazmur 37:4, *"Carilah kebahagiaan yang datang daripada TUHAN, dan Dia akan memuaskan keinginan hatimu."*

Jika anda mengubah hati menjadi hati yang hanya dipenuhi kebenaran, Tuhan akan berasa senang dengan anda dan memudahkan segala urusan bagi anda. Saya harap anda akan dilahirkan daripada air dan Roh, dan hidup menurut kehendak Roh.

Tiga Pengakuan: Roh, Air, dan Darah

Seperti yang telah saya terangkan, anda perlu dilahirkan daripada air dan Roh untuk diselamatkan. Namun begitu, untuk menerima penyelamatan penuh, anda perlu disucikan daripada dosa dengan darah Yesus, dengan cara berjalan dalam cahaya.

Jika hati anda tidak disucikan, anda masih ada dosa. Oleh itu, anda memerlukan darah Yesus untuk disucikan daripada dosa yang masih ada.

Berkenaan hal ini, 1 Yohanes 5:5-8 menyatakan:

Siapakah dapat mengalahkan dunia ini? Hanya orang yang percaya bahawa Yesus Anak Tuhan. Yesus Kristuslah yang datang ke dunia dengan air baptisan-Nya dan dengan darah kematian-Nya. Dia datang bukan dengan air sahaja, tetapi dengan air dan darah. Roh Tuhan sendiri memberikan kesaksian bahawa hal itu benar, kerana Roh tidak pernah berdusta. Ada tiga saksi: Roh Tuhan, air dan tanah; dan ketiga-tiganya memberikan kesaksian yang sama.

Yesus Datang Daripada Air dan Darah

Yohanes 1:1 menyatakan bahawa *"Firman itu sama dengan Tuhan"* dan Yohanes 1:14, *"Firman itu sudah menjadi manusia dan tinggal antara kita. Kita nampak kemuliaan-Nya, kemuliaan yang diterima-Nya sebagai anak tunggal Bapa."* Hal ini bermaksud, satu-satunya Anak Tuhan dan Firman Tuhan, datang ke dunia dalam bentuk darah daging untuk mengampunkan dosa kita. Malah sehingga kini, Dia terus menyucikan kita dengan Firman Tuhan – iaitu Alkitab.

Namun begitu, anda tidak dapat hidup berdasarkan Firman Tuhan tanpa bantuan Roh Kudus, Mustahil untuk menyingkirkan dosa hanya dengan kekuatan sendiri. Anda patut menerima bantuan Roh Kudus menerusi doa yang sungguh-sungguh supaya anda dapat menyingkirkan nafsu tubuh, nafsu daripada mata, dan sifat megah kehidupan. Hanya dengan cara itulah anda dapat menyingkirkan dusta daripada hati anda.

Sebagai tambahan, anda perlukan tumpahan darah untuk diampunkan. Ibrani 9:22 menyatakan *"Sebenarnya, menurut hukum Taurat, hampir segala sesuatu disucikan dengan darah. Demikian juga dosa hanya dapat diampunkan jika ada penumpahan darah."* Anda memerlukan darah Yesus kerana hanya darah Dia yang tidak berdosa dan tidak tercela dapat memberikan anda pengampunan.

Anda mesti percaya kepada Yesus yang datang daripada air dan darah, dan menerima Roh Kudus sebagai hadiah daripada Tuhan untuk mendapatkan penyelamatan, iaitu anda memerlukan ketiga-tiga perkara ini: Roh, air dan darah.

Jika tiada penumpahan darah, tidak akan ada pengampunan dan anda masih akan berdosa. Anda bukan sahaja memerlukan Firman – iaitu air – untuk disucikan, tetapi juga bantuan Roh Kudus untuk membantu anda hidup berlandaskan Firman dengan sepenuhnya. Jadi ketiga-tiga hal ini saling diperlukan.

Oleh itu, kita sepatutnya, selepas menerima Yesus Kristus dan diampunkan dosa, terus dilahirkan daripada air dan Roh untuk mendapatkan penyelamatan yang sempurna, memahami bahawa ketiga-tiganya iaitu Roh, air dan darah menyelamatkan kita dan membawa kita ke syurga.

Bab 10

Apakah Itu Bidaah?

- Takrif Bidaah Menurut Alkitab
- Roh Kebenaran dan Roh Kesalahan

Pada masa lampau, nabi-nabi palsu muncul di kalangan umat Tuhan. Demikian juga guru-guru palsu akan muncul di kalangan kamu. Mereka akan menyebarkan ajaran yang tidak benar dan yang membinasakan. Mereka akan menyangkal Yesus Kristus, Penguasa yang sudah menyelamatkan mereka. Dengan demikian mereka mendatangkan kebinasaan yang akan menimpa diri mereka dengan tiba-tiba. Meskipun demikian, banyak orang akan mengikut cara hidup guru-guru palsu yang akan melakukan perbuatan cabul. Perbuatan mereka itu menyebabkan orang menghina Jalan Benar kepada Tuhan. Guru-guru palsu ini tamak; mereka mencarai keuntungan dengan jalan menceritakan cerita-cerita rekaan mereka sendiri kepada kamu. Sejak dahulu Tuhan telah menjatuhkan hukuman kepada mereka, dan kebinasaan yang telah ditetapkan-Nya menunggu-nunggu mereka.

2 Petrus 2:1-3

Sejak tamadun materialisme terbentuk, manusia mula menyangkal Tuhan dan bergantung kepada kebijaksanaan dan pengetahuan mereka. Apabila dosa tersebar, roh manusia menjadi gelap dan mereka menjadi tercemar. Oleh itu, ramai manusia terperdaya oleh penipuan kerana mereka tidak dapat membezakan antara yang benar dan yang palsu. Mereka juga silap menilai orang lain berdasarkan pengetahuan dan teori mereka yang dianggap betul.

Dalam Matius 12:22-32, Yesus menyembuhkan lelaki yang dirasuki roh jahat sehingga buta dan bisu. Namun begitu, apabila orang Farisi mendengar hal ini, mereka berkata, *"Dia dapat mengusir roh jahat hanya kerana Dia diberikan kuasa oleh Beelzebul, ketua roh jahat"* (ayat 24). Mereka menuduh kerja Tuhan dilaksanakan oleh roh jahat.

Yesus berkata kepada mereka dalam Matius 12:31-32, *"Oleh itu ketahuilah, orang yang berbuat dosab ataupun mengatakan kata-kata kufur, akan diampuni. Tetapi sesiapa mengkufuri Roh Tuhan, tidak akan diampuni! Sesiapa yang dengan kata-katanya menentang Anak Manusia dapat diampuni, tetapi sesiapa yang menghina Roh Tuhan tidak dapat diampuni, baik sekarang mahupun di akhirat!."*

Orang Farisi menyangka apa yang Yesus lakukan dengan

kuasa Tuhan adalah kerja roh jahat. Adalah kufur jika menentang Roh Kudus. Orang Farisi, oleh itu, tidak dapat diampunkan.

Jika anda membezakan antara kebenaran dan kepalsuan dengan jelas menerusi Alkitab, anda tidak akan menghakimi orang lain dan diperdayakan dengan perkara palsu.

Mari kita dalami "bidaah" dari perspektif Tuhan, dan bagaimana membezakan antara Roh Tuhan dengan roh jahat, dan beberapa mazhab bidaah yang perlu anda berhati-hati.

Takrif Bidaah Menurut Alkitab

Kamus Oxford mendefinisikan 'bidaah' sebagai 'satu kepercayaan atau pendapat yang bertentangan dengan prinsip sesuatu agama.' Sesetengah orang menganggap hanya apa yang dipercaya oleh mereka sebagai betul, dan agama lain sebagai bidaah. Sebagai contoh, bagi seorang penganut Buddha, hanya agama Buddha adalah cara yang benar dan betul. Bagi mereka, agama-agama lain seperti Konfusianisme adalah tidak benar.

Paulus, Dituduh Sebagai Ketua Mazhab Bidaah

Kisah Para Rasul 24:5 menyatakan, *"Kami dapati orang ini pengacau yang berbahaya. Dia menimbulkan kekacauan di kalangan orang Yahudi di seluruh dunia dan dia pemimpin kumpulan orang Nasaret."* Di sini *"kumpulan orang Nasaret"* merujuk kepada "mazhab bidaah," dan ini adalah kali pertama perkataan "bidaah" muncul dalam Alkitab.

Orang Yahudi membuat tuduhan terhadap Paulus di hadapan gabenor kerana mereka fikir injil yang diajarkan oleh Paulus adalah bidaah. Paulus menidakkan tuduhan ini dan mengakui imannya seperti yang dicatatkan dalam Kisah Para Rasul 24:13-16.

Mereka pun tidak dapat membuktikan tuduhan yang dikemukakan kepada tuan terhadap saya. Saya mengaku di hadapan tuan bahawa saya menyembah Tuhan yang disembah oleh nenek moyang kami menurut ajaran Yesus, yang dianggap salah oleh mereka. Tetapi saya percaya juga kepada segala yang tertulis di dalam Taurat Musa dan Kitab Nabi-Nabi. Seperti mereka, saya berharap kepada Tuhan bahawa semua orang akan dibangkitkan daripada kematian – orang baik, mahupun orang jahat! Oleh itu saya berusaha sebaik-baiknya supaya hati nurani saya sentiasa bersih di sisi Tuhan dan di hadapan manusia.

Adakah Rasul Paulus Benar-benar Seorang Pembidaah?

Anda perlu melihat definisi bidaah dalam Alkitab kerana Alkitab adalah Firman Tuhan, dan hanya Ciptaan yang benar yang dapat membezakan kebenaran daripada kepalsuan. Satu definisi bidaah dibincangkan dalam 2 Petrus 2:1:

Pada masa lampau, nabi-nabi palsu muncul di kalangan umat Tuhan. Demikian juga guru-guru palsu akan muncul di kalangan kamu. Mereka akan menyebarkan ajaran yang tidak benar dan yang membinasakan. Mereka akan menyangkal Yesus Kristus, Penguasa yang sudah menyelamatkan mereka. Dengan demikian mereka mendatangkan kebinasaan yang akan menimpa diri mereka dengan tiba-tiba.

"Penguasa yang sudah menyelamatkan mereka" merujuk kepada Yesus Kristus. Manusia asalnya milik Tuhan dan hidup berdasarkan kehendak-Nya. Namun selepas ingkar, Adam menjadi orang yang berdosa dan menjadi milik Iblis. Namun demikian, Tuhan berasa kasihan terhadap manusia yang menuju jalan maut. Dia menghantarkan Yesus, satu-satunya Anak-Nya, sebagai korban damai dan membenarkan-Nya disalib supaya Dia dapat membuka jalan penyelamatan melalui darah-Nya.

Tuhan bekerja untuk kita, yang dahulunya milik Iblis, untuk membolehkan dosa kita diampunkan jika kita percaya kepada Yesus Kristus. Kita juga menerima kehidupan dan menjadi milik Tuhan semula. Itu sebabnya kita boleh katakan bahawa Yesus menebus kita melalui penyaliban-Nya, dan Alkitab memberitahu anda bahawa Yesus "ialah Penguasa yang sudah menyelamatkan mereka."

Pembidaah Menidakkan Yesus Kristus

Kini anda tahu bahawa "pembidaah" merujuk kepada *"mereka menyangkal Yesus Kristus, Penguasa yang sudah menyelamatkan mereka. Dengan demikian mereka mendatangkan kebinasaan yang akan menimpa diri mereka"* (2 Petrus 2:1). Istilah ini tidak pernah digunakan sehinggalah Yesus telah menamatkan misi-Nya sebagai Penyelamat. Nama "Yesus" bermakna "[orang yang] akan menyelamatkan umatNya daripada dosa mereka." "Kristus" bermakna "Yang Telah Diurapi." Yesus menjadi Penyelamat hanya selepas Dia telah menjalankan semua kerja-Nya – untuk disalib dan dibangkitkan semula.

Itu sebabnya anda tidak akan menjumpai istilah ini dalam Perjanjian Lama atau dalam Injil Matius, Markus, Lukas dan Yohanes, di mana hidup Yesus dicatatkan. Malah orang Farisi, iaitu guru hukum Taurat, dan imam yang menghukum Yesus tidak menggunakan istilah ini. Ia juga tidak digunakan oleh ketua imam.

Hanya selepas Yesus dibangkitkan semula untuk mencapai misi-Nya sebagai Kristus, "orang yang menidakkan Penguasa yang menebus mereka" mula muncul. Hanya selepas itu Alkitab memberi amaran kepada kita tentang pembidaah.

Oleh itu, jika manusia percaya kepada Yesus Kristus sebagai "Penguasa yang menebus mereka", mereka bukanlah pembidaah. Jika mereka menentang hal ini, mereka adalah pembidaah.

Rasul Paulus tidak menentang Yesus Kristus yang telah menebusnya dengan darah-Nya yang tidak ternilai. Sebaliknya, Paulus mengucapkan terima kasih kepada Yesus Kristus yang diakuinya ke mana-mana dia pergi, dan Paulus dihukum dengan hukuman yang berat. Lima kali, dia menerima 40 sebatan daripada orang Yahudi, kecuali satu. Dia direjam sekali. Dia dipenjarakan, dihukum oleh orang bukan Yahudi dan orang-orangnya sendiri, dan dikhianati oleh orang yang dipercayainya. Walaupun menderita semua hal ini, Paulus menjadi lelaki yang mempunyai kuasa hebat dengan mengatasi penderitaan dengan rasa gembira dan bersyukur, dan memuliakan Tuhan dengan menyembuhkan ramai orang atas nama Yesus Kristus sehingga dia mati syahid.

Paulus Menyebarkan Injil yang Menunjukkan Kuasa Tuhan

Kuasa Tuhan tidak dapat ditunjukkan oleh orang yang menidakkan Tuhan Pencipta dan Yesus Kristus, yang dari segala segi adalah Tuhan kerana Alkitab sendiri menyatakan, *"Beberapa kali aku telah mendengar Tuhan berfirman bahawa kuasa berasal daripada-Nya"* (Mazmur 62:12).

Anda tidak sepatutnya menghakimi seseorang yang menunjukkan kuasa Tuhan kerana kuasa membuktikan bahawa Tuhan berada bersamanya dan orang ini amat mengasihi Tuhan. Dalam Galatia 1:6-8, Paulus, yang digelar ketua kumpulan Nasaret, memberi amaran untuk tidak menurut atau menyebarkan ajaran berbeza daripada mesej salib:

Aku hairan terhadap tingkah laku kamu. Tuhan sudah memanggil kamu kerana rahmat Kristus. Tetapi dalam masa yang demikian singkat, kamu telah meninggalkan Dia lalu mengikut berita baik lain yang bukan daripada Tuhan. Sebenarnya tidak ada berita baik lain. Tetapi aku berkata demikian kerana ada beberapa orang yang mengelirukan kamu dan cuba memutarbalikkan Berita Baik tentang Kristus. Jika kami, ataupun malaikat dari syurga, mengkhabarkan berita baik yang berlainan daripada Berita Baik yang telah kami khabarkan kepada kamu, biarlah orang itu dihukum oleh Tuhan!

Pada hari ini pun, sesetengah orang dituduh sebagai pembidaah, walaupun mereka tidak pernah menidakkan Yesus Kristus tetapi hanya menyebarkan ajaran Kristus dan mengakui Tuhan yang hidup, dengan cara menunjukkan dan bekerja dengan kuasa Tuhan.

Jangan Secara Rambang Menghakimi Orang Lain Sebagai Pembidaah

Saya juga telah mengalami beberapa siri ujian dengan dituduh sebagai pembidaah, apabila saya menunjukkan kuasa Tuhan dan gereja saya berkembang besar. Malah, saiz jemaah telah berkembang melebihi 120,000 orang ahli dalam tempoh tiga dekad sejak gereja ditubuhkan pada tahun 1982.

Saya telah menderita banyak jenis penyakit selama tujuh tahun, dan disembuhkan dengan kuasa Tuhan. Kemudian saya cuba hidup dengan memuliakan Tuhan, sama ada saya makan atau minum seperti rasul Paulus. Saya menyerahkan hidup saya di tangan Tuhan dan menumpukan kepada "Hanya Yesus, sentiasa Yesus."

Sejak saya masih sakit, saya mengakui bahawa Tuhan telah

menyembuhkan saya dan saya cuba menyebarkan ajaran. Selepas menjadi hamba Tuhan, saya menyebarkan mesej salib dan mengakui Tuhan yang hidup serta Yesus Penyelamat. Saya malah memberi pengakuan tentang Tuhan apabila saya menjalankan acara perkahwinan kerana saya benar-benar mahu memimpin lebih ramai orang ke jalan penyelamatan.

Saya sedar bahawa Firman Tuhan yang berkuasa dan bukti Tuhan yang hidup perlu sebagai saksi Tuhan pada akhir zaman ini. Jadi saya berdoa dengan lebih tekun, seperti para leluhur iman kita, untuk menerima kuasa Tuhan, dan telah lulus semua ujian yang diberikan kepada saya dengan sukacita dan kesyukuran.

Kadangkala saya menerima ujian yang hampir dengan kematian. Namun demikian, seperti Yesus yang menerima kemuliaan selepas kebangkitan daripada kematian-Nya yang tidak bersalah, Tuhan meningkatkan kuasa saya menurut kehendak-Nya apabila saya berhadapan dengan satu demi satu ujian.

Hasilnya, setiap kali saya mengakui mengapa Tuhan merupakan satu-satunya Tuhan sebenar dan mengapa anda diselamatkan apabila anda menerima Yesus Kristus, di seluruh dunia—di Kenya, Uganda, Honduras, Jepun, malah di Pakistan yang majoritinya Islam dan India yang majoritinya Hindu—sejak tahun 2000, berpuluh-puluh ribu orang telah bertaubat, orang buta dapat melihat, orang bisu dapat bercakap, orang pekak dapat mendengar, penyakit yang tiada penawar seperti AIDS disembuhkan, termasuk pelbagai jenis kanser. Mukjizat ini sangat memuliakan Tuhan.

Oleh itu, orang yang benar-benar memahami makna bidaah tidak menuduh orang lain sebagai pembidaah secara membuta tuli. Dalam Kisah Para Rasul 5:33-42, anda membaca kisah Gamaliel, seorang guru hukum Taurat, yang dihormati semua orang. Apakah yang dia lakukan?

Pada waktu itu, orang Farisi dalam Majlis Agama melarang Petrus dan Yohanes untuk membuat pengakuan tentang Yesus Kristus, tetapi mereka berdua dipenuhi Roh Kudus dan tidak menurut perintah majlis ini. Oleh itu, ahli Majlis Agama mahu menghukum kedua-dua rasul dengan hukuman bunuh. Namun, Gamaliel menentang keputusan Majlis Agama dan mengarahkan mereka berdua diletakkan di luar buat seketika. Dia kemudian berkata kepada majlis:

Saudara-saudara orang Israel! Fikirkan baik-baik apa yang hendak saudara-saudara lakukan terhadap semua orang itu. Beberapa waktu dahulu, Teudas muncul dan menganggap dirinya seorang pemimpin yang besar. Kira-kira empat ratus orang mengikut dia. Tetapi dia terbunuh, lalu semua pengikutnya tercerai-cerai, dan pergerakannya lenyap. Setelah itu Yudas, orang dari Galilea pun muncul pada masa pembancian. Dia mempengaruhi banyak orang, tetapi dia juga terbunuh, lalu semua pengikutnya tercerai-cerai. Oleh itu tentang perkara ini sekarang, saya cadangkan supaya jangan ambil tindakan apa-apa terhadap semua orang itu. Biarkan mereka pergi. Jika apa yang dicadangkan dan dilakukan mereka itu daripada

manusia, maka semuanya akan lenyap. Tetapi jika
semua itu datang daripada Tuhan, saudara-saudara
tidak akan dapat mengalahkan mereka. Malah mungkin
akan ternyata bahawa saudara-saudara melawan
Tuhan (Kisah Para Rasul 5:35-39).

Selepas membaca ayat ini, anda sedar bahawa jika kerja
mukjizat bukanlah daripada atau asalnya Tuhan, ia akan gagal
akhirnya walaupun orang lain tidak mengambil tindakan untuk
menghentikannya. Namun begitu, jika mereka menentang atau
mengganggu kerja yang asalnya daripada Tuhan, mereka tidak
akan dapat menghentikan kerja itu. Malah, usaha mereka tiada
bezanya dengan menentang Tuhan dan mereka akan menerima
hukuman dan pengadilan Tuhan.

Kadangkala orang menuduh seseorang sebagai pembidaah
kerana ada perbezaan tafsiran Alkitab, visi daripada Roh Kudus,
malah bahasa roh walaupun mereka mengakui Triniti dan Yesus
Kristus datang dalam bentuk manusia.

Sesetengah orang menyatakan bahawa mereka tidak
memerlukan bahasa roh atau visi, dan kerja Roh Kudus ini
adalah salah kerana tiada rekod yang menyatakan bahawa Yesus
bercakap dalam bahasa roh atau melihat visi. Namun demikian,
Alkitab menyatakan bahawa hal ini adalah bagus untuk kita.

Bagi kebaikan kita semua, Tuhan memberikan bukti
bahawa Roh-Nya ada pada setiap orang. Ada orang
yang dapat menyampaikan perkhabaran yang penuh
dengan kebijaksanaan. Ada orang lain yang dapat

menyampaikan pengetahuan tentang Tuhan. Tetapi kebolehan-kebolehan itu diberikan oleh Roh yang sama. Kepada yang lain, Roh yang sama mengurniakan kepercayaan yang luar biasa kepada Kristus, sedangkan kepada yang lain pula Roh Tuhan mengurniakan kuasa untuk menyembuhkan orang sakit. Kepada yang lain, Roh Tuhan mengurniakan kuasa untuk melakukan mukjizat, dan kepada yang lain pula, Roh itu memberikan kurnia untuk menyampaikan perkhabaran daripada Tuhan. Kepada yang lain pula, Roh Tuhan mengurniakan kebolehan untuk membeza-bezakan kurnia yang daripada Roh Tuhan dan yang bukan daripada Roh Tuhan. Ada pula yang dapat bertutur dalam pelbagai bahasa yang ajaib, dan ada juga yang dapat menerangkan erti bahasa-bahasa itu. Tetapi semuanya dilakukan oleh Roh yang sama juga. Dia memberi setiap orang kurnia yang berlainan menurut kehendak-Nya sendiri (1 Korintus 12:7-11).

Oleh itu, anda tidak sepatutnya memfitnah atau menuduh orang yang mempunyai kurnia Roh yang berbeza-beza sebagai pembidaah hanya kerana anda sendiri tidak mengalaminya.

Roh Kebenaran dan Roh Kepalsuan

Dalam 2 Petrus 2:1-3, terdapat penjelasan tentang bidaah. Alkitab memberikan kita amaran tentang nabi palsu dan guru yang dengan licik mengajarkan bidaah yang membawa kemusnahan. *"Meskipun demikian, banyak orang akan mengikut cara hidup guru-guru palsu yang melakukan perbuatan cabul. Perbuatan mereka itu menyebabkan orang menghina Jalan Benar kepada Tuhan. Guru-guru palsu ini tamak; mereka mencari keuntungan dengan jalan menceritakan cerita-cerita rekaan mereka sendiri kepada kamu. Sejak dahulu Tuhan telah menjatuhkan hukuman kepada mereka, dan kebinasaan yang telah ditetapkan-Nya menunggu-nunggu mereka"* (2 Petrus 2:2-3).

Juga dalam 1 Yohanes 4:1-3, ia menyatakan, *"Sahabat-sahabat yang aku kasihi! Janganlah percaya kepada semua orang yang mengaku bahawa mereka mempunyai Roh Tuhan, tetapi ujilah mereka untuk mengetahui sama ada roh yang ada pada mereka itu berasal daripada Tuhan atau tidak. Hendaklah kamu berbuat demikian kerana banyak nabi palsu telah pergi ke serata tempat. Inilah caranya kamu boleh mengetahui sama ada roh itu Roh Tuhan atau tidak: Sesiapa mengakui Yesus Kristus datang ke dunia sebagai manusia, orang itu mempunyai Roh yang datang daripada Tuhan. Tetapi sesiapa menafikan hal ini tentang Yesus, orang itu tidak mempunyai Roh Tuhan. Orang itu mempunyai roh daripada Musuh Kristus. Kamu sudah mendengar bahawa roh itu akan datang, dan sekarang roh itu sudah di dunia ini."*

Uji Setiap Roh untuk Memastikan Ia Datang daripada Tuhan atau Tidak

Terdapat roh baik yang datang daripada Tuhan yang memimpin anda ke arah penyelamatan, manakala ada juga roh jahat yang memperdayakan anda ke arah kemusnahan.

Dari satu sisi, seseorang yang diberikan Roh Tuhan mengakui bahawa Yesus datang dalam bentuk darah daging. Dia percaya kepada Tuhan Triniti, Yesus Kristus, dan Roh, jadi dia dimeteraikan sebagai anak Tuhan. Dia dapat memahami kebenaran dan hidup berpandukan kebenaran dengan bantuan Roh.

Dari sisi lain, orang yang mempunyai roh anti-Kristus menentang Yesus Kristus dengan Firman Tuhan dan menidakkan penebusan-Nya. Anda perlu berhati-hati dan dapat membezakan anti-Kristus kerana anti-Kristus lazimnya bekerja dalam kalangan orang Kristian dengan menyalahgunakan Firman Tuhan.

Dalam apa-apa hal, menidakkan Yesus Kristus tiada bezanya dengan menentang Tuhan yang menghantarkan-Nya ke dunia.

Alkitab memberi amaran tentang anti-Kristus dalam 2 Yohanes 1:7-8 seperti berikut:

Banyak penipu telah pergi ke seluruh dunia. Mereka tidak mengakui Yesus Kristus datang ke dunia sebagai manusia. Orang semacam itu penipu dan Musuh Kristus. Oleh itu, berwaspadalah supaya tidak kehilangan apa yang telah kamu usahakan untuk puan dan anak-anak puan. Berusahalah supaya puan dan anak-anak puan menerima pahala sepenuhnya daripada Tuhan.

Dalam 1 Yohanes 2:19 kita diberikan satu lagi amaran:

Musuh-musuh Kristus itu sebenarnya tidak termasuk dalam golongan kita, itulah sebabnya mereka meninggalkan kita. Jika mereka termasuk dalam golongan kita, tentu mereka tetap bersama-sama kita. Tetapi mereka meninggalkan kita, supaya nyata bahawa tidak seorang pun antara mereka yang benar-benar termasuk dalam golongan kita.

Terdapat dua jenis anti-Kristus: orang yang dirasuki roh anti-Kristus dan orang yang diperdaya oleh roh anti-Kristus. Kedua-duanya cuba memperdaya manusia di mana-mana sahaja Roh Kudus berada. Mereka menangkap manusia untuk menentang Firman Tuhan dan memperdaya mereka melalui pemikiran. Orang yang pemikirannya dikawal sepenuhnya oleh roh anti-Kristus dinamakan "kerasukan roh jahat."

Jika seorang hamba Tuhan diberikan roh anti-Kristus, ahli gereja akan terus menuju ke arah jalan kemusnahan yang dimahukan oleh roh anti-Kristus.

Oleh itu, anda perlu benar-benar tahu tentang Roh kebenaran dan roh kepalsuan supaya tidak diperdaya oleh roh anti-Kristus, tetapi dapat hidup dalam kebenaran dan cahaya.

Cara Membezakan Roh

1 Yohanes 4:5-6 menyatakan, *"Nabi-nabi palsu itu berkata-kata tentang perkara-perkara dunia, dan orang dunia ini mendengar kata-kata mereka, kerana mereka milik dunia ini. Tetapi kita milik Tuhan. Sesiapa yang mengenal Tuhan, mendengar kata-kata kita. Sesiapa yang bukan milik Tuhan, tidak mahu mendengar kata-kata kita. Itulah caranya kita dapat membezakan Roh yang memberikan ajaran benar, dengan roh yang menyesatkan orang."*

Istilah "menyesatkan" merujuk kepada "penyataan salah yang tidak benar." Roh penyesatan adalah roh dunia yang memperdayakan anda untuk mempercayai sesuatu yang dusta sebagai benar, dan menyebabkan anda melepasi batasan iman. Maksudnya, orang yang datang daripada Tuhan akan mendengar Firman kebenaran, tetapi yang datang dari dunia akan mendengar perkara duniawi, dan bukannya kebenaran. Jadi, mudah untuk mengenali mereka. Mudah untuk anda membezakan cahaya dan kegelapan jika anda mengetahui apa itu kebenaran. Anda boleh berkata, "Orang ini berada dalam kebenaran tetapi orang itu berada dalam kegelapan."

Contohnya, jika seseorang berkata pada hari Ahad, "Mari pergi berkelah tengah hari nanti. Kita pergi jemaah pagi sahajalah. Bukankah itu sama bagusnya?" atau jika dia cuba memusnahkan kerajaan Tuhan dan membuat tipu daya jahat dan masih mengakui percaya kepada Tuhan, inilah kerja roh penyesatan.

Anda mungkin memahami banyak perkara yang diberikan

oleh Tuhan secara percuma kepada anda jika anda menerima Roh kebenaran yang datang daripada Tuhan (1 Korintus 2:12). Ini sebabnya Roh Kudus tinggal dalam diri anda—anak Tuhan yang amat berharga. Inilah Roh kebenaran yang akan memimpin anda ke arah semua kebenaran. Dia tidak bercakap dengan sendiri; Dia menyatakan hanya apa yang didengari-Nya, dan akan memberitahu anda apa yang bakal berlaku.

Oleh itu, Yesus menyatakan dalam Yohanes 14:17, *"Dia Roh Tuhan, yang menunjukkan apa yang benar tentang Tuhan. Dunia tidak dapat menerima Dia, kerana dunia tidak dapat melihat Dia ataupun mengenal Dia. Tetapi kamu mengenal Dia, kerana Dia tinggal dengan kamu dan bersatu dengan kamu."* Yohanes 15:26 memberikan kita satu lagi peringatan tentang Roh Kudus *"Aku akan mengutus Penolong yang berasal daripada Bapa kepada kamu. Dia Roh yang akan menunjukkan apa yang benar tentang Tuhan. Apabila Dia datang, Dia akan memberikan kesaksian tentang Aku."*

Juga 1 Korintus 2:10 menyatakan, *"Tetapi melalui Roh-Nya, Tuhan menyatakan rancangan-Nya kepada kita. Roh Tuhan menyelidiki segala sesuatu, bahkan rancangan Tuhan yang paling tersembunyi sekalipun."* Seperti yang tertulis, hanya Roh Kudus yang mengetahui dan memahami minda Tuhan.

Oleh itu, orang yang menerima Roh kebenaran mendengar Firman kebenaran dan mematuhinya. Lebih luas kerajaan dan kebenaran Tuhan disebarkan, lebih sukacita mereka. Mereka dipenuhi kehidupan, dan ingin akan kerajaan syurga.

Namun demikian, ada juga yang hadir ke gereja tanpa rasa sukacita kerana mereka tidak mempunyai iman yang datang daripada Tuhan. Mereka masih dimiliki oleh dunia dan lebih suka akan perkara duniawi seperti wang dan keseronokan. Oleh itu, mereka tidak dapat hidup dalam kebenaran, menginginkan kerajaan syurga, atau mengasihi Tuhan dengan sepenuh hati.

Akhirnya, orang begini akan meninggalkan Tuhan disebabkan roh penyesatan kerana mereka dimiliki dunia dan tidak mempunyai Roh kebenaran. Jika seseorang memfitnah atau mengumpat orang lain yang beriman atau mengganggu orang lain disebabkan cemburu akan mereka yang beriman kepada kerajaan Tuhan dan kebenaran-Nya, dia bukanlah dari Roh kebenaran.

Jangan Biarkan Sesiapa Menyesatkan Anda

1 Yohanes 3:7 menggesa kita: *"Anak-anakku, janganlah biarkan sesiapa pun menipu kamu. Sesiapa melakukan kehendak Tuhan, dia anak Tuhan, seperti Kristus."* Anda tidak boleh berpaling daripada Firman Tuhan supaya anda tidak akan diperdaya oleh pengetahuan dusta, kerana tiada apa yang tidak dapat diajarkan oleh Firman Tuhan kepada anda. Hanya dengan itu, anda akan menerima penyelamatan penuh, hidup makmur di dunia, dan menikmati kehidupan abadi di dalam kerajaan syurga.

Namun demikian, Iblis cuba sedaya upaya menghalang anak-anak Tuhan daripada hidup berpandukan Firman, dan membuatkan anda berkompromi dengan dunia, berpaling daripada Tuhan, meragui-Nya, dan menentang-Nya. Dalam 1 Petrus 5:8 disebutkan, *"Berjaga-jagalah dan berwaspadalah, kerana Iblis, musuh kamu merayau-rayau seperti singa yang mengaum sambil mencari mangsa."*

Jadi bagaimanakah musuh kita Iblis memperdayakan anak Tuhan? Anda boleh membandingkan hal ini dengan seorang wanita yang digoda seorang lelaki. Jika seorang wanita mempunyai sifat lemah-lembut dan maruah, dan berkelakuan baik, lelaki tidak akan berani menggodanya. Sebaliknya, lelaki dengan mudah dapat menggodanya jika dia tidak berkelakuan baik. Sama juga, musuh kita Iblis akan mendekati orang yang tidak mempunyai iman yang teguh dan meragui Tuhan. Iblis menggoda orang begini untuk berpaling daripada Tuhan dan menentang-Nya, dan akhirnya membawa mereka ke jalan maut. Hawa juga digoda oleh Iblis kerana dia terjebak akibat memutar-belitkan Firman Tuhan.

Anda pastinya akan berhadapan dengan ujian walaupun anda tidak bersalah. Hal ini kerana Tuhan mahu memberkati anda, seperti yang dapat dilihat dalam ujian Daniel yang dihumban ke dalam kandang singa, atau ujian Abraham yang mengorbankan anaknya sebagai korban bakaran.

Apabila anda berhadapan dengan ujian atau kesusahan kerana anda tidak mempunyai kepercayaan kukuh terhadap kebenaran, anda perlu segera menyingkirkan dosa dengan bertaubat, menyingkirkan semua godaan dan ujian dengan Firman Tuhan, dan cuba sedaya upaya untuk berdiri kukuh di atas batu kebenaran.

Berdiri Kukuh dalam Kebenaran; Dan Jangan Terperdaya

Dalam 1 Timotius 4:1-2, penulisnya mengatakan, *"Roh Tuhan dengan jelas mengatakan bahawa pada akhir zaman beberapa orang akan menyangkal Kristus. Mereka akan taat kepada roh yang menyesatkan dan kepada ajaran roh jahat. Ajaran itu disampaikan oleh orang munafik dan pendusta yang tidak mempedulikan suara hati mereka."*

Hal ini merujuk kepada masa kemudian di mana sesetengah orang mengaku beriman tetapi berpaling daripada iman mereka dengan menurut roh penyesat dan perkara yang diajarkan oleh roh jahat.

Orang yang terperdaya adalah hipokrit walaupun amalan mereka kelihatan penuh iman dan benar. Mereka berdoa di hadapan orang lain, dan cuba menjadi beriman disebabkan wang, dan bukan disebabkan kesyukuran terhadap kasih kurnia Tuhan. Akhirnya, mereka akan mengabaikan iman mereka dan menuju jalan maut kerana akal budi mereka telah dibakar dengan besi panas kerana menipu, hidup tanpa kebenaran, dan berseronok dengan perkara duniawi.

Tuhan dengan tegas mengingatkan kita menerusi Alkitab supaya jangan terperdaya. Yesus mengingatkan kita dalam Matius 7:15-16: *"Waspadalah terhadap nabi palsu. Mereka datang kepada kamu dengan rupa domba, tetapi sebenarnya mereka seperti serigala buas. Kamu akan mengenal mereka melalui hasil perbuatan mereka. Belukar berduri tidak menghasilkan buah anggur, dan semak berduri tidak menghasilkan buah ara"*

Kata-kata dan tindakan seseorang melambangkan fikiran dan keinginannya. Hal ini bermaksud, anda dapat mengenali seseorang melalui buah mereka. Jika seseorang mempunyai buah kejahatan seperti kebencian, iri hati dan cemburu, dan bukannya buah kebenaran iaitu kebaikan, dan kebenaran, dia ialah nabi palsu.

Ramai nabi palsu, anti-Kristus, yang sedia wujud dalam dunia ini. Oleh itu anak Tuhan perlu mempunyai pemahaman yang menyeluruh tentang bidaah, dan membezakan antara roh kebenaran dan roh penyesatan.

Musuh kita Iblis dan roh jahat tidak pernah melepaskan peluang untuk memperdayakan anak Tuhan dan membuatkan mereka berdosa apabila mereka tersasar daripada kebenaran. Apabila anda stabil dalam kebenaran dan mematuhinya, anda tidak akan diperdayakan oleh roh penyesatan, tetapi dengan mudah dapat menewaskannya apabila ia mendekati anda.

Anda tidak boleh mengakui atau mematuhi ajaran lain atau diperdayakan oleh ajaran tersebut, yang bertentangan dengan kebenaran. Sebaliknya, patuhi Firman Tuhan dan ikuti kehendak Roh Kudus supaya anda akan berani dan tidak dapat dipersalahkan semasa Kedatangan Kedua Yesus Kristus.

Yesus menyatakan bahawa, *"Seorang yang baik mengeluarkan perkara-perkara baik, kerana hatinya penuh kebaikan. Seorang yang jahat mengeluarkan perkara-perkara jahat kerana hatinya penuh kejahatan. Ketahuilah bahawa pada Hari Kiamat setiap orang harus mempertanggungjawabkan tiap-tiap kata yang tidak seharusnya diucapkan. Kata-kata kamu akan digunakan untuk menentukan sama ada kamu bersalah atau tidak* (Matius 12:35-37).

Orang yang baik mempunyai hati yang baik dan tidak akan menyebabkan kejahatan atau bahaya kepada orang lain, tidak kira sama ada tindakan itu memberi manfaat kepadanya atau tidak.

Namun demikian, orang yang jahat tidak akan gembira dengan kebenaran. Dia akan membawa segala jenis kejahatan untuk merosakkan orang lain disebabkan iri hati dan cemburu. Walaupun kata-katanya nampak betul dan adil, kita tidak boleh menyatakan bahawa dia orang yang baik jika dia berniat memburuk-burukkan orang lain atau memisahkan orang.

Oleh itu, anda perlu selalu berdoa dan berhati-hati supaya anda tidak akan diperdayakan. Anda perlu tahu membezakan sama ada roh itu benar atau tidak dan teguh iman dalam Triniti – Bapa, Anak dan Roh, dengan mempercayai seluruh Alkitab, dan mematuhinya.

"Datanglah, Tuhan, Yesus!"

Penulis:
Dr. Jaerock Lee

Dr. Jaerock Lee dilahirkan di Muan, Wilayah Jeonnam, Republik Korea, pada tahun 1943. Dalam usia 20-an, Dr. Lee menderita pelbagai penyakit yang tidak dapat disembuhkan selama tujuh tahun dan menunggu kematian tanpa harapan untuk sembuh. Suatu hari dalam musim bunga pada tahun 1974, beliau dibawa ke sebuah gereja oleh kakaknya dan apabila beliau melutut untuk berdoa, Tuhan yang maha hidup menyembuhkan semua penyakitnya dengan serta-merta.

Sejak Dr. Lee bertemu Tuhan yang maha hidup melalui pengalaman menakjubkan ini, beliau mengasihi Tuhan dengan sepenuh hati dan keikhlasan, dan pada tahun 1978, beliau telah terpanggil untuk menjadi hamba Tuhan. Beliau berdoa dengan bersungguh-sungguh supaya dapat memahami dengan jelas kehendak Tuhan, dan sepenuhnya mencapai tahap ini serta mematuhi semua Firman Tuhan. Pada tahun 1982, beliau mengasaskan Gereja Manmin Joong-ang di Seoul, Korea, dan menjalankan banyak kerja Tuhan, termasuklah keajaiban penyembuhan dan mukjizat, semuanya berlaku di gerejanya.

Pada 1986, Dr. Lee telah ditahbiskan sebagai seorang pastor pada Perhimpunan Tahunan Yesus Gereja Sungkyul di Korea, dan empat tahun selepas itu, pada tahun 1990, khutbahnya mula disiarkan di Australia, Rusia, Filipina, dan banyak negara lain melalui Far East Broadcsating Company (Syarikat Penyiaran Far East), Asia Broadcast Station (Stesen Penyiaran Asia) dan Washington Christian Radio System (Sistem Radio Kristian Washington).

Tiga tahun selepas itu, pada tahun 1993, Gereja Manmin Joong-ang telah dipilih sebagai "50 Gereja Teratas Dunia" oleh majalah *Christian World* (Amerika Syarikat) dan beliau menerima Honorary Doctorate of Divinity dari Christian Faith College, Florida, Amerika, dan Ijazah Doktor Falsafah (PhD) dalam Pelayanan pada tahun 1996 daripada Kingsway Theological Seminary, Iowa, Amerika Syarikat.

Sejak 1993, Dr. Lee telah menerajui misi dunia melalui banyak perhimpunan besar ke luar negara seperti ke Tanzania, Argentina, Uganda, Jepun, Pakistan, Kenya, Filipina, Honduras, India, Rusia, Jerman, Peru, Republik Demokratik Congo, Israel dan Los Angeles, Baltimore, Hawaii, dan New York di Amerika Syarikat. Pada tahun 2002, beliau digelar "pastor sedunia" oleh akhbar Kristian utama di Korea atas sumbangan kerjanya dalam pelbagai perhimpunan besar di luar negara.

Setakat februari 2014, Gereja Manmin Joong-ang mempunyai lebih daripada 120,000 orang ahli. Terdapat 10,000 cawangan gereja di dalam dan luar negara di seluruh dunia, dan setakat ini lebih 123 misi mubaligh telah dihantar ke 23 negara, termasuklah Amerika Syarikat, Rusia, Jerman, Kanada, Jepun, China, Perancis, India, Israel, Kenya dan banyak lagi.

Pada tarikh buku ini diterbitkan, Dr. Lee telah menulis 88 buah buku, termasuklah yang mendapat sambutan hangat seperti *Tasting Eternal Life before Death, My Life My Faith I & II, The Message of the Cross, The Measure of Faith, Heaven I & II, Hell,* dan *The Power of God.* Hasil kerjanya telah diterjemahkan ke dalam lebih 76 bahasa.

Penulisan kolumnya diterbitkan dalam *The Hankook Ilbo, The JoongAng Daily, The Dong-A Ilbo, The Chosun Ilbo, The Munhwa Ilbo, The Seoul Shinmun, The Kyunghyang Shinmun, The Korea Economic Daily, The Korea Herald, The Shisa News,* dan *The Christian Press.*

Dr. Lee kini merupakan pemimpin banyak organisasi dan persatuan Kristian: termasuk sebagai Pengerusi The United Holiness Church of Jesus Christ; Presiden Manmin World Mission; Pengasas & Pengerusi Lembaga, Global Christian Network (GCN); Pengasas & Pengerusi Lembaga The World Christian Doctors Network (WCDN); dan Pengasas & Pengerusi Manmin International Seminary (MIS).

Syurga I & II

Jemputan ke Bandar Suci Baitulmuqaddis Baru, yang mana 12 pintu pagarnya diperbuat daripada mutiara yang bergemerlapan, di tengah-tengah Syurga yang luas dan bersinar seperti permata berharga.

Tujuh Gereja

Mesej Tuhan untuk membangkitkan penganut dan gereja daripada tidur rohani, yang dihantar ke tujuh gereja yang dicatatkan dalam Wahyu bab 2 dan 3, yang merujuk kepada semua gereja Tuhan

Neraka

Mesej kepada semua manusia dari Tuhan, yang tidak mahu walau satu jiwa pun masuk ke Neraka! Anda akan mengetahui perkara yang tidak pernah diterangkan di mana-mana sebelum ini tentang penderitaan di Neraka.

Merasai Kehidupan Abadi Sebelum Kematian

Buku ini merupakan memoir testimoni Dr. Jaerock Lee, yang dilahirkan semula dan diselamatkan dari jurang bayang-bayang dan kini hidup dengan cara Kristian yang sempurna.

Ukuran Iman

Apakah tempat tinggal, mahkota dan ganjaran yang disediakan untuk anda di syurga? Buku ini memberikan kebijaksanaan dan bimbingan untuk anda mengukur tahap keimanan dan memupuk keimanan yang terbaik dan matang.

Bangkitlah Israel

Mengapa Tuhan memberikan perhatian kepada Israel sejak permulaan dunia sehingga ke hari ini? Apakah kehendak Tuhan bagi Israel pada akhir zaman, yang menunggu Penyelamat?

Hidup Saya Iman Saya I & II

Aroma kerohanian paling harum yang diambil dari kehidupan yang mencintai Tuhan, di tengah-tengah gelombang gelap, cabaran dan penderitaan hebat

Kuasa Tuhan

Buku yang wajib dibaca, sebagai panduan tentang cara kita boleh mendapatkan keimanan sebenar dan mengalami kuasa Tuhan yang Maha Hebat